汽车运用维修操作基础

徐　峰　主编

合肥工业大学出版社

图书在版编目(CIP)数据

汽车运用维修操作基础/徐峰主编.—合肥:合肥工业大学出版社,2018.10
ISBN 978-7-5650-4152-5

Ⅰ.①汽…　Ⅱ.①徐…　Ⅲ.①汽车—车辆修理—中等专业学校—教材
Ⅳ.①U472.4

中国版本图书馆 CIP 数据核字(2018)第 207834 号

汽车运用维修操作基础

徐　峰　主编　　　　责任编辑　张　慧

出	版	合肥工业大学出版社	版	次	2018 年 10 月第 1 版
地	址	合肥市屯溪路 193 号	印	次	2018 年 10 月第 1 次印刷
邮	编	230009	开	本	787 毫米×1092 毫米　1/16
电	话	人文编辑室:0551-62903915	印	张	21.5
		市场营销部:0551-62903198	字	数	496 千字
网	址	www.hfutpress.com.cn	印	刷	合肥现代印务有限公司
E-mail		hfutpress@163.com	发	行	全国新华书店

ISBN 978-7-5650-4152-5　　　　定价: 40.00 元

序

在相当长的时间中，中等职业教育“普高情结”始终挥之不去，无论是教学内容还是教学方法，都深深地陷于“知识传授”怪圈，职业教育“类”的特点难以体现，专业教学缺乏活力。有鉴于此，濉溪职业技术学校于 2012 年启动了以“核心技能”培养为本位的专业课程改革，初步建构了“公共课程＋核心课程＋教学项目”的专业课程建设新模式。目前，新课改正在我校各专业全面推进，已取得了积极的实践效果。

新课程的核心要义是打破“传授知识”的传统育人模式，努力体现适合中等职业教育规律和特点的“做中学”新理念，通过设计各种供学生操作的“教学项目”，强化专业技能的培养。这可以说是职业教育在教学机制方面进行深层次变革的尝试，为此，我们亟待研究并在实践中不断完善新的教学制度，以保障专业课程改革的顺利实施。

濉溪职业技术学校是安徽省中等职业教育专业课程改革的一个典型。我校的汽修专业在校企合作的背景下，紧紧围绕着企业的需求改革教学的内容与形式，探索新的专业教学方式方法，坚持理实一体的方向，走出了一条全新的路子，已引起广泛的关注。本教材正是我校专业教学改革结出的果实之一。

本书的鲜明特色在于：

首先，本书有一个先进的教学理念，即强调学生的自主学习。学生是信息加工的主体，是意义的主动建构者。因此，教师的角色只是作为主动建构者的“帮助者”，需要采用适当的方法，诸如探究法、发现法等，让学生成为学习的主人。事实上，全书贯穿着如何让学生自主学习的基本精神。

其次，本书强调了学生的合作学习。根据作者的思路，自主合作学习包括了情境、协作、交流和意义建构四个部分。我认为，情境设置是前提，协作与交流是手段，意义建构是目的。这样一来，自主合作教学模式的实质，是合作学习，是在师生合作、生生合作的过程中理解知识的意义，培养专业技能。

再次，本书的创新亮点在于，自主合作教学模式建立在信息化教学资源库的基础之上。我校在有关部门和社会各界的支持与帮助下，已初步建立了一个能满足汽修专业教学需要的教学资源库，由于有了教学资源库的强大支撑，学生能在一个更加广阔的时空中进行自主合作学习。换言之，教学资源库使得学生自主合作学习成为可能。

最后，本书是一本操作手册。我不仅围绕汽修专业学习按照工艺流程设计了许多可供学生操作的“教学项目”，而且对每一个项目都提出技术要求和注意事项，制定了每一个项目明确的评分标准和检查办法，还增加了教师的“点评”环节。

我殷切期盼有一大批教师会在专业课程改革的大潮中得到迅速的成长，坚信中等职业教育专业课程改革的明天会更美好。

徐 峰

2018 年 6 月 10 日

目录

第一章　自主合作教学模式的理论基础与操作方法

自主合作教学模式是以信息化教学资源库建设为基础，根据中职学生心理发展的特征、中职汽修专业课程内容的特点，遵循汽修专业知识和技能教学规律，在学习基础知识和基本技能的过程中，以培养学生的综合能力和综合职业素养为最终目标，用可自学的学习材料作为基础，用科学的引导性表单来引导学生的合作学习与自主学习，采用自主学习和团队合作学习的教学方法，以学生为中心、教师为引导者的中职汽修教学模式。

第一节　教学目标

职业教育的人才培养目标是以服务为宗旨、以就业为导向、以能力为本位，培养能满足社会需求又有持续发展能力的学生。结合汽修专业的特殊性，我认为学生的成长过程，除了学校课程教学目标中明确规定的基础知识和基本技能外，还包括难以在日常的考试中得到体现，但在就业与工作过程中至关重要的多项能力。比如，中职生的社会适应能力、面对问题找到解决办法的能力以及自我管理能力等。这些都应该成为中职汽修专业人才培养的目标。具体到基于信息化教学资源库的自主合作教学模式，教学目标包括：掌握适用、够用的专业基础知识；具有扎实的基本技能；具有较强的综合能力（社会适应能力、方法能力、自我管理能力等）；具有良好的职业素养与品德；具有健康的身体素质。

一、掌握适用、够用的专业基础知识

在上述五大基本教学目标当中，掌握适用、够用的专业基础知识是指中职汽修专业的学生对汽修方面的专业基础知识学习的要求，在三年的学习过程中，中职生的专业知识应当达到能满足用人单位对汽修专业人才基础的知识素质要求，并能够为今后的继续深造与自修提高打下良好的基础。同时，鉴于中职生与高职生的培养目标的差异与学习时间的不同，中职生的专业知识没有必要一味追求深与宽，满足企业对汽修专业技能人才的需要即可。

二、具有扎实的基本技能

具有扎实的基本技能是指汽修专业一整套基本的动作技能教学目标需要在三年的教学过程中得到全面的落实，在学生的学习过程中，关键的、基本的技能需要以一种有

效、明确的方式得到强化，并让学生在实际操作中符合相关行业岗位对汽修技能的需求。

三、具有较强的综合能力

具有较强的综合能力强调的是学生除了基本的汽修知识与技能之外，还需要在三年的学习过程中获得工作岗位所要求的非常关键的社会能力。因为学校学习的情境与行业岗位中的工作情境是完全不一样的，学生的学习环境，甚至包括在企业中的实习情境，学生都是处在一种被保护状态的情境，对于工作中存在的失误，学生不是唯一的承担者，教师、学校都会保护学生，学生自己也可以有再次改正的机会。但是，真正毕业之后走上工作岗位，学生就成为一个完整意义上的独立责任承担人，他需要的不仅是维修方面的专业技能，还需要应对同事与领导、化解矛盾等能力，而在获得职业成功与事业成就方面，这种能力在某种程度上甚至比专业技能更重要。这就要求中职学校在教学过程中不仅要注意培养学生的专业知识与技能，更要重视培养综合社会能力，至少以下几个方面是需要重点培养的：

首先是中职生的社会适应能力。一般意义上，中职生的社会适应能力可概括为两方面：①适应性行为；②社会交往技能。适应性行为包括在工作岗位上能独立开展工作的技能，有良好的言语沟通能力去完成合作性的工作任务，以及通过各种途径的自学解决专业维修问题的能力。社会交往技能包括与不同类型的人进行适当交往的技能，如与领导和同事、客户等不同交往对象的谈话技巧；与完成工作任务有关的行为，参与行为、遵循指导；良好的社会认知能力与团队合作能力（良好的社会认知能力是了解自我与他人之间关系、他人与他人之间关系的能力，有助于与别人更好地交流；团队合作能力即与别人合作的能力，只有团队合作才能更好地完成任务）。

其次是方法能力，即找到并应用科学的方法解决问题的能力，它包括自主学习能力、观察与研究能力、创新能力等。在工作岗位中碰到的汽修问题与在学校学习过程中碰到的汽修教学案例是不一样的，中职生不可能借助学校教材中的知识技能去解决所有的实际工作过程中碰到的问题。这就需要学生在三年的学习过程中，不仅学到最基本的专业知识与技能，还要形成一种自己去寻找资料解决问题的能力，只有具备了这种面对问题自己能找到方法去解决的能力，才能胜任复杂的工作等。

再次是自我管理能力。中职生正处于青春期，其心理发展具有年轻人的朝气，同时也表现出典型的冲动与激情、难以控制自我等特征。因此，如何培养中职生的自我管理能力是一项重要的教学目标。运用自主学习与合作学习的方法，培养学生有意识、有目的地对自己的思想、行为进行转化控制的能力，使其能正确认识自我的优缺点，在走上工作岗位之后能调整好工作与生活的关系，调整好服务行业从业人员素质要求与年轻人个性自我张扬的关系，更好地胜任汽修行业的要求。

四、具有良好的职业素养与品德

中职生的就业与就业后所从事的工作都需要有良好的职业素养与道德品质。事实上，许多用人单位对中职生的评价要点并不在于专业技能，而在于出色的职业素养。对于中等职业学校来说，在人才培养方面必须要重视行业对从业者职业素养的要求，在校培养过程中教育学生遵守职业行为规范，形成良好的职业道德，在工作中展现出良好的职业行为习惯。

五、具有健康的身体素质

健康的体质是胜任汽修工作的最基本条件，离开了健康的身体，有再好的专业能力与职业素养，中职生求职的竞争力与从业之后的成就都会受到影响，因此，在培养中职生汽修技能与职业素养、社会能力等基本素质的同时，需要通过科学的体育健康教育让学生拥有健康的体魄。

总之，对于汽修专业的中职生来说，专业知识与技能、社会综合能力与独立解决问题的能力、良好的职业道德素养与身体素质都是必需的素质，其中，方法比知识重要，人品比方法重要，所以我们在教学的过程中一定要把能力和素质的培养放在更突出的位置上。各个方面素质的培养有各自的属性，知识要学，技能要练，能力和素养要在合适的环境和合理的过程中用科学的方法来培养。要同时完成这些教学目标，就必然以具体教学项目为载体，进行科学的设计，在学习基础知识、练习基本技能的过程中，同时以合适的方法和手段锻炼学生的身体，培养学生的综合能力，使其养成良好的职业素养。

第二节　自主合作教学模式的内涵

中职汽修专业的自主合作教学模式，其客观条件是信息化的教学资源库，其教学实施的理论基础是建构主义的学习理论与主体教学理论。基于信息化教学资源库的自主合作教学模式以学生为中心，在整个教学过程中，教师起组织者、管理者、指导者、帮助者和促进者的作用，用创设情境、利用情境、激励协作、对话等方式，营造自主与合作的学习环境，充分发挥学生的主动性、积极性和首创精神，最终达到使学生有效学习知识与掌握技能的目标。在这种模式中，学生是知识意义的主动建构者；教师是教学过程的组织者、管理者、指导者、意义建构的帮助者和促进者；教材所提供的知识不再是教师传授的内容，而是学生主动建构意义的对象；各种教学媒体也不再是帮助教师传授知识的手段、方法，而是用来创设情境、进行合作学习和对话，即作为学生主动学习、协作式探索的认知与技能锻炼的工具。显然，在自主合作的教学环境中，教师、学生、教材和媒体等要素与传统教学模式相比，各自有完全不同的作用，彼此之间有完全不同的关系，但是这些作用与关系也是非常清楚、非常明确的，因而成为教学活动的另外一种稳定结构形式，即基于信息化教学资源库的自主合作教学模式。

一、自主合作教学模式的基本要求

基于信息化教学资源库的中职汽修专业自主合作教学模式与传统的汽修教学模式不同，它在知识观、学习观、学生观与师生角色的定位及其作用、学习环境和教学原则等方面都充分体现出了自主与合作的特点，当然，前提条件是信息化教学资源库的建设。

（一）强调学生自主建构的知识观与技能观

知识与技能不是对现实的纯粹客观的反映，任何一种传载知识的符号系统也不是绝对真实的表征。它只不过是人们对客观世界的一种解释、假设或假说，不是问题的最终答案，它必将随着人们认识程度的深入而不断地变革、升华和改写，出现新的解释和假设。在这个意义上，汽修专业的知识与技能体现在教材上，体现在教师传授方面，都是有局限性的。学生如果只学习到教材与教师所提供的知识与技能，实质上是无法胜任未来工作岗位中的变化、不确定的问题与挑战的。因此，中职汽修专业的自主合作教学模式首先在知识观与技能观方面要求教师与学生都从静止的知识技能转向动态的知识技能，让学生在实训中形成自己对汽修知识与技能的理解与掌握。因为，在学校所学的汽修知识与技能并不能绝对准确无误地概括汽修的所有问题，也不能提供对任何汽修活动或问题解决都实用的方法。在具体问题的解决中，学校中所学的、教材中提供的、教师所教的都不可能是一用就准、一用就灵的，而是需要针对具体问题的情景对原有知识进行再加工和再创造。

（二）强调自主与合作的学习观

汽修专业的学习除了知识之外，更重要的是技能的学习。而技能的学习与抽象的书面知识学习不同，需要更多的实践操练。事实上，就算是理论知识的学习也不是由教师把知识简单地传递给学生，而是由学生自己建构知识体系的过程。学生不是简单被动地接收信息，而是主动地建构知识的意义，这种建构是无法由他人来代替的。就建构主义心理学来说，学生在技能学习时是一种意义的获得，在这个过程中教师是无法取代学生的自主学习的。每个学习者都要以自己原有的知识经验为基础，对新信息重新认识和编码，建构自己对知识与技能的理解。在这一过程中，学习者原有的知识经验因为新知识经验的进入而发生调整和改变，而且这个过程必然是自主的。

在这个过程中，同化和顺应是学生认知结构与技能水平发生变化的两种途径或方式。同化是认知结构与技能水平的量变，顺应则是认知结构与技能体系的质变。同化一顺应一同化一顺应，循环往复，平衡一不平衡一平衡一不平衡，相互交替，人的认知水平与技能水平的发展，就是这样的一个过程。学习不是简单的信息积累，更重要的是包含新旧知识经验的冲突，以及由此而引发的认知结构的重组。技能学习的过程不是简单的信息输入、存储和提取，是新旧技能经验之间的双向的相互作用过程。换句话说，建构主义对技能学习的解释可以作这样的概括，当学生面对一个新问题时，其旧的技能维修能力体系需要对各种能力要素重新进行调整，要么顺利解决问题，要么形成一种新的技能方案去解决新问题，不管是前者的同化，还是后者的顺应，都是一个自主学习的过程。

同时，尤为重要的是，在一些复杂的技能学习过程中，这种仅靠学生个体努力的自主技能学习与意义建构是不够的，需要多个学生共同分享与相互帮助，完成任务，解决问题，最终也提升自己的知识与技能水平。

（三）强调以学生为中心的学生观

基于信息化教学资源库的自主合作教学模式要求学生是中心，学生是学习的主人，是教师教学活动服务的对象。建构主义强调，学习者并不是空着脑袋进入学习情境中的。在日常生活和以往各种形式的学习中，他们已经形成了有关的知识经验，他们对任何事情都有自己的看法。即使是有些问题他们从来没有接触过，没有现成的经验可以借鉴，但是当问题呈现在他们面前时，他们还是会基于以往的经验，依靠他们的认知能力，形成对问题的解释，提出他们的假设。依此理解，汽修专业知识与技能的教学就不能无视学生已有的知识经验，简单强硬地从外部对学生实施知识填灌与技能的灌输，而是应当把学生原有的知识经验与操作技能作为新的生长点，引导学生从原有的知识经验与技能中增长新的知识经验与技能。教学不是知识与技能的传递，而是知识与技能的处理和转换。建构主义认为，学习是一个与情境联系紧密的自主操作活动，在这个活动中，知识、内容、能力等只能被建构而不能被训练或吸收。人脑并不是被动地学习和记录输入的信息，它总是主动地选择一些信息，忽视一些信息，并从中得出结论。学习过程不是先从感觉经验本身开始，而是从对该感觉经验的选择性注意开始的。

显然，在汽修知识与技能的学习过程中，学生应该是学习的中心，教师的活动主要是为了让学生更好地掌握知识与技能，教师的教代替不了学生自己的学习与实践，教师的教只有通过学生的学，才可能真正成为学生的知识与技能，将教学的目标转化成学生的素质。

相对应地，在自主合作的教学模式中，教师的角色是学生建构知识与技能的忠实支持者。教师的作用从传统的传递知识与技能示范转变为学生学习的辅导者，成为学生学习的高级伙伴或合作者。教师借助信息化教学资源努力创设一种良好的学习环境，学生在这种环境中可以通过实验、独立探究、合作学习等方式来展开他们的学习，成为学生建构知识与技能的积极帮助者和引导者，并且应当想方设法地激发学生的学习兴趣，引发和保持学生的学习动机。通过创设符合教学内容要求的情景和提示新旧知识与技能之间联系的线索，帮助学生建构当前所学知识与技能的意义。当然，为使学生的意义建构更为有效，教师应尽可能组织合作学习，展开小组讨论和交流，并对合作学习过程进行引导，使之朝有利于学生掌握技能的方向发展。

（四）强调工作过程导向、理论与实践相结合的课程设置与教学流程

在课程功能上，强调形成积极主动的学习态度、全体学生的全面发展；注重实践能力、搜集和处理信息能力、自主学习能力和问题解决能力的发展，培养终身学习能力。

在课程结构上，强调汽修岗位能力和素质的训练，有效通过信息化手段进行课程间的整合；注重实践，强调职业教育与社会发展和汽车企业需求的联系。

在教学内容上，强调以汽修工作过程为主线，打破以学科为中心组织教材的思想，开发与信息化教学资源库相适应的课程内容，强调对学生学习方式与实践能力的培训。

在课堂教学上，引入信息化教学资源后对传统教学形式、方法、内容的革新产生强大的推动作用。教师的教学不再是对知识的单向灌输，教学活动侧重于基于对知识理解基础上的交互式学习和现场操作学习；教学方法也实现了由传统教师讲授型转变为教师引导型和学生探索型，学生可以方便地获取自己所需的教学资源进行课前预习和课后复习。

在学生学习方式上，强调学生自主与探索性和基于问题解决的学习模式；注重在使用信息化教学资源库时接受、模仿、体验、探索等学习方式的综合运用；使学生从不知重点的接受式学习转变为自主应用资源库进行问题解决的有序自主学习。

在教学评价上，改变了过去纸质考试和现场操作考试相结合、教师考学生做的耗时耗力的方式，在应用信息化教学资源库开展实训教学的过程中，逐步建立了以能力为本位、评价主体和方式多样化的学生技能分级过关技能评价体系。

（五）强调向行业真实工作环境看齐的教学环境

自主合作的教学模式要求科学合理的校内实训基地，换句话说，在教学环境上，强调理论实习和实践训练的一体化，打破原有的知识学习和技能学习脱离的困境。在运用信息化教学资源库进行教学时，将理论学习与实践操作捆绑起来，建造了以工作过程为导向的理实一体化教学环境。这种基地不是传统意义上的理论教室与实训场所，应该是“虚、实”结合、虚拟仿真与实际操作有效融合的，它不仅解决了实操实训进不去、看不见、难再现、多污染、高消耗、不安全、设施设备不足、实训指导教师不足等众多难题，而且将趣味性、现场氛围、个性化导训、智能化考核、分层次实训等先进的教育思想融入其中，创造出智能化、信息化、现代化的实训环境。事实上，既为了向制作教学资源库脚本提供教学项目分解的依据，又为了使信息化教学资源库应用有一个配套的教学情境，自主合作教学模式必然要求创设理实一体化的教学车间。它必然是一种将工作环境下的设备及工厂环境同多媒体教室相融合的结果，是以工作过程为导向的教学环境的再造，将理论学习与实践操作捆绑起来，两者可以同步进行，完全区别于普通教育忽视实践和企业培训忽视理论的教学，实现了真正意义上的理实一体，大大提升了学生学习技能的成效。

在向行业工作环境看齐的理实一体化的教学车间，既可以根据信息化教学资源库内容进行学习，又可以进行实际操作增强实践能力。按照理论教学与实践教学一体化，讲解与操作手段一体化，专业知识、操作技能、职业要求一体化教学的授课方式，可将每个教学车间划分为四个功能区：信息化理论教学区、拆装修理实习区、故障诊断检测区、整车综合实习区，并在四个功能区配备不同的教学设备，在每个功能区都安装信息化教学资源库，方便教师教学和学生自学，真正实现自主合作的教学。

二、自主合作教学模式中“学习”的要素

自主合作教学模式确定知识与技能不是通过教师传授得到，而是学习者在一定的情境即社会文化背景下，借助学习过程中其他人（包括教师和学习伙伴）的帮助，利用必要的学习资料，借助适当的技能练习，通过意义建构的方式而获得。因此自主合作教学模式中“情境”“合作”“对话”和“意义建构”是学习过程中的四大要素。

情境：在自主合作的教学模式下，教师的教学设计在考虑教学目标分析的同时要考虑有利于学生建构意义的情境的创设，并把情境创设看作教学设计的最重要内容之一。就汽修专业而言，需要将整体的技能与知识教学从书本转向模拟或真实的实训场所中进行，创设真实的汽修情境，在真实的汽修情境中学习。

合作：自主合作教学模式要求小组合作要贯彻学习过程的始终。现代汽修作业很难由一个人完成，因此，教学过程中对技能的培训就要强调学生的小组合作意义，通过小组合作对学习问题进行资料搜集与分析，对存在的问题提出假设并加以验证。事实上，小组合作不仅能够更好地完成技能培训的任务，还可以让学生的技能学习效率更高、教师的教学效率更高，解决了传统汽修技能教学中一个教师面对多个学生时难以有效、有针对性地进行教学的弊端。更为重要的是，学生在小组合作的学习过程中形成了协作意识与团队精神，无形中也锻炼了职业素养与品格。

对话：对话是自主合作教学模式实施过程中不可缺少的环节。在小组合作的过程中，每个学习小组成员既需要发挥自己的个体主观能动作用，借助信息化教学资源库进行自主学习，又必须通过对话商讨如何完成规定的学习任务与学习计划。事实上，合作学习过程也就是小组成员之间的对话过程，在此过程中，每个学生的思维成果（智慧）为整个学习小组所共享，因此对话是达到汽修技能教学中学生自我建构技能的重要手段之一。

意义建构：对于汽修专业的教学来说，学生最终要获得的并不是教师曾经教过的非常有限的技能，而是形成一种自主完成汽修任务的专业技能，这就是一种对汽修知识与技能的意义建构能力。这是中职学生整个学习过程的最终目标，当一个学生既掌握了教师所教的每一个知识点与关键技能，又形成了自己对汽修知识与技能的理解，能在汽修实践中自己完成任务时，我们说这个学生已经形成了对汽修知识与技能的“意义建构”能力，这时，可以说中职学校的人才培养是成功的。从认知心理学的角度看，意义建构是指个体能够透过表象对事物的性质、规律以及事物之间的内在联系有深刻的把握。而在汽修技能的教学过程中，帮助学生建构意义就是要帮助学生超越对当前学习内容所反映的事物的性质、规律以及该事物与其他事物之间的内在联系达到对技能的较深刻的理解。换句话说，获得知识的多少与专业技能发展到什么程度完全取决于学生在一定的实践技能锻炼基础之上去建构不确定环境中技能解决的能力，而不取决于学生记忆和背诵教师讲授过专业知识与技能维修案例的能力。

三、自主合作教学模式实施过程中学与教的方法

自主合作教学模式提倡在教师指导下的以学习者为中心的学习，也就是说，既强调学生的主体作用，又不忽视教师的指导作用，教师是学生知识与技能建构的帮助者、促进者，而不仅仅是知识的传授者与技能的示范者。学生是信息加工的主体，是意义的主动建构者，不是外部刺激的被动接受者和被灌输的对象。基于信息化教学项目的可重复性、典型性、规范化等特点，学生可以运用教学资源库开展自主学习。每个教学项目都是学生学习过程中的指引，作为项目任务的完成者——学生，借助于“教学项目”的丰富资源，开展自主学习。此外，学生个体之间的学习能力差异是客观存在的，开展项目自主学习，通过让学生基于自身的实际情况从不同的角度切入，在差异化学习中充实专业知识结构，最终实现各有所获，可以使学生社会知识得到补充、思维方法和工作方法得以改变。在教学资源库中，我们的汽修专业教师与计算机教师还合作开发了类似于“百度”网页搜索界面的技能自学平台——汽修技能自学搜索界面，用于学生在课堂教

学之外的自主学习，既可以查漏补习，也可以探索先学。开发汽修技能自学搜索界面是对教学项目、教学应用的延续与补充，既可以应用于学生的课前预习，也可应用于学生课中、课后的巩固练习，还可以应用于学生在上岗工作中的临时查找学习，这样使学生不再完全依赖于教师，使技能自学成为技能提升的重要组成部分，可以大大促进学生技能的可持续发展。

具体而言，在自主合作教学模式的教学实施过程中，学生要成为真正意义上的知识与技能主动建构者，就要求他们在学习过程中从以下几个方面发挥主体作用：

① 要用探索法、发现法去建构知识与技能。

② 在主动建构知识与技能及其意义过程中要求学生主动去搜集并分析有关的信息和资料，对所学习的问题要提出各种假设并努力加以验证。

③ 要把当前学习内容所反映的问题尽量和自己过去知道的问题相联系，并对这种联系认真地思考，举一反三。

第三节　自主合作教学模式基本程序

自主合作教学模式基本程序如图 1 所示。

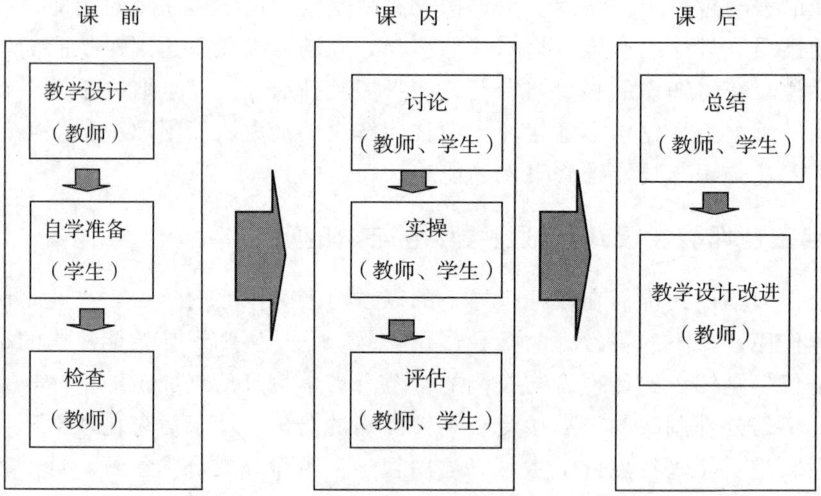

图 1　自主合作教学模式基本程序

一、教师教学设计

教师要成为学生建构意义的帮助者，就要求教师在教学过程中从以下几个方面发挥指导作用：

① 激发学生的学习兴趣，帮助学生形成学习动机；

② 通过创设符合教学内容要求的情境和提示新旧知识之间联系的线索，帮助学生建构当前所学知识的意义；

③ 为了使意义建构更有效，教师应在可能的条件下组织协作学习（开展讨论与交流），并对协作学习过程进行引导使之朝有利于意义建构的方向发展。引导的方法包括：提出适当的问题以引起学生的思考和讨论；在讨论中设法把问题一步步引向深入以加深学生对所学内容的理解；要启发诱导学生自己去发现规律、自己去纠正错误的或片面的认识。教学设计需要的材料：手册、教学资库、教材、实际验证相应设备、仪器、工量具等；做法：边实践边设计。

图 2　学生自主学习

（一）制作学生可自主学习的学习材料

为了支持学习者的主动探索和完成意义建构，在学习过程中要为学习者提供各种可自学的信息资源（包括各种类型的教学媒体和教学资料）。这些媒体和资料并非用于辅助教师的讲解和演示，而是用于学生的自主学习和协作式探索。对于信息资源应如何获取、从哪里获取以及如何有效地加以利用等问题，是主动探索过程中迫切需要教师提供帮助的内容。建设喜欢学、容易学、可自学的信息资源是自主合作教学模式的基础。资源库应具备以下特点：

① 界面布局合理，有目录区、显示区、板书区、拓展区，有教师的演示功能、授课功能，有知识的拓展功能，并用信息技术能在同一时间使各教学环节呈并联形式出现，优于过去的串联形式，因为知识的不同形式可以同时印证，各种学习信息文字、视频、图片、3D 动画、语音等同时刺激，学习效果优于单一教师授课，便于自学。

图 3　教学资源库的特点——布局合理、操作方便

② 生动、形象、详细、准确的展现形式便于学生自主学习。

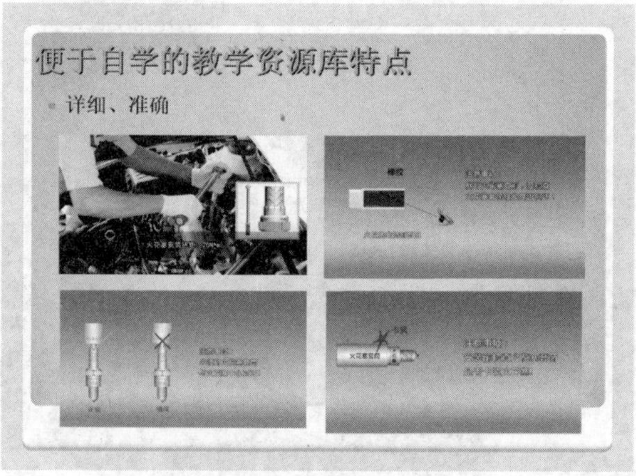

图 4　教学资源库的特点——详细、准确

③ 全面的特点便于学生进行知识拓展，进行有效的知识意义的建构。

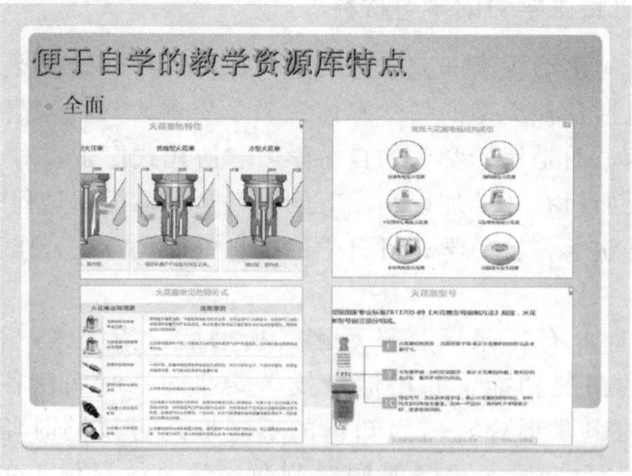

图 5　教学资源库的特点——全面

（二）帮助学生进行意义建构

汽车发动机	两大机构	曲柄连杆机构		拆检活塞连杆组
				更换气缸垫、气缸盖
				气缸压力检测
		配气机构		更换气门油封
				检查与调整气门间隙
				更换凸轮轴
				更换正时齿带、调整或更换正时介轮
	五大系统	润滑系统		更换机油及机油滤清器
				更换油底壳
				检查润滑系统渗漏情况
				检查与更换机油泵
		冷却系统		更换电子风扇电动机
				更换冷却液
				更换冷却液温度控制开关
				检查与更换节温器
				检查与更换冷却液温度传感器
				检查与更换散热器
				冷却系统渗漏检查
				检查与更换水泵
		燃料供给系统	燃油供给系统	更换燃油泵
				更换燃油滤清器
				更换碳罐
				检查燃油系统渗漏情况
				检查与更换喷油器
				燃油系统压力检测
			进排气系统	检查与更换节气门休
				检查与更换空气流量计
				尾气检测
				进排气系统泄漏检查
				更换空气滤清器
		点火系统		检查点火正时
				更换点火线圈
				更换火花塞
		起动系统		检查与更换起动机
				检查与维护蓄电池
	发动机电控系统			检查与更换曲轴位置传感器
				检查与更换进气凸轮轴位置传感器
				检查与更换氧传感器
				检查与更换主继电器
				检查与更换 ECM

以实际项目作为知识学习的切入点，各项目组合完成知识体系，搭建知识构架。理论分成总体理论、个体系统理论、工艺理论，学生需要理论时，也就是学生有“为什么”时，配以合适难度、内容的理论，并有机地放入知识架构中，引导学生探索各知识的相互关系，把握学习内容和难度。

（三）教师设计引导性学习表单

设计完整的工艺单、作业流程表、评估表、观察表，帮助学生进行具体项目的学习，表单制作的方法及要求要能根据学生学习的情况放手让学生自己学，按手册转换成可操作的作业流程。

手册转换成作业流程表说明：根据手册——参考（教材、资源库、课件）——结合生活原理——用实践验证——完成作业流程表。

安装

1.安装火花塞

（a）用14mm火花塞扳手和100mm加长杆安装4个火花塞。

扭矩：20N · m

IG

图 6　安装火花塞

技术要点：要选择型号配套的火花塞专用套筒（里面有橡胶圈的，可以固定住火花塞，且在安装中可以保护火花塞）；要装好长节杆后，先将火花塞正确插入火花塞套筒内；垂直无碰撞放入安装位置；轻旋找准螺纹是否对正，如对正将其旋入，使用扭力扳手，按规定扭矩拧紧火花塞（标准：20N · m）。目的是防止火花塞损坏和缸体螺纹损坏。

制作的可操作性的作业流程表如下所示：

安装火花塞	（1）将火花塞装入火花塞套筒中	先装长节杆
	（2）用长节杆和火花塞套筒拧紧火花塞	将火花塞正确插入火花塞套筒，握住工具，连同火花塞正确放入安装位置，并用手正确旋入螺纹，直到拧不动为止
	（3）用扭力扳手紧固火花塞	使用扭力扳手，按规定扭矩拧紧火花塞。标准：20N · m

这样把比较粗略的手册转化成了关注到每个动作和细节、具有可操作性的作业流程表，学生如能独立完成也就具备了参考使用手册修理汽车的能力。我们先制作完整的作业流程表，然后根据学生的基础把学生能通过教学资源库、教材、课件等教学信息学习完成的部分空出来，让学生独立去完成。空白量要不断增加直到全空也就完成了教学目标。

按作业流程表中的技术要点和操作流程确定评分细则，并按技术难度及重要性不同确定分值，制作成有可操作性的评分表：

安装火花塞（18分）	（1）先连接长节杆和套筒（1分），再将火花塞正确装入火花塞套筒（1分），火花塞套筒是否卡紧火花塞（3分）	5分		
	（2）用长节杆和火花塞套筒拧紧火花塞（2分），放入时不能磕碰火花塞孔壁（3分），在打紧时能顺序拧紧无卡滞（3分）	8分		
	（3）扭力扳手力矩调节正确（2分），操作方法正确（3分），标准：18N·m	5分		

按作业流程表中的技术要点制作成观察记录表：

安装火花塞	（1）将火花塞装入火花塞套筒中		
	（2）用长节杆和火花塞套筒拧紧火花塞		
	（3）用扭力扳手紧固火花塞		

"细"与"准确"是关键，空白量的把握是教学效果的基础。这个项目的完整内容如下：

1. 火花塞两电极间的放电电压一般为多少？（　　）

A. 220V　　B. 380V

C. 1000～1200V　　D. 10000～15000V

2. 为保证火花塞易于跳火，应使点火时火花塞的中心电极为多少？（　　）

A. 正极　　B. 负极

C. 正、负不一　　D. 正、负无所谓

3. 影响汽油机点火高压的因素有哪些？（　　）

A. 火花塞的电极间隙　　B. 进气量

C. 喷油量　　D. 混合气浓度

4. 在讨论火花塞时，甲认为在火花塞上标的数字越大，火花塞越冷；乙认为在火花塞上标的拼音字母表示火花塞结构特点、发火端特性等。若无字母表示普通火花塞，试问谁正确？（　　）

A. 甲正确　　B. 乙正确

C. 两人都正确　　D. 两人都不正确

5. 点火过迟会导致发动机如何？（　　）

A. 功率提高　　B. 耗油率下降

C. 温度过高　　D. 曲轴反转

6. 在拆卸火花塞时使用下列哪种工具？(　　)

A. 开口扳手　　B. 火花塞套筒

C. 梅花扳手　　D. 轮胎扳手

7. 当电容器击穿（短路）时，会导致火花塞如何？(　　)

A. 没有火花　　B. 火花变弱

C. 火花变强　　D. 火花不变

8. 要使发动机正常工作，火花塞绝缘体裙部的温度（自净温度）应保持在多少？(　　)

A. 80℃～90℃　　B. 70℃～80℃

C. 500℃～600℃　　D. 800℃～900℃

9. 压缩比低、转速低、输出功率小的发动机应选择什么样的火花塞？(　　)

A. 冷型火花塞　　B. 中型火花塞

C. 热型火花塞　　D. 以上三项均可

10. 国产火花塞中绝缘体裙部长度多少为冷型火花塞？(　　)

A. $H=8$mm　　B. $H=11$mm

C. $H=14$mm　　D. $H=16$mm

检查与更换火花塞流程表

操作选手：__________　日期：__________

序号内容	项目名称	技术说明	注意事项
一、取下点火线圈	1. 拔下点火线圈线束连接器	1）按下点火线圈线束连接器锁舌	（1）再次确认点火开关置于 OFF 位置 （2）断开点火线圈连接器时，先按压锁止扣，当确认锁止装置完全脱离后，方可拔下连接器
		2）将点火线圈线束连接器向外拔出	（1）若锁止装置无法解除，则尝试边按压锁止扣边向内推，直至锁止装置完全解除方可拔下连接器 （2）禁止在线束端借用外力拔下连接器
	2. 拆卸点火线圈固定螺栓	1）选用 10mm 套筒和棘轮扳手来旋螺栓，再用手将其旋出并放到零件车上	（1）根据点火线圈固定螺栓规格选择合适的工具，拆卸螺栓
	3. 拔出点火线圈	1）垂直拔出点火线圈，按顺序放到零件车上	（1）在拔出点火线圈时用力要注意，防止伤手 （2）点火线圈放在零件车上须做好标记

（续表）

序号内容	项目名称	技术说明	注意事项
二、拆卸火花塞	1. 检查火花塞套筒是否损坏	1）套筒内橡胶检查	（1）检查中如果看不清楚，可借用手电筒
	2. 旋松火花塞	1）用棘轮扳手、节杆、火花塞套筒来旋松火花塞	（1）必须先将火花塞套筒与火花塞中心对正，再放入 （2）工具放入时要小心，不能碰撞缸壁
	3. 旋出火花塞	1）摘下棘轮，再用手拧动	（1）在拧动时要注意火花塞的螺纹的圈数
	4. 从火花塞套筒中取下火花塞放到工具车上	1）将工具和火花塞一同取出	（1）取出火花塞时，注意火花塞不能碰到孔壁，防止脱落 （2）必须按顺序进行摆放
三、目视检查点火线圈	1. 目视检查点火线圈与火花塞套接处是否生锈、烧蚀或损坏	1）根据火花塞电极烧蚀情况判断火花塞是否可以继续使用。若烧蚀严重，必须更换	（1）检查时要小心，防止掉落损坏火花塞
	2. 目视检查点火线圈侧连接器是否有变形、损坏或锈蚀	1）目视检查点火线圈侧连接器是否有变形、损坏或锈蚀	（1）检查时要小心，防止掉落损坏火花塞
	3. 目视检查点火线圈线束侧连接器是否有变形、损坏或锈蚀	1）目视检查点火线圈线束侧连接器是否变形、损坏或锈蚀，线束连接是否可靠、损坏	（1）检查时要小心，防止掉落损坏火花塞

（续表）

序号内容	项目名称	技术说明	注意事项
四、目视检查火花塞	1. 检查螺纹是否完好	1）检查螺纹是否完好	（1）在检查过程中，手不可以触碰到螺纹处
	2. 陶瓷是否有裂纹	1）陶瓷是否有裂纹	
	3. 火花塞与点火线圈套接部位是否锈蚀烧蚀	1）火花塞与点火线圈套接部位是否锈蚀烧蚀	
	4. 检查火花塞电极状况是否正常	1）根据火花塞电极烧蚀情况判断火花塞是否可以继续使用。若烧蚀严重，必须更换	（1）不要用其他工具去碰火花塞电极 （2）检查时要小心，防止掉落损坏火花塞
五、检查火花塞电极间隙	1. 清洁选用火花塞专用量规测量	1）先选择测量规，清洁后进行测量	（1）每次选择后，必须清洁测量规
	2. 测量火花塞电极间隙	1）用火花塞专用测量规进行测量，标准：1.0～1.1mm	（1）在测量过程中要轻轻放入，以免损坏
	3. 清洁火花塞专用量规	1）清洁火花塞专用量规，并将其放到盒中	（1）放入之前，可再涂上机油
六、安装火花塞	1. 将火花塞装入火花塞套筒中	1）先装长节杆	（1）根据火花塞安装位置，选择正确的加长杆
	2. 用长节杆和火花塞套筒拧紧火花塞	1）将火花塞正确插入火花塞套筒，握住工具，连同火花塞正确放入安装位置，并用手正确旋入螺纹，直到拧不动为止	（1）安装前检查火花塞套筒是否卡紧火花塞 （2）放入时，不能磕碰火花塞孔壁 （3）在火花塞旋入螺纹时应对正，并能顺利旋入，如遇阻力过大时应旋出检查
	3. 用扭力扳手紧固火花塞	1）使用扭力扳手，按规定扭矩拧紧火花塞。标准：20N·m	（1）紧固时，套筒要完全与螺栓配合，并注意用力

（续表）

序号内容	项目名称	技术说明	注意事项
七、安装点火线圈	1. 安装点火线圈	1）将点火线圈按正确位置放入，并安装到位	（1）点火线圈放入时对准要慢，不能碰到缸壁
	2. 安装点火线圈固定螺栓	1）将点火线圈固定螺栓正确旋入，并用扭力扳手按规定扭矩拧紧。标准：10N·m	
	3. 插接点火线圈线束连接器	1）插接点火线圈连接器，确保锁止可靠	（1）确保连接器安装到位，连接器锁止可靠
八、清洁整理工具	1. 清洁工具	1）清洁	
	2. 恢复/整理工具	1）扭力扳手归零	
备注			

检查与更换火花塞评分表

操作选手：________ 日期：________ 得分：________

序号	项目	评分细则	分值	得分	原因
一	取下点火线圈（10分）	1. 拔点火线圈连接器方法正确（1分），线束无损伤（2分）	3		
		2. 拆卸点火线圈固定螺栓方法正确（2分），选用工具正确（1分），螺栓放置是否整齐（1分）	4		
		3. 拔出点火线圈动作是否垂直（2分），放置是否整齐（1分）	3		
二	拆卸火花塞（13分）	1. 是否检查火花塞套筒损坏（2分）	2		
		2. 选用正确工具（棘轮扳手、长节杆、火花塞套筒）旋松火花塞（3分），操作动作是否正确（1分）	4		
		3. 用长节杆、火花塞套筒旋出火花塞（1分），火花塞套筒与火花塞中心对正（2分）	3		
		4. 火花塞不能碰到孔壁（1分），防止脱落（2分），放到工具车上（1分）	4		

（续表）

序号	项目	评分细则	分值	得分	原因
三	目视检查点火线圈（9分）	1. 点火线圈与火花塞套接处是否生锈（1分）、烧蚀（1分）或损坏（1分）	3		
		2. 点火线圈连接器是否有变形（1分）、损坏（1分）或锈蚀（1分）	3		
		3. 点火线圈线束侧连接器是否有变形（1分）、损坏（1分）或锈蚀（1分）	3		
四	目视检查火花塞（12分）	1. 检查螺纹是否完好（3分）	3		
		2. 陶瓷是否有裂纹（2分）	2		
		3. 火花塞与点火线圈套接部位是否锈蚀或烧蚀（3分）	3		
		4. 检查火花塞电极状况是否正常（4分）	4		
五	检查火花塞电极间隙（13分）	1. 清洁火花塞专用量规测量（2分），量程选择正确（2分）	4		
		2. 测量火花塞电极间隙方法正确（3分），结果判断正确（4分），标准：1.0～1.1mm	7		
		3. 清洁火花塞专用量规（2分）	2		
六	安装火花塞（18分）	1. 先连接长节杆和套筒（1分），再将火花塞正确装入火花塞套筒（1分），火花塞套筒是否卡紧火花塞（3分）	5		
		2. 用长节杆和火花塞套筒拧紧火花塞（2分），放入时不能磕碰火花塞孔壁（3分），在拧紧时能顺序拧紧无卡滞（3分）	8		
		3. 扭力扳手力矩调节正确（2分），操作方法正确（3分），标准：18N·m	5		
七	安装点火线圈（15分）	1. 点火线圈对准火花塞方向（2分），安装是否到位（2分）	4		
		2. 先用手旋紧点火线圈固定螺栓（1分），再用节杆和套筒旋紧（2分），再用扭力扳手紧固（3分），标准：10N·m	6		
		3. 插接点火线圈线束连接器方法正确（不能握线束）（3分），确保连接器锁止可靠（2分）	5		
八	“5S”清洁整理（10分）	1. 清洁工具3次，每次1分	3		
		2. 恢复/整理工具（2分），扭力扳手归位（1分）	3		
		3. 操作中是否有物体落地或损坏（4分），可倒扣	4		
总分			100		

检查与更换火花塞观察表

操作选手：__________ 操作选手：__________ 日期：__________

序号内容	项目名称	观察记录	意见建议
一、取下点火线圈	1. 拔下点火线圈线束连接器		
	2. 拆卸点火线圈固定螺栓		
	3. 拔出点火线圈		
二、拆卸火花塞	1. 检查火花塞套筒是否损坏		
	2. 用棘轮扳手、长节杆、火花塞套筒旋松火花塞		
	3. 用长节杆火花塞套筒旋出火花塞		
	4. 从火花塞套筒取下火花塞放到工具车上		
三、目视检查点火线圈	1. 目视检查点火线圈与火花塞套接处是否生锈、烧蚀或损坏		
	2. 目视检查点火线圈侧连接器是否有变形、损坏或锈蚀		
	3. 目视检查点火线圈线束侧连接器是否有变形、损坏或锈蚀		
四、目视检查火花塞	1. 检查螺纹是否完好		
	2. 陶瓷是否有裂纹		
	3. 火花塞与点火线圈套接部位是否锈蚀或烧蚀		
	4. 检查火花塞电极状况是否正常		
五、检查火花塞电极间隙	1. 清洁选用火花塞专用量规测量		
	2. 测量火花塞电极间隙		
	3. 清洁火花塞专用量规		
六、安装火花塞	1. 将火花塞装入火花塞套筒中		
	2. 长节杆和火花塞套筒拧紧火花塞		
	3. 用扭力扳手紧固火花塞		
七、安装点火线圈	1. 安装点火线圈		
	2. 安装点火线圈固定螺栓		
	3. 插接点火线圈线束连接器		
八、清洁整理工具	1. 清洁工具		
	2. 恢复/整理工具		
教师点评			

检查与更换火花塞工艺单

操作选手：__________ 日期：__________

序号内容	项目名称	操作结果记录	操作数据记录
一、取下点火线圈	1. 拔下点火线圈线束连接器		
	2. 拆卸点火线圈固定螺栓		
	3. 拔出点火线圈		
二、拆卸火花塞	1. 检查火花塞套筒是否损坏		
	2. 用棘轮扳手、长节杆、火花塞套筒旋松火花塞		
	3. 用长节杆火花塞套筒旋出火花塞		
	4. 从火花塞套筒取下火花塞放到工具车上		
三、目视检查点火线圈	1. 目视检查点火线圈与火花塞套接处是否生锈、烧蚀或损坏		
	2. 目视检查点火线圈侧连接器是否有变形、损坏或锈蚀		
	3. 目视检查点火线圈线束侧连接器是否有变形、损坏或锈蚀		
四、目视检查火花塞	1. 检查螺纹是否完好		
	2. 陶瓷是否有裂纹		
	3. 火花塞与点火线圈套接部位是否锈蚀或烧蚀		
	4. 检查火花塞电极状况是否正常		
五、检查火花塞电极间隙	1. 清洁选用火花塞专用量规测量		
	2. 测量火花塞电极间隙		
	3. 清洁火花塞专用量规		
六、安装火花塞	1. 将火花塞装入火花塞套筒中		
	2. 长节杆和火花塞套筒拧紧火花塞		
	3. 用扭力扳手紧固火花塞		
七、安装点火线圈	1. 安装点火线圈		
	2. 安装点火线圈固定螺栓		
	3. 插接点火线圈线束连接器		
八、清洁整理工具	1. 清洁工具		
	2. 恢复/整理工具		
备注			

（四）情景创设

教师创设与实际一致或相似的学习情景用于学习的导入，用计算机生动描述与实际一致或相似的学习情景，激发学生的学习兴趣，使其明确学习目的，加强学生的学习动机，在完成任务后还能增加学生的成就感及提高其解决问题的能力（动画、语音、文字、动漫等合理使用）。

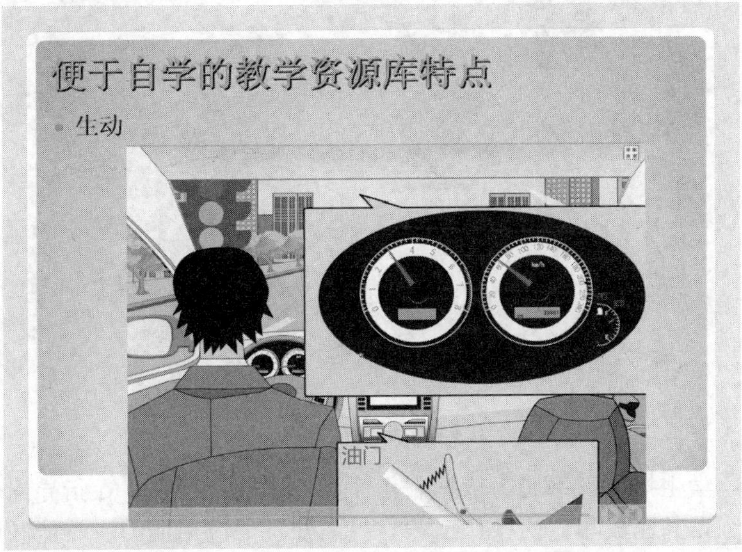

图 7　教学资源库的特点——生动性

（五）确定学习岗位

要有效地组织合作学习，并贯穿于整个学习活动过程中。学习者的知识是在一定情境下，借助他人的帮助，如人与人之间的协作和交流、利用必要的信息等，通过意义的建构而获得的。理想的学习环境应当包括情境、协作、交流和意义建构四个部分。

① 情境。学习环境中的情境必须有利于学习者对所学内容的意义建构。在教学设计中，创设有利于学习者建构意义的情境是最重要的环节。

② 协作。协作应该贯穿于整个学习活动过程中。教师与学生之间、学生与学生之间的协作，对学习资料的收集与分析、假设的提出与验证、学习进程的自我反馈和学习结果的评价以及意义的最终建构都有十分重要的作用。协作在一定的意义上是协商的意思。协商主要有自我协商和相互协商。自我协商是指自己和自己反复商量什么是比较合理的；相互协商是指学习小组内部之间的商榷、讨论和辩论。

③ 交流。交流是协作过程中最基本的方式或环节。比如学习小组成员之间必须通过交流来商讨如何完成规定的学习任务、达到意义建构的目标，怎样更多地获得教师或他人的指导和帮助等。其实，协作学习的过程就是交流的过程，在这个过程中，每个学习者的想法都为整个学习群体所共享。交流对于推进每个学习者的学习进程是至关重要的。

④ 意义建构。它是教学过程的最终目标。其建构的意义是指事物的性质、规律以及事物之间的内在联系。在学习过程中帮助学生建构意义就是要帮助学生对当前学习的内容所反映事物的性质、规律以及该事物与其他事物之间的内在联系达到较深刻的理解。

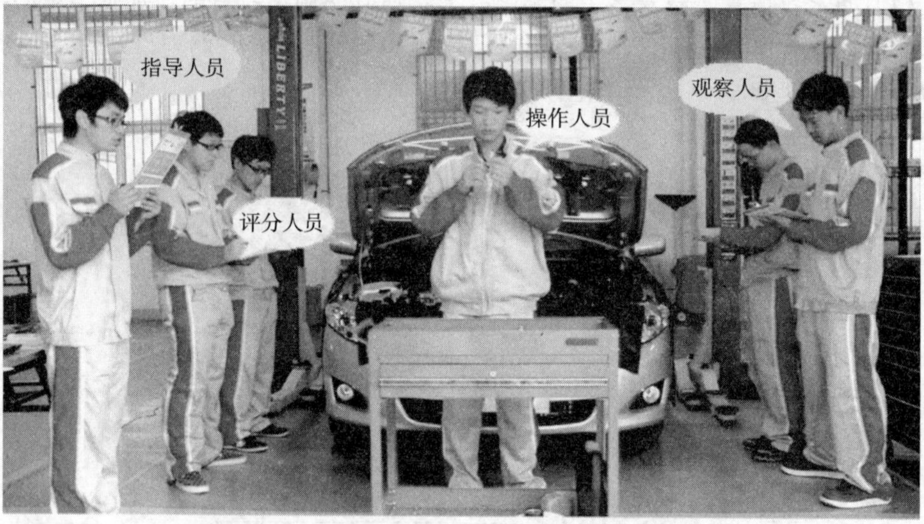

图 8　学生分岗位学习

操作岗位：学生按照以手册为依据制作而成的作业流程表，在指导岗位学生的协助下进行技能训练，并完成相应的操作工艺，提高知识的应用能力、技能和解决问题的能力等。

指导岗位：利用教学资源库、教材、手册、作业流程表等信息，帮助、指导操作学生进行技能训练。在有责任的前提下对预习的内容进行进一步的理解掌握，提高语言表达能力、观察能力、发现问题能力、团队合作能力、责任意识等。

评估岗位：学生在预习的基础上，用具有可操作性的评分表（要细化到每一个动作和细节并具有明确的评判标准），完成对操作学生的客观准确的考评，操作完成后与指导和观察岗位的学生一起对学生的操作情况进行汇总，选代表进行操作情况的点评。实践证明，只要评分表操作性强，评定的结果就比较准确。在有责任的前提下对预习的内容进行进一步的理解掌握，提高语言表达能力、观察能力、发现问题能力、团队合作能力、责任意识等。

观察岗位：学生在预习的基础上，通过观察完成观察表，在有责任的前提下对预习的内容进行进一步的理解掌握，提高语言表达能力、观察能力、发现问题能力、团队合作能力、责任意识等。

通过这样有效的组织、科学的管理，在这样的学习环境和过程中能培养学生的综合能力，加上“7S”的全面落实，可以培养学生的综合职业素养。

（六）学习辅助环境

学习辅助环境包括与实际生产相接轨的实操训练区，理论学习区，加信息化平台学习区，可自学的学习材料，有引导、控制功能并有可操作性的表单组，掌握学习策略的教师。

图9　学习环境

二、学生团队自学

自主合作学习是在教师指导下，以学习者为中心的学习，也就是说，既强调学习者的认知主体作用，又不忽视教师的指导作用，教师是意义建构的帮助者、促进者，而不是知识的传授者与灌输者。学生是信息加工的主体，是意义的主动建构者，而不是外部刺激的被动接受者和被灌输的对象。学生要成为意义的主动建构者，就要求学生在学习过程中从以下几个方面发挥主体作用：

① 要用探索法、发现法去建构知识的意义；

② 在建构意义过程中要求学生主动去搜集并分析有关的信息和资料，对所学习的问题要提出各种假设并努力加以验证；

③ 要把当前学习内容所反映的事物尽量和自己已经知道的事物相联系，并对这种联系加以认真的思考。“联系”与“思考”是意义构建的关键。如果能把联系与思考的过程与协作学习中的协商过程（即交流、讨论的过程）结合起来，则学生建构意义的效率会更高，质量会更好。协商有“自我协商”与“相互协商”（也叫“内部协商”与“社会协商”）两种：自我协商是指自己和自己争辩什么是正确的；相互协商则指学习小组内部相互之间的讨论与辩论。

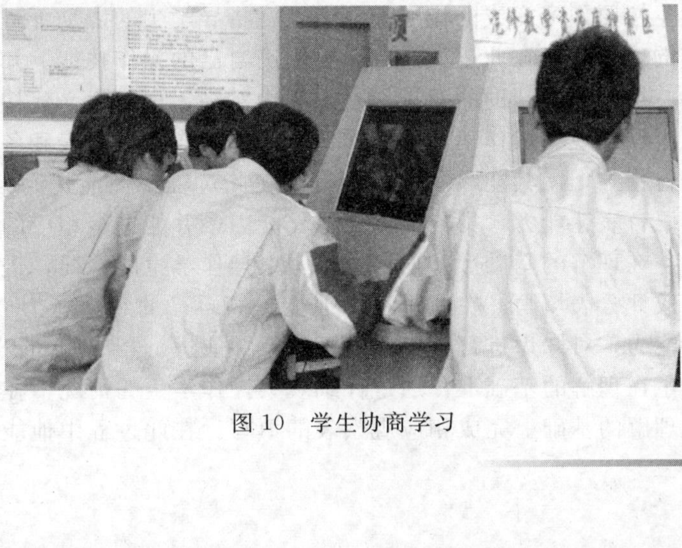

图10　学生协商学习

学生利用教学资源库、教材、课件等易自学的学习材料，把手册转变成有可操作性的作业流程表，学会参考使用手册来修理汽车，培养学生持续发展能力。这里的关键是教师要按学生的实际情况和项目的难度，控制表单中的空白量。其关键是这些学习材料具备能激发学生的学习兴趣和动机、容易学等特征。

三、教师对学生自学情况加以检查

教师要检查作业流程表的完成情况、存在的问题及学生反映的问题，上课时组织、引导学生找到解决的方案。

四、教师组织、引导学生讨论

教师组织、引导学生对预习中存在的问题和相关的知识建构问题进行讨论，并由学生提出相应的假设和验证解决方案。

图 11　教师引导学生讨论

五、学生按各自学习岗位进行轮流实操学习

第一步：操作。

实操岗位学生按照预习完成的作业流程表，在指导学生的协助下进行实践操作和验证，并完成相应的工艺表。在此过程中，其可提高自己的操作技能、知识应用能力、解决实际问题能力、接受他人帮助的意识，在实践中对知识进行意义建构。

指导岗位学生仔细观察操作学生的操作情况，利用作业流程表和各种学习资料，及时对操作学生进行指导，使其能顺利进行练习。在此过程中他能提高自己的观察能力、发现问题能力、语言表达能力、指导能力、协作能力，并能进行相应的知识建构。

评估岗位学生在理解的基础上，通过仔细观察操作学生的情况，进行客观、准确的评判、考核，完成评分表填写。在此过程中他能提高自己的观察能力、发现问题能力、评判能力、协作能力，对知识进行进一步的理解，并能进行相应的知识建构。

观察岗位学生在理解的基础上，通过仔细观察操作学生的情况，在对知识和技术要点进行进一步的理解的基础上完成相应观察表的填写。在此过程中他能提高自己的观察能力、发现问题能力、协作能力，并更能进行相应的知识建构。

总之，在此过程中，在合适的学习环境中，学生有明确的、可操作的学习任务，确保教学有效顺利地进行，并能在不同的岗位全面培养学生的各种能力。

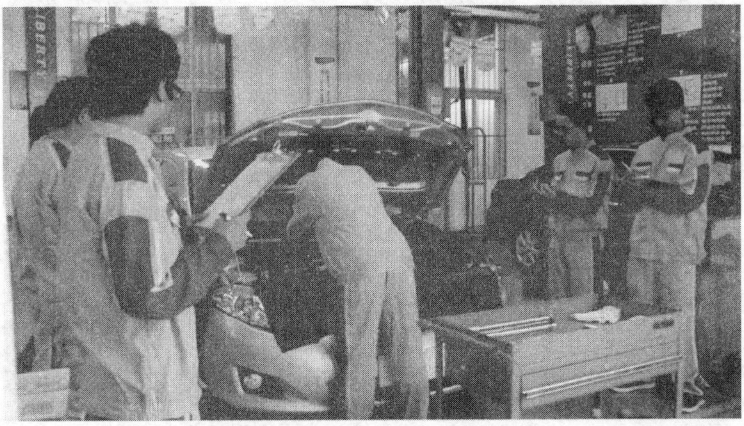

图 12　实操学习

第二步：交流汇总。

指导岗位、评估岗位、观察岗位学生以评估岗位学生为主，另外两个岗位学生协助对操作学生的操作情况加以汇总。这样能培养学生的交流能力、团队协作能力、评判能力，并对知识进一步有效地建构。

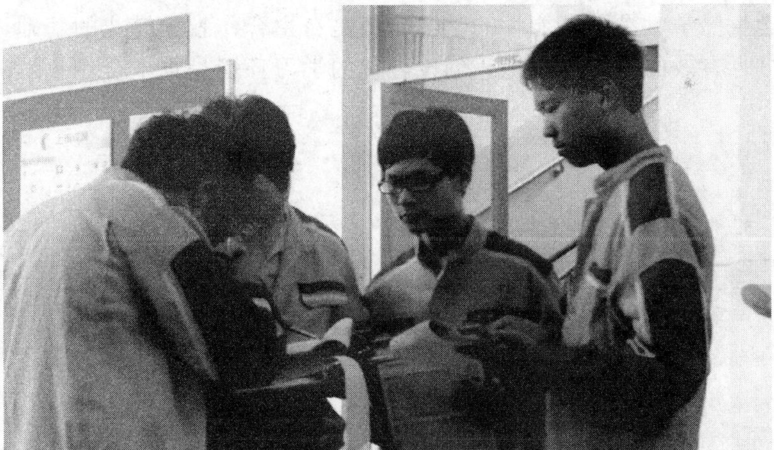

图 13　交流汇总

第三步：互相点评。

推荐一名评估学生根据汇总的情况对操作学生的练习情况进行简明有效的点评，帮助操作学生发现问题及改进方案，同时其他学生在此过程中进一步反思自己所学知识。在整个学习过程中每位学生都要负责点评工作。这样可以培养点评学生的语言表达能力、操作学生接受帮助的习惯、其他学生的学习能力等。

图 14　互相点评

这样就完成了一个循环，接下来每个学生在不同的学习岗位轮流一次，完成整个项目教学。

六、教学检查、总结、反馈

学生在计算机上进行理论考试和实操虚拟考试，教师根据计算机上以上两项记录的成绩和学生互考的成绩统计，确定学生的即时学习情况，反馈给学生进行纠错反思，帮助学生完成最终的知识意义建构。

总之，利用信息化技术，向学生提供生动、形象、准确、详细、全面，形式多样，操作方便，学生愿学、易学、能学的学习材料是自主合作教学模式的基础。由掌握学习策略的教师进行有效的组织、管理，创设合理的学习环境是自主合作教学的关键。

第二章 汽修教学设计中引导性表单

第一节 更换机油及机油滤清器

1. 机油滤清器不包括什么？（　　）

A. 集滤器　　B. 粗滤器　　C. 燃油滤清器　　D. 细滤器

2. 机油滤清器上装有旁通阀，当滤芯堵塞时旁通阀打开的作用是什么？（　　）

A. 使机油不经过滤芯直接流回油底

B. 使机油直接流入滤清器

C. 使机油绕过滤芯直达中心油腔

D. 使机油流回机油泵

3. 冬季使用的机油在夏天会出现什么变化？（　　）

A. 变稀　　B. 变稠　　C. 不变　　D. 变坏

4. 油底壳的主要作用是什么？（　　）

A. 贮存机油密封曲轴箱　　B. 密封圈受力　　C. 导向作用

5. 下列选项中的工具在拆卸机油滤清器中没用到的是什么？（　　）

A. 机油滤清器专用工具　　B. 棘轮扳手

C. 14mm 套筒　　D. 加长杆

6. Corolla 的汽油发动机，对于人多数国家而言机油更换的间隔里程是多少？（　　）

A. 5000 公里或半年　　B. 10000 公里或一年

C. 20000 公里或两年　　D. 40000 公里或四年

7. 在排放机油之前，下列哪个项目不需要检查？（　　）

A. 发动机各部位的配合表面是否漏油　　B. 油封是否漏油

C. 排放塞是否漏油　　D. 减振器是否漏油

8. 机油滤清器的紧固方法是什么？（　　）

A. 用手旋紧后，再用机油滤清器扳手紧 3/4 圈

B. 用手旋紧后，再用机油滤清器扳手紧 1/4 圈

C. 用手旋紧后，再用机油滤清器扳手紧 1 圈

D. 用手旋紧即可

9. 下列哪项关于加注机油的描述是错误的？（　　）

A. 机油的选择需要根据维修手册提供的类型进行选择

B. 机油的加注量要根据维修手册进行加注

C. 加注机油的时候发动机要处于起动状态

D. 机油加好后，需要起动发动机一段时间后，再检查机油液位

10. 下列语句中哪句是正确的？（　）

A. 更换机油后，排放塞垫片不需要更换

B. 在排放机油之前不需要打开机油加注口盖

C. 新的机油滤清安装前，需要在机油滤清器密封圈上涂抹机油进行润滑

D. 机油加完以后可直接出厂，无须检查其油位

更换机油及机油滤清器流程表

操作选手：__________ 日期：__________

序号内容	项目名称	技术说明	注意事项
一、起动前检查	1. 发动机舱油位、液位检查	1）检查发动机冷却液液位，检查制动液液位，检查发动机机油油位和机油品质	（1）确保所检查的油位、液位在正常的刻度范围内，如有不正常，则需要对其进行添加 （2）在检查机油油位时，机油尺沿水平向下方向45°左右且顶端放在纱布上面，读取机油液位
	2. 起动前安全检查	1）进入驾驶室，将点火开关置于ON位置	（1）挡杆处于驻车挡位置，驻车制动器处于制动
	3. 起动发动机暖机	1）起动发动机，保持怠速运行，并打开暖风开关至最高挡位进行暖机	（1）暖机过程要观察仪表板水温表，当水温上升至正常温度（80℃～93℃），关闭发动机
二、检查机油油位及品质	1. 机油油位检查	1）熄火后等待5分钟，拔出机油尺，用布清洁干净，插回到机油尺孔中，再次拔出机油尺进行检查。检查时，机油尺沿水平向下方向45°左右且顶端放在纱布上面，水平目视检查机油液位是否在油位计的低油位和满油位标记之间	
	2. 机油品质检查	1）拔出机油尺，滴一滴机油在白纸上，检查机油是否变质、变色或变稀，以及油中是否有杂物	（1）检查机油时，机油不要滴落到车上或地上，如有则进行清洁

（续表）

序号内容	项目名称	技术说明	注意事项
三、排放机油	1. 打开发动机机油加注口盖	1）用手拧开发动机机油加注口盖，拧松后取下机油加注口盖，清洁并检查机油加注口盖的密封圈及螺纹有无老化、损坏，如有则更换。检查完将机油加注口盖放回机油加注口，无须拧上	
	2. 举升车辆	1）按下举升按钮举升车辆，升到操作的合适高度停止举升并锁止	（1）在举升之前检查车辆四周无人员、举升机支架与车辆支承位置放好、车辆中心对正无偏斜、车辆无负重
	3. 准备好机油收集器	1）将机油收集器推到发动机油底壳放油螺塞下方，调整接收盆的高度到合适位置	（1）要考虑机油泻出时的距离
	4. 排放机油	1）首先清洁放油螺塞处。然后选用14mm套筒和棘轮扳手将放油螺塞拧松，用手缓慢将放油螺塞旋出来，目视螺纹处开始有机油渗漏、螺纹有松旷感觉时，用手轻轻压住螺栓，迅速旋转并移开螺栓，开始排放机油	（1）热机后的发动机，机油还保持一定的温度，排放时须佩戴防护手套，机油不要流到手上以免烫伤手 （2）废机油中含有多种有害物质，不要长时间接触 （3）手上接触废机油时，一定要及时用肥皂和水清洗，或用免水型洗手剂清洗手上的机油 （4）排放机油时，要排放干净 （5）将废弃的机油按照环保要求妥善处理
	5. 安装发动机油底壳放油螺塞	1）先清洁螺纹孔处并检查放油螺塞，如有损坏则更换放油螺塞。安装前先更换密封垫，接着安装放油螺塞，先用手带上扭紧，最后使用扭力扳手及套筒以37 N·m的扭矩紧固	
	6. 清洁放油螺塞处的油污	1）选用干净的布清洁发动机油底壳放油螺塞处油污	

（续表）

序号内容	项目名称	技术说明	注意事项
四、拆卸机油滤清器	1. 拆卸机油滤清器	1）把机油收集器移到机油滤清器正下方，选用机油滤清器拆卸专用工具和扳手及加长杆，拧松机油滤清器，松动后取下专用工具及扳手，然后用手将机油滤清器旋出来，放置在专用的环保桶里	（1）拆卸机油滤清器时，必须佩戴防护手套 （2）操作时注意机油不要流到手上，以免烫伤手
五、安装机油滤清器	1. 检查并清洁机油滤清器底座	1）用干净的布清洁机油滤清器底座上的油污。检查旧滤芯的密封圈是否留在发动机上	（1）不能使用棉丝清洁滤清器底座
	2. 更换机油滤清器	1）取符合规定的新机油滤清器，并在新机油滤清器的密封圈上涂抹一层干净的发动机机油	（1）检查密封圈是否有损伤、变形
	3. 安装新的机油滤清器	1）将新的机油滤清器安装到机油滤清器底座上	（1）安装时，要对好螺纹并用手轻轻地旋转入扣，直到衬垫开始接触机油滤清器底座为止
	4. 紧固机油滤清器	1）选用机油滤清器专用工具，扳手及加长杆以 18N・m 的扭矩紧固机油滤清器	（1）紧固机油滤清器时，如果没有足够的空间使用扭力扳手，则可用手和棘轮将机油滤清器紧固 3/4 圈
	5. 清洁机油滤清器	1）选用干净的布清洁机油滤清器安装位置处的油污	
	6. 机油收集器归位	1）把机油收集器推放到原先工位	
	7. 降下车辆	1）降下车辆至地面	（1）车辆降下前要检查车辆四周无人员
六、添加发动机机油	1. 选择合适的机油	1）根据车辆使用环境和厂方规定，选择符合机油黏度及机油等级要求的机油	
	2. 加注新的发动机机油	1）更换机油滤清器后的标准加注量约 4.2L。机油加注完成后，旋紧机油加注口盖	（1）油桶的倾斜位置，防止机油流出不稳定，漏斗的问题，注意以机油尺油位为准，加注后要用机油尺检查

（续表）

序号内容	项目名称	技术说明	注意事项
七、检查机油是否泄漏	1. 发动机暖机	1）起动发动机暖机，机油指示灯熄灭，水温上升至正常温度，熄火后等几分钟还要检查机油尺油位	(1) 发动机怠中速、高速运转，然后将发动机熄火 (2) 发动机热机后，操作时注意不要烫伤
	2. 举升车辆	1）按下举升按钮举升车辆，升到操作的合适高度停止举升并锁止	(1) 在举升前要检查车辆四周无人员、举升机支架与车辆支承位置放好、车辆中心对正无偏斜、车辆无负重
	3. 机油泄漏检查	1）目视检查油底壳放油螺塞处及机油滤清器与底座结合处，有无渗漏	(1) 操作时注意不要被烫伤
		2）使用干净的布再检查油底壳放油螺塞结合处、机油滤清器与底座结合处有无机油泄漏	(1) 操作时注意不要被烫伤
	4. 降下车辆	1）降下车辆至地面	(1) 车辆降下前要检查车辆四周无人员
	5. 起动发动机暖机	1）起动发动机，保持怠速运行，并打开暖风开关至最高挡位进行暖机（不必要），暖机过程要观察仪表板水温表，当水温上升至正常温度（80℃～93℃），关闭发动机	
	6. 检查发动机机油液位	1）暖机熄火后等待 5 分钟，拔出机油尺，用布清洁干净，插回机油尺孔中，再次拔出机油尺进行检查。检查时，机油尺沿水平向下方向 45°左右且顶端放在纱布上面，水平目视检查机油液位是否在油位计的低油位和满油位标记之间。检查完把机油尺插回机油尺孔中	(1) 检查时，注意机油不要滴落到发动机和地面上，如有，则必须马上清洁 (2) 检查时，如液位低于规定范围，则必须添加到规定范围 (3) 检查时，如液位高于规定范围，则必须抽出来，直到液位在规定范围内
八、清洁整理工具	1. 清洁工具	1）清洁	
	2. 恢复/整理工具	1）举升机复位、扭力扳手归零	
备注			

更换机油及机油滤清器评分表

操作选手：＿＿＿＿　日期：＿＿＿＿　得分：＿＿＿＿

序号	项目	评分细则	分值	得分	原因
一	起动前检查（10分）	1. 发动机舱油位、液位检查方法动作正确，每项1分，共5分	5		
		2. 起动前安全检查挡位、手刹、ON位置（3分）	3		
		3. 起动发动机暖机方法正确（2分）	2		
二	检查机油油位及品质（5分）	1. 机油油位检查方法正确（3分）	3		
		2. 机油品质检查方法与结果正确（2分）	2		
三	排放机油（20分）	1. 打开发动机机油加注口盖（1分），检查机油加注口盖（1分），机油加注口盖放置位置正确（2分）	4		
		2. 举升车辆操作方法正确（2分），举升高度合适（1分）	3		
		3. 机油收集器放置位置正确（1分），高度正确（1分）	2		
		4. 清洁放油螺塞（1分），用正确工具松螺栓（1分），用手轻轻旋出（1分），手碰油（1分），油滴落（2分），螺栓或垫片掉落（2分）	8		
		5. 更换垫片（1分），安装放油螺塞工具选用正确（1分）	2		
		6. 清洁放油螺塞处的油污	1		
四	拆卸机油滤清器（10分）	1. 机油桶位置正确（1分），专用工具选用正确（1分），专用工具旋松动作正确（1分），手没有碰油（1分），机油滤清器不掉落（2分），油不滴落（2分），机油滤清器放置位置正确（2分）	10		
五	安装机油滤清器（20分）	1. 清洁机油滤清器底座（1分），检查机油滤清器底座（1分）	2		
		2. 更换机油滤清器型号正确（2分），涂抹新机油正确（2分）	4		
		3. 用手安装新的机油滤清器方法正确（2分），不掉落（2分）	4		
		4. 紧固机油滤清器工具选用正确（1分），紧固方法正确（2分）	3		
		5. 清洁机油滤清器（1分），油不滴落（2分）	3		
		6. 机油收集器归位（2分）	2		
		7. 降下车辆操作正确（1分），位置到位（1分）	2		

（续表）

序号	项目	评分细则	分值	得分	原因
六	添加发动机机油（10分）	1. 选择合适的机油（3分）	3		
		2. 加注时加注量正确（3分），加注时机油不滴落（2分），机油盖关好（1分），清洁（1分）	7		
七	检查机油是否泄漏（18分）	1. 发动机暖机操作方法正确（1分），满足暖机要求（2分）	3		
		2. 举升车辆操作正确（1分），位置正确（1分）	2		
		3. 机油泄漏检查油底与排放塞处（2分），机油滤清器与底座位置是否泄漏（2分），清洁地面（2分）	6		
		4. 降下车辆时手是否碰油（2分）	2		
		5. 起动发动机暖机时手是否碰油（3分）	3		
		6. 检查发动机机油液位方法正确，操作正确（2分）	2		
八	清洁整理工（7分）	1. 清洁工具（3分）	3		
		2. 恢复/整理工具（4分）	4		
总　分			100		

更换机油及机油滤清器观察表

操作选手：__________ 观察选手：__________ 日期：__________

序号内容	项目名称	观察记录	意见建议
一、起动前检查	1. 发动机舱油位、液位检查		
	2. 起动前安全检查		
	3. 起动发动机暖机		
二、检查机油油位及品质	1. 机油油位检查		
	2. 机油品质检查		
三、排放机油	1. 打开发动机机油加注口盖		
	2. 举升车辆		
	3. 准备好机油收集器		
	4. 排放机油		
	5. 安装发动机油底壳放油螺塞		
	6. 清洁放油螺塞处的油污		
四、拆卸机油滤清器	1. 拆卸机油滤清器		

（续表）

序号内容	项目名称	观察记录	意见建议
五、安装机油滤清器	1. 检查并清洁机油滤清器底座		
	2. 更换机油滤清器		
	3. 安装新的机油滤清器		
	4. 紧固机油滤清器		
	5. 清洁机油滤清器		
	6. 机油收集器归位		
	7. 降下车辆		
六、添加发动机机油	1. 选择合适的机油		
	2. 加注新的发动机机油		
七、检查机油是否泄漏	1. 发动机暖机		
	2. 举升车辆		
	3. 机油泄漏检查		
	4. 降下车辆		
	5. 起动发动机暖机		
	6. 检查发动机机油液位		
八、清洁整理工具	1. 清洁工具		
	2. 恢复/整理工具		
教师点评			

更换机油及机油滤清器工艺单

操作选手：__________ 日期：__________

序号内容	项目名称	操作结果记录	操作数据记录
一、起动前检查	1. 发动机舱油位、液位检查		
	2. 起动前安全检查		
	3. 起动发动机暖机		
二、检查机油油位及品质	1. 机油油位检查		
	2. 机油品质检查		
三、排放机油	1. 打开发动机机油加注口盖		
	2. 举升车辆		
	3. 准备好机油收集器		
	4. 排放机油		
	5. 安装发动机油底壳放油螺塞		
	6. 清洁放油螺塞处的油污		
四、拆卸机油滤清器	1. 拆卸机油滤清器		

（续表）

序号内容	项目名称	操作结果记录	操作数据记录
五、安装机油滤清器	1. 检查并清洁机油滤清器底座		
	2. 更换机油滤清器		
	3. 安装新的机油滤清器		
	4. 紧固机油滤清器		
	5. 清洁机油滤清器		
	6. 机油收集器归位		
	7. 降下车辆		
六、添加发动机机油	1. 选择合适的机油		
	2. 加注新的发动机机油		
七、检查机油是否泄漏	1. 发动机暖机		
	2. 举升车辆		
	3. 机油泄漏检查		
	4. 降下车辆		
	5. 起动发动机暖机		
	6. 检查发动机机油液位		
八、清洁整理工具	1. 清洁工具		
	2. 恢复/整理工具		
备注			

第二节　发动机润滑系统渗漏检测

发动机润滑系统渗漏检测流程表

操作选手：________　日期：________

序号内容	项目名称	技术说明	注意事项
一、起动前检查	1. 发动机舱油位、液位等检查	1）检查发动机冷却液液位	（1）确保所检查的油位、液位和电压应在正常的范围内，如有不正常，则需要对其进行添加和充电 （2）在检查机油油位时，机油尺水平向下方向45°左右且下端放在纱布上面，读取机油液位
		2）检查制动液液位	
		3）蓄电池电压	
		4）检查发动机机油油位和机油品质	
	2. 起动前安全检查	1）进入驾驶室，将点火开关置于ON位置	（1）确保换挡杆处于驻车挡位置、驻车制动器处于制动（拉起）状态
	3. 起动发动机暖机	1）起动发动机，保持怠速运行一定时间，然后提高发动机转速，使水温上升至正常温度（80℃～93℃）	（1）车轮用三角木塞住

（续表）

序号内容	项目名称	技术说明	注意事项
二、渗漏检查	1. 发动机上部机油渗漏检查	1）目视检查发动机盖罩表面有无机油渗漏	(1) 若机油渗漏不明显，先清洁被检查部位表面 (2) 提高发动机转速，运行一定时间后熄火。用干净的纸巾擦拭待检查部位的表面，如纸巾上有油渍，说明该部位存在渗漏 (3) 检查时应小心旁边的线束和部件，防止污物和油渍洒落地面 (4) 若手上沾上废机油，一定要及时用肥皂和水清洗，或用免水型洗手剂清洗 (5) 检查过程应始终佩戴保护手套
		2）目视检查气缸盖罩衬垫周边、机油加注口及盖处有无机油渗漏	
		3）目视检查凸轮轴正时机油控制阀处、凸轮轴位置传感器处有无机油渗漏	
		4）目视检查正时链条盖上部有无机油渗漏	
	2. 举升车辆	1）在发动机怠速下按下举升按钮举升车辆，升到操作的合适高度，停止举升并锁止	(1) 在举升之前要确认车辆四周无人员、检查举升机支架与车辆支承位置放好、检查车辆中心对正无偏斜、检查车辆无负重
	3. 发动机下部机油渗漏检查	1）目视检查发动机缸体表面有无机油渗漏	(1) 若机油渗漏不明显，先清洁被检查部位表面 (2) 提高发动机转速，运行一定时间后熄火。用干净的纸巾擦拭待检查部位的表面，如纸巾上有油渍，说明该部位存在渗漏 (3) 检查时应小心旁边的线束和部件，防止污物和油渍洒落地面 (4) 若手上沾上废机油，一定要及时用肥皂和水清洗，或用免水型洗手剂清洗 (5) 检查过程应始终佩戴保护手套
		2）目视检查发动机机油压力传感器处有无机油渗漏	
		3）目视检查发动机缸体位置传感器处有无机油渗漏	
		4）目视检查发动机机油滤清器处有无机油渗漏	
		5）目视检查发动机 PCV 阀接口处有无机油渗漏	
		6）目视检查发动机曲轴后油封有无机油渗漏	
		7）目视检查发动机正时链条盖表面、正时链条盖油封和正时链条密封衬垫处有无机油渗漏	
		8）目视检查发动机油底壳表面、油底壳密封衬垫处、油底壳放油螺塞处有无机油渗漏	
		9）目视检查油尺管在发动机油底壳安装处有无机油渗漏	
	4. 降下车辆	1）降下车辆至地面	(1) 车辆降下前要确认车辆四周无人员
三、清洁整理工具	1. 清洁工具	1）清洁	
	2. 恢复/整理工具	1）工具归位	
备注			

发动机润滑系统渗漏检测评分表

操作选手：__________ 日期：__________ 得分：__________

序号内容	项目名称	评分细则（动作不规范、检查不到位每次扣2分）	分值	得分	扣分原因
一、起动前检查	1. 发动机舱油位、液位等检查	1）检查发动机冷却液液位，检查是否到位、合理	4		
		2）检查制动液液位，检查是否到位、合理	4		
		3）蓄电池电压，选用仪表是否合理、测量是否准确	3		
		4）检查发动机机油油位和机油品质，检查是否到位、合理	5		
	2. 起动前安全检查	1）进入驾驶室，将点火开关置于ON位置，操作是否合理	3		
	3. 起动发动机暖机	1）起动发动机，保持怠速运行一定时间，然后提高发动机转速，使水温上升至正常温度（80℃～93℃），观察水温表的指针	4		
二、渗漏检查	1. 发动机上部机油渗漏检查	1）目视检查发动机盖罩表面有无机油渗漏	5		
		2）目视检查气缸盖罩衬垫周边、机油加注口及盖处有无机油渗漏	5		
		3）目视检查凸轮轴正时机油控制阀处、凸轮轴位置传感器处有无机油渗漏	5		
		4）目视检查正时链条盖上部有无机油渗漏	5		
	2. 举升车辆	1）在发动机怠速下按下举升按钮举升车辆，升到操作的合适高度，停止举升并锁止，操作时是否注意安全事项	6		
	3. 发动机下部机油渗漏检查	1）目视检查发动机缸体表面有无机油渗漏	5		
		2）目视检查发动机机油压力传感器处有无机油渗漏	5		
		3）目视检查发动机缸体位置传感器处有无机油渗漏	5		
		4）目视检查发动机机油滤清器处有无机油渗漏	5		
		5）目视检查发动机PCV阀接口处有无机油渗漏	5		
		6）目视检查发动机曲轴后油封有无机油渗漏	5		
		7）目视检查发动机正时链条盖表面、正时链条盖油封和正时链条密封衬垫处有无机油渗漏	5		
		8）目视检查发动机油底壳表面、油底壳密封衬垫处、油底壳放油螺塞处有无机油渗漏	5		
		9）目视检查油尺管在发动机油底壳安装处有无机油渗漏	5		
	4. 降下车辆	1）降下车辆至地面，操作时是否注意安全事项	3		
三、清洁整理工具	1. 清洁工具	1）清洁	2		
	2. 恢复/整理工具	1）工具归位	1		
总分			100		

发动机润滑系统渗漏检测观察表

操作选手：________ 观察选手：________ 日期：________

序号内容	项目名称	技术说明	观察记录	建议与意见
一、起动前检查	1. 发动机舱油位、液位等检查	1）检查发动机冷却液液位		
		2）检查制动液液位		
		3）蓄电池电压		
		4）检查发动机机油油位和机油品质		
	2. 起动前安全检查	1）进入驾驶室，将点火开关置于 ON 位置		
	3. 起动发动机暖机	1）起动发动机，保持怠速运行一定时间，然后提高发动机转速，使水温上升至正常温度（80℃～93℃）		
二、渗漏检查	1. 发动机上部机油渗漏检查	1）目视检查发动机盖罩表面有无机油渗漏		
		2）目视检查气缸盖罩衬垫周边、机油加注口及盖处有无机油渗漏		
		3）目视检查凸轮轴正时机油控制阀处、凸轮轴位置传感器处有无机油渗漏		
		4）目视检查正时链条盖上部有无机油渗漏		
	2. 举升车辆	1）在发动机怠速下按下举升按钮举升车辆，升到操作的合适高度，停止举升并锁止		
	3. 发动机下部机油渗漏检查	1）目视检查发动机缸体表面有无机油渗漏		
		2）目视检查发动机机油压力传感器处有无机油渗漏		
		3）目视检查发动机缸体位置传感器处有无机油渗漏		
		4）目视检查发动机机油滤清器处有无机油渗漏		
		5）目视检查发动机 PCV 阀接口处有无机油渗漏		
		6）目视检查发动机曲轴后油封有无机油渗漏		
		7）目视检查发动机正时链条盖表面、正时链条盖油封和正时链条密封衬垫处有无机油渗漏		
		8）目视检查发动机油底壳表面、油底壳密封衬垫处、油底壳放油螺塞处有无机油渗漏		
		9）目视检查油尺管在发动机油底壳安装处有无机油渗漏		
	4. 降下车辆	1）降下车辆至地面		
三、清洁整理工具	1. 清洁工具	1）清洁		
	2. 恢复/整理工具	1）工具归位		
教师点评				

发动机润滑系统渗漏检测工艺单

操作选手：__________ 日期：__________

序号内容	项目名称	技术说明	操作结果记录	操作数据记录
一、起动前检查	1. 发动机舱油位、液位等检查	1）检查发动机冷却液液位		
		2）检查制动液液位		
		3）蓄电池电压		
		4）检查发动机机油油位和机油品质		
	2. 起动前安全检查	1）进入驾驶室，将点火开关置于 ON 位置		
	3. 起动发动机暖机	1）起动发动机，保持怠速运行一定时间，然后提高发动机转速，使水温上升至正常温度（80℃～93℃）		
二、渗漏检查	1. 发动机上部机油渗漏检查	1）目视检查发动机盖罩表面有无机油渗漏		
		2）目视检查气缸盖罩衬垫周边、机油加注口及盖处有无机油渗漏		
		3）目视检查凸轮轴正时机油控制阀处、凸轮轴位置传感器处有无机油渗漏		
		4）目视检查正时链条盖上部有无机油渗漏		
	2. 举升车辆	1）在发动机怠速下按下举升按钮举升车辆，升到操作的合适高度，停止举升并锁止		
	3. 发动机下部机油渗漏检查	1）目视检查发动机缸体表面有无机油渗漏		
		2）目视检查发动机机油压力传感器处有无机油渗漏		
		3）目视检查发动机缸体位置传感器处有无机油渗漏		
		4）目视检查发动机机油滤清器处有无机油渗漏		
		5）目视检查发动机 PCV 阀接口处有无机油渗漏		
		6）目视检查发动机曲轴后油封有无机油渗漏		
		7）目视检查发动机正时链条盖表面、正时链条盖油封和正时链条密封衬垫处有无机油渗漏		
		8）目视检查发动机油底壳表面、油底壳密封衬垫处、油底壳放油螺塞处有无机油渗漏		
		9）目视检查油尺管在发动机油底壳安装处有无机油渗漏		
	4. 降下车辆	1）降下车辆至地面		
三、清洁整理工具	1. 清洁工具	1）清洁		
	2. 恢复/整理工具	1）工具归位		
备注				

第三节　更换冷却风扇电机

更换冷却风扇电机流程表

操作选手：__________　日期：__________

序号内容	项目名称	技术说明	注意事项
一、前期准备	已完成		
二、冷却风扇的拆卸	1. 断开蓄电池负极接线柱	1）用10号的开口扳手拧松螺母 2）脱开负极接线柱后，连接器要安放在安全的位置	（1）用扳手拆卸负极时不要触碰到蓄电池负极
	2. 断开冷却风扇连接器	1）用左手扶住连接器的孔端，右手拇指向下按住连接器针端的卡扣，并轻轻向外拉出连接器的针端，断开低速挡散热风扇连接器	（1）注意连接器的卡口位置 （2）脱开过程中不宜用力过快，以免划破自己的皮肤
	3. 拆卸风扇罩安装螺栓	1）断开高速挡散热风扇连接器 2）取出阻挡螺栓拆装的机油尺 3）用10号的套筒逆时针拧松螺栓，共计8枚	（1）选择套筒拧下螺栓，注意不要触碰到金属壁 （2）取出机油尺后，用抹布遮挡机油口位置
	4. 拆卸电子风扇上部动力转向泵管路的固定螺栓	1）用12号套筒工具拆卸动力转向泵管路的两枚固定螺栓 2）将管路向上顶出一段距离，便于冷却风扇总成顺利取出	（1）在拆卸时要保证金属管路壁完整
	5. 取出低速散热风扇罩总成	1）先对散热风扇进行松动 2）双手扶住风扇的两侧，上部侧向发动机方向慢慢向上提出低速冷却风扇	（1）对风扇进行松动时，避免用力过猛，产生变形 （2）取出风扇时，塑料坚硬处不要损坏氧传感器线束 （3）取出风扇时，不要划伤对转向系统的管路
	6. 取出高速冷却风扇总成	1）先对散热风扇进行松动 2）将高速风扇先向外抽到低速风扇的位置 3）双手扶住风扇的两侧，上部侧向发动机方向慢慢向上提出低速冷却风扇	（1）对风扇进行松动时，避免用力过猛，产生变形 （2）取出风扇时，塑料坚硬处不要损坏氧传感器线束 （3）取出风扇时，不要划伤对转向系统的管路
	7. 拆卸高速冷却风扇毂中心的螺母	1）一只手扶住风扇叶片，另一只手用10号套筒旋松风扇叶片的固定螺栓 2）用10号套筒旋出风扇固定螺栓	（1）拆卸风扇页面时，左手卡住叶片，右手用工具顺时针旋出螺栓

（续表）

序号内容	项目名称	技术说明	注意事项
二、冷却风扇的拆卸	8. 从风扇罩上拆卸风扇叶片	1）取下螺栓后，用大拇指扣住电机中心轴，两手的四指慢慢向外提出风扇叶片	(1) 风扇叶片弯曲或者损坏，禁止修理或继续使用损坏的零件，务必更换弯曲或损坏的风扇总成。不平衡的风扇总成会在使用时失灵和飞出，极其危险，因为弯曲的风扇不能保证平衡性
	9. 拆卸风扇电动机固定螺钉	1）用10号套筒拆卸风扇叶片的3个固定螺栓	(1) 螺栓拆卸时，双手应扶住叶片不让其转动，才能拆卸风扇螺栓
	10. 从风扇罩上拆卸风扇电动机	1）取下风扇外壳上的连接器	(1) 连接器时背面有一个十字卡扣，需要脱开才能取下连接器
		2）脱开3个卡槽内的线路	
三、安装新的冷却风扇的电机	1. 将新的高速风扇电动机安装在风扇罩上	1）对新的高速风扇电机的电阻进行检测，电阻约为0.7Ω	(1) 风扇电机是高速运动部件，所以在取放过程中，不要掉落或发生撞击
		2）将电机线束以拆卸相反的顺序绕在风扇罩上	
	2. 安装风扇叶片	1）用扭力扳手安装风扇叶片的紧固螺母，扭矩为4N·m	(1) 在固定叶片时，不应用力过猛，以免将叶片搞歪曲
		2）螺栓和风扇电机轴是半圆形的，安装时需要对准	
		3）在紧固过程中，需要一只手固定其叶片不让其转动才能对螺栓进行紧固	
	3. 将风扇安装到散热器上	1）先安装高速冷却风扇，再安装低速冷却风扇	(1) 安装风扇总成时，需要不停地调整角度才能安装到位，千万不可用蛮力将风扇挤到散热器上
		2）安装高速风扇总成时，和拆卸时的顺序相反，是从低速侧安装到位后推到高速侧	
	4. 安装散热风扇固定螺栓	1）安装两侧散热器风扇的固定螺母	(1) 螺栓第一步上紧过程需要借助手
		2）用扭力扳手拧紧到规定扭矩	
	5. 将高低侧的风扇连接器连接复位	1）连接高速风扇连接器	(1) 听到“卡嗒”声说明连接正常
		2）连接低速风扇连接器	
	6. 紧固动力转向管路固定螺栓（散热器段）	1）用十字螺丝刀紧固两枚螺栓	
四、整理回收工具			
备注			

更换冷却风扇电机评分表

操作选手：＿＿＿＿＿　日期：＿＿＿＿＿　得分：＿＿＿＿＿

序号	项目	评分细则	分值	得分	原因
一、前期准备	参照二维	参照二级维护项目	5		
二、冷却风扇的拆卸	1. 断开蓄电池负极接线柱	1）用10号的开口扳手拧松螺母	2		
		2）脱开负极接线柱后，连接器要安放在安全的位置	2		
	2. 断开冷却风扇连接器	1）用左手扶住连接器的孔端，右手拇指向下按住连接器针端的卡扣，并轻轻向外拉出连接器的针端，断开低速挡散热风扇连接器	3		
		2）断开高速挡散热风扇连接器	2		
	3. 拆卸风扇罩安装螺栓	1）取出阻挡螺栓拆装的机油尺	2		
		2）用10号的套筒逆时针拧松螺栓，共计8枚	4		
	4. 拆卸电子风扇上部动力转向泵管路的固定螺栓	1）用12号套筒工具拆卸动力转向泵管路的两枚固定螺栓	2		
		2）将管路向上顶出一段距离，便于冷却风扇总成顺利取出	2		
	5. 取出低速散热风扇罩总成	1）先对散热风扇进行松动	2		
		2）双手扶住风扇的两侧，上部侧向发动机方向慢慢向上提出低速冷却风扇	2		
	6. 取出高速冷却风扇总成	1）先对散热风扇进行松动	2		
		2）将高速风扇先向外抽到低速风扇的位置	2		
		3）双手扶住风扇的两侧，上部侧向发动机方向慢慢向上提出低速冷却风扇	3		
	7. 拆卸高速冷却风扇毂中心的螺母	1）一只手扶住风扇叶片，另一只手用10号套筒旋松风扇叶片的固定螺栓	3		
		2）用10号套筒旋出风扇固定螺栓	2		
	8. 从风扇罩上拆卸风扇叶片	1）取下螺栓后，用大拇指扣住电机中心轴，两手的四指慢慢向外提出风扇叶片	4		
	9. 拆卸风扇电动机固定螺钉	1）用10号套筒拆卸风扇叶片的3个固定螺栓	4		
	10. 从风扇罩上拆卸风扇电动机	1）取下风扇外壳上的连接器	2		
		2）脱开3个卡槽内的线路	3		

（续表）

序号	项目	评分细则	分值	得分	原因
三、安装新的冷却风扇的电机	1. 将新的高速风扇电动机安装在风扇罩上	1）对新的高速风扇电机的电阻进行检测，电阻约为0.7Ω	2		
		2）将电机线束以拆卸相反的顺序绕在风扇罩上	3		
	2. 安装风扇叶片	1）用扭力扳手安装风扇叶片的紧固螺母，扭矩为4N·m	3		
		2）螺栓和风扇电机轴是半圆形的，安装时需要对准	2		
		3）在紧固过程中，需要一只手固定其叶片不让其转动才能对螺栓进行紧固	2		
	3. 将风扇安装到散热器上	1）先安装高速冷却风扇，再安装低速冷却风扇	2		
		2）安装高速风扇总成时，和拆卸时的顺序相反，是从低速侧安装到位后推到高速侧	3		
	4. 安装散热风扇固定螺栓	1）安装两侧散热器风扇的固定螺母	2		
		2）用扭力扳手拧紧到规定扭矩	3		
	5. 将高低侧的风扇连接器连接复位	1）连接高速风扇连接器	5		
		2）连接低速风扇连接器	5		
	6. 紧固动力转向管路固定螺栓（散热器段）	1）用十字螺丝刀紧固两枚螺栓	5		
四、整理回收工具	“5S”清洁整理	1）清洁工具，每次1分	3		
		2）恢复/整理工具，扭力扳手归位	3		
		3）操作中是否有物体落地或损坏，可倒扣	4		
总　分			100		

更换冷却风扇电机观察表

操作选手：__________　日期：__________

序号	项目名称	观察记录	意见建议
一、前期准备	参照二维		

（续表）

序号	项目名称	观察记录	意见建议
二、冷却风扇的拆卸	1. 断开蓄电池负极接线柱		
	2. 断开冷却风扇连接器		
	3. 拆卸风扇罩安装螺栓		
	4. 拆卸电子风扇上部动力转向泵管路的固定螺栓		
	5. 取出低速散热风扇罩总成		
	6. 取出高速冷却风扇总成		
	7. 拆卸高速冷却风扇毂中心的螺母		
	8. 从风扇罩上拆卸风扇叶片		
	9. 拆卸风扇电动机固定螺钉		
	10. 从风扇罩上拆卸风扇电动机		
三、安装新的冷却风扇的电机	1. 将新的高速风扇电动机安装在风扇罩上		
	2. 安装风扇叶片		
	3. 将风扇安装到散热器上		
	4. 安装散热风扇固定螺栓		
	5. 将高低侧的风扇连接器连接复位		
	6. 紧固动力转向管路固定螺栓（散热器段）		
四、整理回收工具	“5S”清洁整理		
教师点评			

更换冷却风扇电机工艺单

操作选手：__________ 日期：__________

序号	项目名称	操作结果记录	操作数据记录
一、前期准备	参照二维		
二、冷却风扇的拆卸	1. 断开蓄电池负极接线柱		
	2. 断开冷却风扇连接器		
	3. 拆卸风扇罩安装螺栓		
	4. 拆卸电子风扇上部动力转向泵管路的固定螺栓		
	5. 取出低速散热风扇罩总成		
	6. 取出高速冷却风扇总成		
	7. 拆卸高速冷却风扇毂中心的螺母		
	8. 从风扇罩上拆卸风扇叶片		
	9. 拆卸风扇电动机固定螺钉		
	10. 从风扇罩上拆卸风扇电动机		

（续表）

序号	项目名称	操作结果记录	操作数据记录
三、安装新的冷却风扇的电机	1. 将新的高速风扇电动机安装在风扇罩上		
	2. 安装风扇叶片		
	3. 将风扇安装到散热器上		
	4. 安装散热风扇固定螺栓		
	5. 将高低侧的风扇连接器连接复位		
	6. 紧固动力转向管路固定螺栓（散热器段）		
四、整理回收工具	“5S”清洁整理		
备注			

第四节　检查与更换冷却液

1. 下列哪一项不是发动机冷却液的组成部分？（　　）

A. 水　　B. 防腐剂　　C. 添加剂　　D. 防冻剂

2. 下列选项哪个不属于发动机冷却液的类型？（　　）

A. 酒精型冷却液　　B. 甘油型冷却液

C. 乙二醇型冷却液　　D. 以上三种都是

3. 目前国内外发动机上使用的冷却液主要是什么？（　　）

A. 酒精型冷却液　　B. 甘油型冷却液　　C. 乙二醇型冷却液

4. 下列哪一项不是冷却液的功能？（　　）

A. 冬季防冻　　B. 防腐蚀　　C. 高沸点防开锅　　D. 防空气进入

5. 发动机起动时不需要对下列哪个液位进行检查？（　　）

A. 冷却液液位　　B. 喷洗液液位　　C. 制动液液位　　D. 机油油位

6. 下列有关冰点测试仪说法不正确的是哪个？（　　）

A. 用水清洗冰点测试仪的棱镜和盖板

B. 冰点测试仪校零采用的是蒸馏水

C. 冷却液冰点值若不在厂家规定的范围内，则需要更换新的冷却液重新测量，直到达到要求

7. 起动发动机之前所要做的安全检查主要包括哪些？（　　）

A. 点火开关置于 ON 位置

B. 检查并确保换挡杆处于 P 挡/N 挡或空挡位置

C. 驻车制动器处于制动状态

D. 以上都是

8. 安装水箱检漏仪过程中选择的凸缘盘跟冷却液储液罐的密封盖相比怎样？（　　）

A. 稍大　　B. 稍小　　C. 一样大　　D. 没关系

9. 冷却系统加压检漏过程中，当泵压至多少千帕时停止加压？（　　）

A. 100　　B. 108　　C. 90　　D. 150

10. 冷却系统加压检漏过程中若压力下降，且发动机外部没有冷却液泄漏，不需要检查下列哪一项？（　　）

A. 加热器芯　　B. 气缸体　　C. 气缸盖　　D. 散热器总成

检查与更换冷却液流程表

操作选手：________　日期：________

序号内容	项目名称	技术说明	注意事项
一、起动前检查	1. 发动机舱油位、液位检查	1）检查喷洗液液位、检查发动机冷却液液位、检查制动液液位、检查发动机机油油位	（1）确保所检查的油位、液位在正常的刻度范围内，如有不正常，则需要对其进行添加 （2）在检查机油油位时，机油尺沿水平向下方向45°左右且顶端放在纱布上面，读取机油液位
	2. 起动前安全检查	1）进入驾驶室，将点火开关置于ON位置	（1）确保换挡杆处于驻车位置、驻车制动器处于制动
	3. 起动发动机暖机	1）起动发动机，保持怠速运行，并打开暖风开关至最高挡位进行暖机，暖机过程要观察仪表板水温表，当水温上升至正常温度（80℃～93℃），关闭发动机	
二、发动机冷却系统检漏	1. 冷却系统检漏	1）检查冷却系统连接软管有无裂纹、老化，接口处是否有泄漏	（1）检查操作时，必须佩戴保护手套，注意不要被发动机烫伤，远离散热器风扇
		2）检查散热器、暖风水箱、水泵、储液罐、汽缸垫、汽缸体及汽缸盖的水堵是否泄漏	
三、排放发动机冷却液	1. 打开冷却液储液罐的密封盖	1）冷机后，用手拧开冷却液储液罐的密封盖	（1）操作时必须佩戴防护手套
	2. 举升车辆	1）按下举升按钮举升车辆至操作的合适高度停止举升并锁止	（1）在举升之前要检查车辆四周无人员、检查举升机支架与车辆支承位置放好、检查车辆中心对正无偏斜、检查车辆无负重
	3. 放置液体收集器	1）把液体收集器推放到冷却液排放塞正下方，调节液体收集器到合适高度	
	4. 排放发动机冷却液	1）用手拧松冷却液排放塞，冷却液排尽后，再拧紧冷却液排放塞，并把液体收集器放回原处	
	5. 降下车辆	1）降下车辆至地面	（1）车辆降下前要检查车辆四周无人员

（续表）

序号内容	项目名称	技术说明	注意事项
四、冷却液冰点检查	1. 清洁冷却液冰点测试仪	1）选用柔软绒布清洁冷却液冰点测试仪的棱镜和盖板	
	2. 冰点测试仪校零	1）使用吸管吸取蒸馏水滴一滴在冰点仪棱镜上，盖上盖板并轻轻按压，读取数值。如测量值不在零位置，则要调节校正旋钮至读数为零	
	3. 冷却液冰点检测	1）取来新的冷却液，使用吸管吸取新的冷却液，滴一滴在冰点仪棱镜上，盖上盖板并轻轻按压，读取冷却液冰点值。如测量值不在厂家规定值范围内，则更换新的冷却液重新测量，直至冷却液冰点值达到要求	（1）在读取数值时刻度不清晰，可旋转目镜使镜内刻度线清晰
	4. 清洁冷却液冰点测试仪	1）清洁冷却液冰点测试仪的棱镜和盖板并归位	
五、加注冷却液	1. 加注发动机冷却液	1）加注新的冷却液，加注时要注意观察储液罐的液位高度，当冷却液液位达到储液罐上限B刻度线停止加注	
六、冷却系统加压检漏	1. 安装水箱检漏仪	1）选择大小与冷却液储液罐的密封盖一样的凸缘盘，安装在冷却液储液罐加注口上。并装上检漏仪	（1）安装凸缘盘时，一定要旋紧
	2. 加压检漏	1）向冷却系统施加压力，压力达到 0.2MPa 时，停止加压。观察压力表，同时注意倾听是否有漏气声	（1）如 5 分钟时间内指针显示无变化，则冷却系统密封良好，否则系统有泄漏，需要重新检查
	3. 安装冷却液储液罐的密封盖	1）取下检漏仪，拆下凸缘盘，安装冷却液储液罐的密封盖	（1）安装储液罐的密封盖时一定要旋紧

（续表）

序号内容	项目名称	技术说明	注意事项
七、发动机运转检漏	1. 发动机暖机	1）起动发动机，保持怠速运行，并打开暖风开关至高挡位	
	2. 观察冷却风扇工作情况	1）暖机过程中观察水温表变化情况及冷却风扇运转情况	（1）当水温达到 93℃～98℃时冷却风扇应低速运转，当达到 105℃时冷却风扇应高速运转。然后将暖风开关打到高档位，使冷却液流经暖风水箱
	3. 检查冷却液储液罐的冷却液液位	1）检查冷却液液位是否在 FULL 和 LOW 刻度线之间，如低于 LOW 刻线则添加到正常范围内	
	4. 安装发动机盖罩	1）双手握住发动机盖罩并对正位置，依次按下前后端，安装后检查发动机盖罩是否卡紧	
八、清洁整理工具	1. 清洁工具	1）清洁	
	2. 恢复/整理工具	1）冰点测试仪、水箱检漏仪	
备注			

检查与更换冷却液评分表

操作选手：__________ 日期：__________ 得分：__________

序号	项目	评分细则	分值	得分	原因
一	起动前检查（8 分）	1. 发动机舱油位、液位检查（喷洗液液位、冷却液液位、制动液液位、机机油油位）各项 1 分	4		
		2. 起动前安全检查（2 分）	2		
		3. 起动发动机暖机操作方法过程正确（2 分）	2		
二	发动机冷却系统检漏（9 分）	1. 冷却系统检漏，连接软管有无裂纹、老化，接口处是否有泄漏，散热器、暖风水箱、水泵、储液罐、汽缸垫、汽缸体及汽缸盖的水堵是否泄漏（9 分）	9		
三	排放发动机冷却液（16 分）	1. 打开冷却液储液罐的密封盖，注意冷机（2 分）	2		
		2. 举升车辆方法正确（1 分），位置正确（1 分）	2		
		3. 放置液体收集器位置到位（1 分），高度到位（1 分）	2		
		4. 排放发动机冷却液，用手拧松冷却液排放塞（2 分），排尽后拧紧冷却液排放塞（2 分），把收集器放回原处（2 分），液体滴落（2 分）	8		
		5. 降下车辆方法正确（1 分），位置正确（1 分）	2		

（续表）

序号	项目	评分细则	分值	得分	原因
四	冷却液冰点检查（21分）	1. 清洁冷却液冰点测试仪，清洁布选用正确（1分），清洁位置正确（2分）	3		
		2. 冰点测试仪校零方法和结果正确	6		
		3. 冷却液冰点检测方法正确（5分），检测结果正确（3分）	8		
		4. 清洁冷却液冰点测试仪（2分），归位（2分）	4		
五	加注冷却液（7分）	1. 加注发动机冷却液时注意观察储液罐的液位高度（1分），当冷却液液位达到储液罐上限B刻度线停止加注（4分），液体有滴落（2分）	7		
六	冷却系统加压检漏（16分）	1. 安装水箱检漏仪方法正确（5分）	5		
		2. 加压检漏，向冷却系统施加压力（1分），压力达到0.2MPa停止加压（2分）观察压力表（1分），同时注意倾听是否有漏气声（2分）	6		
		3. 取下检漏仪（2分），拆下凸缘盘（1分），安装冷却液储液罐的密封盖（2分）	5		
七	发动机运转检漏（13分）	1. 起动发动机（1分），保持怠速运行（1分），并打开暖风开关至高挡位（1分）	3		
		2. 观察冷却风扇工作情况（4分）	4		
		3. 检查冷却液储液罐的冷却液液位（3分）	3		
		4. 安装发动机盖罩方法正确，位置正确（3分）	3		
八	清洁整理工具（10分）	1. 清洁工具，每次1分（5分）	5		
		2. 恢复/整理工具（5分）	5		
总　分			100		

检查与更换冷却液观察表

观察选手：__________　操作选手：__________　日期：__________

序号内容	项目名称	观察记录	意见建议
一、起动前检查	1. 发动机舱油位、液位检查		
	2. 起动前安全检查		
	3. 起动发动机暖机		
二、发动机冷却系统检漏	1. 冷却系统检漏		

（续表）

序号内容	项目名称	观察记录	意见建议
三、排放发动机冷却液	1. 打开冷却液储液罐的密封盖		
	2. 举升车辆		
	3. 放置液体收集器		
	4. 排放发动机冷却液		
	5. 降下车辆		
四、冷却液冰点检查	1. 清洁冷却液冰点测试仪		
	2. 冰点测试仪校零		
	3. 冷却液冰点检测		
	4. 清洁冷却液冰点测试仪		
五、加注冷却液	1. 加注发动机冷却液		
六、冷却系统加压检漏	1. 安装水箱检漏仪		
	2. 加压检漏		
	3. 安装冷却液储液罐的密封盖		
七、发动机运转检漏	1. 发动机暖机		
	2. 观察冷却风扇工作情况		
	3. 检查冷却液储液罐的冷却液液位		
	4. 安装发动机盖罩		
八、清洁整理工具	1. 清洁工具		
	2. 恢复/整理工具		
教师点评			

检查与更换冷却液工艺单

操作选手：________ 日期：________

序号内容	项目名称	操作结果记录	操作数据记录
一、起动前检查	1. 发动机舱油位、液位检查		
	2. 起动前安全检查		
	3. 起动发动机暖机		
二、发动机冷却系统检漏	1. 冷却系统检漏		

（续表）

序号内容	项目名称	操作结果记录	操作数据记录
三、排放发动机冷却液	1. 打开冷却液储液罐的密封盖		
	2. 举升车辆		
	3. 放置液体收集器		
	4. 排放发动机冷却液		
	5. 降下车辆		
四、冷却液冰点检查	1. 清洁冷却液冰点测试仪		
	2. 冰点测试仪校零		
	3. 冷却液冰点检测		
	4. 清洁冷却液冰点测试仪		
五、加注冷却液	1. 加注发动机冷却液		
六、冷却系统加压检漏	1. 安装水箱检漏仪		
	2. 加压检漏		
	3. 安装冷却液储液罐的密封盖		
七、发动机运转检漏	1. 发动机暖机		
	2. 观察冷却风扇工作情况		
	3. 检查冷却液储液罐的冷却液液位		
	4. 安装发动机盖罩		
八、清洁整理工具	1. 清洁工具		
	2. 恢复/整理工具		
备注			

第五节　检查与更换温控开关

一、填空题

1. 维修人员向使用者和车主询问的信息可以包括汽车型号、________、修理情况、使用情况、发生故障的部位和现象以及发生故障后做了哪些检查和修理。

2. 汽车用____________，可以比较准确地测取发动机的即时转速，行车中指示发动机转速，换挡时指示发动机转速的变化情况。

3. 热敏电阻内置于________________，其电阻值根据发动机冷却液温度的变化而变化。

二、判断题

1. 所谓观察法就是汽车修理工按照汽车使用者指出的故障发生的部位仔细观察故障现象，而后对故障做出判断。

2. 可用试验法在汽车解体或少解体的情况下检查汽车和发动机的功能，以达到诊断故障的目的。

3. 发动机排气异味，表示发动机烧机油和发动机燃烧不完全。

4. 长度的度量要用到千分尺，与长度有关的度量包括直径、间隙、位移等要用到米尺、测微计、塞规、塞尺、卷尺等。

5. 分段检查法可以按照系统从动力源开始沿着系统到执行机构的路线查找，可以按从后到前的次序查找，也可以从中间查找。

三、简答题

1. 汽车故障诊断的四项基本原则是什么？

2. 汽车故障诊断方法有哪些？（列举 6 个或 6 个以上即可）

检查与更换温控开关流程表

操作选手：__________ 日期：__________

序号内容	项目名称	技术说明	注意事项
一、排放发动机冷却液	1. 拧开散热器盖	1) 冷机时，拧开发动机冷却液储液罐的散热器盖	(1) 操作时要戴上橡胶防护手套 (2) 切勿在发动机暖机时打开冷却液储液罐的散热器盖，以防烫伤
		2) 将发动机冷却液储液罐的密封盖放置在零件车上	
		3) 拆卸气缸盖罩	
	2. 放置液体收集器	1) 把干净的液体收集器放置在散热器的下水管的正下方	(1) 调节接收器在合适位置
	3. 排放冷却液	1) 用鲤鱼钳夹紧散热器下水管夹箍，并移出阻挡部位，确认夹箍完全脱离散热器，拉出下水管，放出冷却液	(1) 确认夹箍完全脱离下水管，并将夹箍朝发动机的方向移动 (2) 当无法拉出冷却液软管时，握住软管端部位置，尝试用左右上下轻轻摇动并向外拉动的方法使软管与散热器的接口分离 (3) 禁止用螺丝刀等工具撬动软管内侧的方法强制拆卸，以防软管损坏 (4) 不要污染收集器中的冷却液，以便继续使用
		2) 待冷却液完全排放后，把液体收集器放置于工具车上	
二、拆卸冷却液温度控制开关	1. 拆卸线束连接器	1) 拔下冷却液温度控制开关连接器	(1) 拔下时，应防止线束连接器损坏和手部受伤
	2. 拆下冷却液温度控制开关	1) 使用 29mm 长套筒（或专用工具）和棘轮扳手拧松冷却液温度控制开关	(1) 拆下冷却液温度控制开关时，应注意拆卸工具的操作位置和方向，防止损坏散热器片 (2) 滴漏的冷却液应及时清理
		2) 徒手拆下冷却液温度控制开关	

（续表）

序号内容	项目名称	技术说明	注意事项
三、检查冷却液温度控制开关零件号及外观	1. 冷却液温度控制开关零件号及外观检查	1）确认新的冷却液温度控制开关的零件号是否正确	（1）检查时要小心，防止掉落损坏
		2）检查新的冷却液温度控制开关外观及铜密封垫片是否完好	
		3）目视观察冷却液温度控制开关内侧连接器端子是否弯曲、锈蚀	
		4）检查新的冷却液温度控制开关的螺纹有无损伤	
	2. 检查冷却液温度控制开关的性能	1）用测试延长线分别连接冷却液温度控制开关的三个端子	（1）作业时，必须戴橡胶防护手套和护目镜，防止受伤 （2）注意加热器的用电安全 （3）温度计的端部不允许接触量杯的任何部位 （4）校验万用表 （5）冷却液温度控制开关的三个端子不允许与水接触 （6）应准确观察冷却液温度开关触点接合或断开的温度
		2）将冷却液温度控制开关放入盛有水的量杯中，将温度计放入水中，然后逐渐加热	
		3）用万用表电阻挡测量冷却液温度控制开关2号端子与1号（端子标记A）端子间的电阻。当水温达到93℃～98℃时，2号端子与1号（端子标记A）端子导通，电阻值小于1Ω；当水温下降至88℃～93℃时，2号端子与1号端子断路，电阻为无穷大。否则表明热敏开关损坏，应更换新件	
		4）用同样方法测量冷却液温度控制开关2号端子与3号（端子无标记）端子间的电阻。当水温达到100℃时，2号端子与3号（端子无标记）端子导通，电阻值小于1Ω；当水温下降至95℃左右时，2号端子与3号端子断路，电阻为无穷大。否则表明热敏开关损坏，应更换新件	
		5）测量完成后，断开加热器电源，将量杯、加热器和温度计归位	

（续表）

序号内容	项目名称	技术说明	注意事项
四、安装冷却液温度控制开关和散热器下水管	1. 将冷却液温度控制开关安装在散热器上	1）用清洁布清洁散热器侧面安装孔表面	（1）安装时不要损坏冷却液温度控制开关的绝缘部位 （2）操作时防止损坏散热器片和伤及手部
		2）徒手拧紧冷却液温度控制开关	
		3）选用 29mm 长套筒、棘轮扳手预紧冷却液温度控制开关。再用扭力扳手以标准力矩紧固冷却液温度控制开关	
		4）标准力矩：25N·m	
	2. 安装散热器下水管	1）清洁散热器下水管接口处的表面	（1）下水管安装时，防止扭曲变形而损坏 （2）卡箍位置必须按原位安装，防止冷却液渗漏
		2）检查清洁软管内侧	
		3）将下水管与散热器出水口连接	
		4）将卡箍安装到下水管的原位置	
	3. 连接线束连接器	1）将线束连接器插入冷却液温度控制开关接头	（1）插入连接器时，应注意连接器的凸口必须与冷却液温度控制开关的缺口方向对准，防止损坏
五、加注冷却液	1. 加注发动机冷却液	1）确认加注的新冷却液牌号是否符合规定	（1）加注时须防止冷却液注入冷却液位传感器的连接器上 （2）应缓慢捏压散热器下水管，以防冷却液从加注口喷出 （3）确认膨胀水箱散热器盖已拧紧 （4）冷却液如有渗漏应及时清理
		2）将冷暖气开关拨到 warm（热）位置	
		3）加注冷却液至膨胀水箱的最高线标记处	
		4）捏压散热器下水管，排净冷却系统内的空气，如果冷却液位低于 LOW 刻线，则再次添加冷却液，直至冷却液位在 FULL 和 LOW 刻度线之间为止	
		5）旋紧膨胀水箱散热器盖	
六、冷却系统检漏	（参见相关内容）	（参见相关内容）	（参见相关内容）

（续表）

序号内容	项目名称	技术说明	注意事项
七、车上检查	1. 发动机暖机后的检查	1）将点火开关置于 ON 位置，观察发动机冷机时冷却风扇是否处于静止状态	（1）起动前的注意事项（参见相关内容） （2）发动机暖机风扇将转动时，切勿将手放在高温及风扇附近，以防造成人身伤害
		2）起动发动机，保持怠速运行	
		3）连接发动机故障电脑诊断仪，进入数据流模式，选择水温显示数据组	
		4）提高发动机转速，暖机并观察冷却液温度数据流的变化，当冷却液温度上升至 93℃～98℃时，冷却风扇低速运转，当冷却液温度上升至 105℃时，冷却风扇高速运转	
		5）保持发动机怠速运转，观察冷却风扇由高速挡运转变为低速运转时的数据流显示的温度（应为 93℃～98℃），由低速挡至停止运转时的温度应为 88℃～93℃	
八、车辆恢复原状	1. 清洁工具	1）清洁	
	2. 恢复/整理工具	1）扭力扳手归零	
备注			

检查与更换温控开关评分表

操作选手：＿＿＿＿ 日期：＿＿＿＿ 得分：＿＿＿＿

序号	项目	评分细则	分值	得分	原因
一	排放发动机冷却液（10 分）	1. 拧开散热器盖	3		
		2. 放置液体收集器	3		
		3. 排放冷却液	4		
二	拆卸冷却液温度控制开关（13 分）	1. 拆卸线束连接器	5		
		2. 拆下冷却液温度控制开关	8		

（续表）

序号	项目	评分细则	分值	得分	原因
三	检查冷却液温度控制开关零件号及外观（9分）	1. 冷却液温度控制开关零件号及外观检查	3		
		2. 检查冷却液温度控制开关的性能	6		
四	安装冷却液温度控制开关和散热器下水管（12分）	1. 将冷却液温度控制开关安装在散热器上	5		
		2. 安装散热器下水管	4		
		3. 连接线束连接器	3		
五	加注冷却液（13分）	1. 加注发动机冷却液	13		
六	冷却系统检漏（18分）	（参见相关内容）	18		
七	车上检查（15分）	1. 发动机暖机后的检查	15		
八	清洁整理（10分）	1. 清洁工具，每次1分	3		
		2. 恢复/整理工具，扭力扳手归位	3		
		3. 操作中是否有物体落地或损坏，可倒扣	4		
		总　分	100		

检查与更换温控开关观察表

观察选手：__________　操作选手：__________　日期：__________

序号内容	项目名称	观察记录	意见建议
一、排放发动机冷却液	1. 拧开散热器盖		
	2. 放置液体收集器		
	3. 排放冷却液		
二、拆卸冷却液温度控制开关	1. 拆卸线束连接器		
	2. 拆下冷却液温度控制开关		
三、检查冷却液温度控制开关零件号及外观	1. 冷却液温度控制开关零件号及外观检查		
	2. 检查冷却液温度控制开关的性能		
四、安装冷却液温度控制开关和散热器下水管	1. 将冷却液温度控制开关安装在散热器上		
	2. 安装散热器下水管		
	3. 连接线束连接器		
五、加注冷却液	1. 加注发动机冷却液		

（续表）

序号内容	项目名称	观察记录	意见建议
六、冷却系统检漏	（参见相关内容）		
七、车上检查	1. 发动机暖机后的检查		
八、车辆恢复原状	1. 清洁整理工具		
	2. 车辆清洁		
	3. 场地清洁		
教师点评			

检查与更换温控开关工艺单

操作选手：__________ 日期：__________

序号内容	项目名称	操作结果记录	操作数据记录
一、排放发动机冷却液	1. 拧开散热器盖		
	2. 放置液体收集器		
	3. 排放冷却液		
二、拆卸冷却液温度控制开关	1. 拆卸线束连接器		
	2. 拆下冷却液温度控制开关		
三、检查冷却液温度控制开关零件号及外观	1. 冷却液温度控制开关零件号及外观检查		
	2. 检查冷却液温度控制开关的性能		
四、安装冷却液温度控制开关和散热器下水管	1. 将冷却液温度控制开关安装在散热器上		
	2. 安装散热器下水管		
	3. 连接线束连接器		
五、加注冷却液	1. 加注发动机冷却液		
六、冷却系统检漏	（参见相关内容）		
七、车上检查	1. 发动机暖机后的检查		
八、车辆恢复原状	1. 清洁整理工具		
	2. 车辆清洁		
	3. 场地清洁		
备注			

第六节 检查与更换散热器

检查与更换散热器流程表

操作选手：__________ 日期：__________

序号内容	项目名称	技术说明	注意事项
一、拆下散热器外围件	1. 分离热敏电阻总成	1）按下热敏电阻连接器锁扣，分离热敏电阻连接器	（1）断开连接器时，先按压锁止扣，当确认锁止装置完全脱离后，方可拔下连接器 （2）若锁止装置无法解除，则尝试边按压锁止扣边向内推直至锁止装置完全解除，方可拔下连接器 （3）禁止在线束端借用外力拔下连接器
		2）选用十字螺丝刀垂直顶开热敏电阻总成锁紧卡子的中间位置，并取下热敏电阻总成	
		3）将热敏电阻总成放置在工具车上	
	2. 从散热器上支架上拆下散热器储液罐回水软管的固定件	1）选用10mm套筒、短接杆和棘轮扳手，逆时针分别拧松散热器支架上2个散热器储液罐回水软管的固定螺栓	
		2）分别拆下2个散热器储液罐回水软管的固定螺栓	
		3）用手分别将上软管与2个卡夹分开	
	3. 从散热器总成上断开散热器储液罐出水软管	1）使用鲤鱼钳将储液罐出水软管的锁紧卡子移出阻挡位置	（1）断开管路过紧时应微微旋转向外挪开 （2）断开的管口应采用塑料袋套住（或者塞子塞住），防止残液滴漏污染或异物进入，如有滴漏应及时清洁
		2）将散热器储液罐出水软管从散热器总成上断开，用塑料袋套住管口并移至高处	
	4. 断开3号散热器软管（散热器进水管）	1）使用鲤鱼钳将3号散热器软管的锁紧卡子移出阻挡位置	（1）断开管路过紧时应微微旋转向外挪开 （2）断开的管口应采用塑料袋套住（或者塞子塞住），防止残液滴漏污染或异物进入，如有滴漏应及时清洁
		2）将3号散热器软管从散热器总成上断开，用塑料袋套住管口并移至高处	
	5. 断开2号散热器软管（散热器出水管）	1）使用鲤鱼钳将2号散热器软管的锁紧卡子移出阻挡位置	（1）断开管路过紧时应微微旋转向外挪开 （2）断开的管口应采用塑料袋套住（或者塞子塞住），防止残液滴漏污染或异物进入，如有滴漏应及时清洁
		2）将2号散热器软管从散热器总成上断开，用塑料袋套住管口并移至高处	
	6. 断开散热器左侧机油冷却器软管	1）使用鲤鱼钳将其中一根机油冷却器软管的锁紧卡子移出阻挡位置	（1）断开管路过紧时应微微旋转向外挪开 （2）断开的管口应采用塑料袋套住（或者塞子塞住），防止残液滴漏污染或异物进入，如有滴漏应及时清洁
		2）将机油冷却器管从散热器总成上断开，用塑料袋套住管口并移至高处	
		3）使用鲤鱼钳将另一根机油冷却器软管的锁紧卡子移出阻挡位置	
		4）将机油冷却器管从散热器总成上断开，用塑料袋套住管口并移至高处	

（续表）

序号内容	项目名称	技术说明	注意事项
二、拆卸2号风扇罩	1. 拆卸与发动机盖锁总成连接的附件	1）按下发动机盖锁总成线束连接器锁扣，分离线束连接器	（1）断开连接器时，先按压锁止扣，当确认锁止装置完全脱离后，方可拔下连接器 （2）若锁止装置无法解除，则尝试边按压锁止扣边向内推，直至锁止装置完全解除方可拔下连接器 （3）禁止在线束端借用外力拔下连接器 （4）将发动机盖锁控制拉索与风扇罩上的卡夹分离时，应注意卡夹的拆装方位，防止过度用力损坏卡夹
		2）选用卡子拆卸工具依次拆下2个线束固定卡子	
		3）断开发动机盖锁控制拉索	
		4）用手依次将发动机盖锁控制拉索与风扇罩上的卡夹分离	
	2. 断开两个喇叭线束连接器	1）按下一个喇叭线束连接器锁扣，分离喇叭连接器	（1）断开连接器时，先按压锁止扣，当确认锁止装置完全脱离后，方可拔下连接器 （2）若锁止装置无法解除，则尝试边按压锁止扣边向内推，直至锁止装置完全解除方可拔下连接器 （3）禁止在线束端借用外力拔下连接器
		2）按上述方法拆卸另一个	
	3. 拆下散热器上支架	1）选用10mm套筒、短接杆、棘轮扳手分次拧松并拆下散热器上支架上的4个固定螺栓	
		2）取下散热器上支架，并摆放在工作台上	
		3）取下散热器支架缓冲垫，并摆放在工作台上	
	4. 从散热器总成上拆下散热器储液罐回水软管	1）将散热器储液罐回水软管从软管卡夹上断开	（1）断开管路过紧时应微微旋转向外挪开 （2）断开的管口应采用塑料袋套住（或者塞子塞住），防止残液滴漏污染或异物进入，如有滴漏应及时清洁
		2）使用鲤鱼钳将散热器储液罐回水软管的锁紧卡子移出阻挡位置	
		3）将散热器储液罐回水软管从散热器总成上断开，用塑料袋套住管口，并移至高处	
	5. 拆下2号风扇罩	1）选用10mm套筒、短接杆、棘轮扳手分别拆下散热器总成上的2个固定螺栓	（1）使用螺丝刀撬动卡爪时，不要过度用力，防止损坏卡爪
		2）选用一字螺丝刀依次撬动2个卡爪使风扇罩脱开	
		3）取下风扇罩	

（续表）

序号内容	项目名称	技术说明	注意事项
三、拆卸散热器总成	1. 断开冷却液风扇电动机线束连接器和线束卡夹	1）按下冷却液风扇电动机线束连接器锁扣，分离冷却液风扇电动机连接器	(1) 断开连接器时，先按压锁止扣，当确认锁止装置完全脱离后，方可拔下连接器 (2) 若锁止装置无法解除，则尝试边按压锁止扣边向内推，直至锁止装置完全解除方可拔下连接器 (3) 禁止在线束端借用外力拔下连接器
		2）选用卡子拆卸工具 09061－1C110 将线束卡夹同时从散热器总成上拆下	
	2. 移出空调冷凝器总成	1）将空调冷凝器总成小心向上微提，让其与散热器下支架分离，并向前放置，以便拆卸散热器	(1) 应防止冷凝器散热片及管路损坏
	3. 拆下散热器总成和风扇罩	1）慢慢向上提起散热器总成和风扇罩	(1) 取下散热器总成和风扇罩时，注意不要碰伤散热片
	4. 拆下散热器下支架缓冲垫	1）用手取下散热器支架缓冲垫，并放置的工作台上	
四、拆卸机油冷却器管（自动传动桥）	1. 拆下机油冷却器管的 2 个固定螺栓	1）选用 10mm 套筒、短接杆、棘轮扳手，分别逆时针拧松冷却风扇总成上的 2 个机油冷却器管固定螺栓	
		2）分别拆下两个机油冷却器管固定螺栓，并放置在工作台上	
	2. 拆下散热器右侧机 2 根油冷却器软管	1）选用鲤鱼钳将一根机油冷却软管锁紧卡子移出阻挡位置	(1) 断开管路，过紧时应微微旋转向外挪开 (2) 断开的管口应采用塑料袋套住（或者塞子塞住），防止残液滴漏污染或异物进入，如有滴漏应及时清洁
		2）将机油冷却器软管从机油冷却器上断开，用塑料袋套住管口	
		3）选用鲤鱼钳将另一根机油冷却软管锁紧卡子移出阻挡位置	
		4）将机油冷却器软管从机油冷却器上断开，用塑料袋套住管口	
		5）同时取下 2 根机油冷却器管	

（续表）

序号内容	项目名称	技术说明	注意事项
五、检查散热器	1. 散热器零件号及外观检查	1）检查新的散热器总成零件号是否正确	
		2）检查外观有无变形损伤	
	2. 散热器密封性检查	1）用 SST 塞住散热器的进水管和出水管	（1）在带树脂水室的散热器上，水室和锁止板之间的间隙会驻留少量空气，当散热器浸入水中时，看上去似乎有漏气现象。因此，在用水进行漏气测试之前，先将散热器在水中来回晃动，直到所有气泡消失
		2）使用散热器盖检测仪，给散热器加压至 177kPa。将散热器浸入水中，保压 5 分钟，应压力无下降，无气泡产生，否则更换散热器	
六、安装风扇罩	1. 安装风扇罩	1）将风扇罩正确安置在散热器总成上	
		2）用手分别将两个固定螺栓旋入螺纹处	
		3）选用 10mm 套筒、短接杆及扭力扳手依次以 7N · m 的扭矩紧固两个螺栓	
七、安装机油冷却器管（自动传动桥）	1. 安装机油冷却器管固定螺栓	1）用手分别正确将 2 个固定螺栓旋入螺纹处	
		2）选用 10mm 套筒、短接杆及扭力扳手以 5.5N · m 的扭矩分别紧固两个固定螺栓	
	2. 连接散热器右侧机油冷却器软管	1）取下一根机油冷却器软管的塑料袋	（1）连接软管前，应检查软管是否老化、开裂、腐蚀，如有应更换 （2）连接软管时，应慢慢将软管左右旋转推入适应位置
		2）将机油冷却器软管与机油冷却器连接	
		3）使用鲤鱼钳，将锁紧卡子移入阻挡位置，并与原压痕重合	
		4）用上述相同方法连接另一根软管	

（续表）

序号内容	项目名称	技术说明	注意事项
八、安装散热器总成	1. 安装散热器总成	1）正确安装散热器下支架（两个缓冲垫）	（1）安装时，不要碰伤散热片
		2）慢慢将散热器总成和风扇罩一起安装到散热器下支架上	
	2. 安装空调冷凝器	1）将空调冷凝器下部定位装置对准散热器下支架安装孔，慢慢装入	（1）安装时，不要碰伤散热片
九、安装2号风扇罩	1. 安装2号风扇罩	1）取下散热器储液罐回水软管的塑料袋	（1）如有滴漏应及时清洁
		2）将散热器储液罐回水软管安装到散热器总成上	
		3）选用鲤鱼钳将锁紧卡子移入阻挡位置	
		4）用手将散热器储液罐回水软管安装到软管卡夹上	
		5）接合2号散热器罩上的两个卡爪	
		6）用手分别将两个固定螺栓正确旋入螺纹处	
		7）选用10mm套筒、短接杆及扭力扳手以7.0N·m的扭矩紧固2号散热器罩两个固定螺栓	
		8）用手分别将2个散热器支架缓冲垫安装到2号风扇罩上	
		9）连接冷却器电动机连接器，应听到“咔嗒”声	
		10）将冷却器电动机线束固定卡夹安装在散热风扇罩	
	2. 安装散热器上支架	1）用手分别将4个固定螺栓依次旋入螺纹处	
		2）选用10mm套筒、短接杆及扭力扳手以13N·m的扭矩分别将4个固定螺栓紧固到散热器支架上	
		3）分别安装两个喇叭连接器，应听到“咔嗒”声	

（续表）

序号内容	项目名称	技术说明	注意事项
九、安装2号风扇罩	3. 安装与发动机盖锁总成连接的附件	1）依次连接两个发动机盖锁总成线束固定卡子	
		2）连接发动机盖锁总成线束连接器，应听到“咔嗒”声	
		3）将发动机盖锁控制拉索安装到风扇罩上的卡夹中	
		4）正确连接发动机盖锁控制拉索	
十、连接散热器总成的外围件	1. 连接2号散热器软管（散热器进水管）	1）取下2号散热器软管的塑料袋	
		2）将2号散热器软管安装到散热器总成上	
		3）选用鲤鱼钳将锁紧卡子移入阻挡位置	
	2. 连接3号散热器软管（散热器出水管）	1）取下3号散热器软管的塑料袋	
		2）将3号散热器软管安装到散热器总成上	
		3）选用鲤鱼钳将锁紧卡子移入阻挡位置	
	3. 连接散热器左侧机油冷却器软管	1）取下机油冷却器软管的塑料袋	
		2）分别将机油冷却器软管安装到散热器总成上	
		3）选用鲤鱼钳将锁紧卡子移入阻挡位置	
	4. 连接散热器储液罐出水软管	1）取下热器储液罐出水软管的塑料袋	
		2）将散热器储液罐出水软管安装到散热器总成的相应位置	
		3）选用鲤鱼钳将锁紧卡子移入阻挡位置	
		4）将散热器储液罐出水软管分别固定在2个卡夹中	
		5）用手分别正确将2个固定螺栓旋入螺纹处	
		6）选用10mm套筒、短接杆及扭力扳手以5.0N·m的扭矩顺时针分别紧固2个固定螺栓	

（续表）

序号内容	项目名称	技术说明	注意事项
十、连接散热器总成的外围件	5. 安装热敏电阻总成	1）用手将热敏电阻总成安装到散热器前端的固定位置，应听到“咔嗒”声	
		2）将热敏电阻连接器连接到热敏电阻上，应听到“咔嗒”声	
十一、清洁整理工具	1. 清洁工具	1）清洁	
	2. 恢复/整理工具	1）扭力扳手归零	
备注			

检查与更换散热器评分表

操作选手：__________ 日期：__________ 得分：__________

序号内容	项目名称	技术说明	分值	得分	原因
一、拆下散热器外围件	1. 分离热敏电阻总成	1）按下热敏电阻连接器锁扣，分离热敏电阻连接器	1		
		2）选用十字螺丝刀垂直顶开热敏电阻总成锁紧卡子的中间位置，并取下热敏电阻总成	3		
		3）将热敏电阻总成放置在工具车上	1		
	2. 从散热器上支架上拆下散热器储液罐回水软管的固定件	1）选用10mm套筒、短接杆、棘轮扳手，逆时针分别拧松散热器支架上2个散热器储液罐回水软管的固定螺栓	4		
		2）分别拆下2个散热器储液罐回水软管的固定螺栓	2		
		3）用手分别将上软管与2个卡夹分开	2		
	3. 从散热器总成上断开散热器储液罐出水软管	1）使用鲤鱼钳将储液罐出水软管的锁紧卡子移出阻挡位置	2		
		2）将散热器储液罐出水软管从散热器总成上断开，用塑料袋套住管口并移至高处	3		
	4. 断开3号散热器软管（散热器进水管）	1）使用鲤鱼钳将3号散热器软管的锁紧卡子移出阻挡位置	2		
		2）将3号散热器软管从散热器总成上断开，用塑料袋套住管口并移至高处	3		

（续表）

序号内容	项目名称	技术说明	分值	得分	原因
一、拆下散热器外围件	5. 断开2号散热器软管（散热器出水管）	1）使用鲤鱼钳将2号散热器软管的锁紧卡子移出阻挡位置	2		
		2）将2号散热器软管从散热器总成上断开，用塑料袋套住管口并移至高处	3		
	6. 断开散热器左侧机油冷却器软管	1）使用鲤鱼钳将其中一根机油冷却器软管的锁紧卡子移出阻挡位置	2		
		2）将机油冷却器管从散热器总成上断开，用塑料袋套住管口并移至高处	3		
		3）使用鲤鱼钳将另一根机油冷却器软管的锁紧卡子移出阻挡位置	2		
		4）将机油冷却器管从散热器总成上断开，用塑料袋套住管口并移至高处	1		
二、拆卸2号风扇罩	1. 拆卸与发动机盖锁总成连接的附件	1）按下发动机盖锁总成线束连接器锁扣，分离线束连接器	2		
		2）选用卡子拆卸工具依次拆下2个线束固定卡子	2		
		3）断开发动机盖锁控制拉索	2		
		4）用手依次将发动机盖锁控制拉索与风扇罩上的卡夹分离	2		
	2. 断开两个喇叭线束连接器	1）按下一个喇叭线束连接器锁扣，分离喇叭连接器	2		
		2）按上述方法拆卸另一个	1		
	3. 拆下散热器上支架	1）选用10mm套筒、短接杆、棘轮扳手，分次拧松并拆下散热器上支架上的4个固定螺栓	4		
		2）取下散热器上支架，并摆放在工作台上	1		
		3）取下散热器支架缓冲垫，并摆放在工作台上	1		
	4. 从散热器总成上拆下散热器储液罐回水软管	1）将散热器储液罐回水软管从软管卡夹上断开	1		
		2）使用鲤鱼钳将散热器储液罐回水软管的锁紧卡子移出阻挡位置	1		
		3）将散热器储液罐回水软管从散热器总成上断开，用塑料袋套住管口，并移至高处	2		
	5. 拆下2号风扇罩	1）选用10mm套筒、短接杆、棘轮扳手，分别拆下散热器总成上的2个固定螺栓	4		
		2）选用一字螺丝刀依次撬动2个卡爪使风扇罩脱开	2		
		3）取下风扇罩	1		

（续表）

序号内容	项目名称	技术说明	分值	得分	原因
三、拆卸散热器总成	1. 断开冷却液风扇电动机线束连接器和线束卡夹	1）按下冷却液风扇电动机线束连接器锁扣，分离冷却液风扇电动机连接器连接器	2		
		2）选用卡子拆卸工具 09061－1C110 将线束卡夹同时从散热器总成上拆下	2		
	2. 移出空调冷凝器总成	1）将空调冷凝器总成小心向上微提，让其与散热器下支架分离，并向前放置，以便拆卸散热器	2		
	3. 拆下散热器总成和风扇罩	1）慢慢向上提起散热器总成和风扇罩	1		
	4. 拆下散热器下支架缓冲垫	1）用手取下散热器支架缓冲垫，并放置在工作台上	2		
四、拆卸机油冷却器管（自动传动桥）	1. 拆下机油冷却器管的 2 个固定螺栓	1）选用 10mm 套筒、短接杆、棘轮扳手，分别逆时针拧松冷却风扇总成上的 2 个机油冷却器管固定螺栓	4		
		2）分别拆下两个机油冷却器管固定螺栓，并放置在工作台上	1		
	2. 拆下散热器右侧机 2 根油冷却器软管	1）选用鲤鱼钳将一根机油冷却软管锁紧卡子移出阻挡位置	2		
		2）将机油冷却器软管从机油冷却器上断开，用塑料袋套住管口	2		
		3）选用鲤鱼钳将另一根机油冷却软管锁紧卡子移出阻挡位置	2		
		4）将机油冷却器软管从机油冷却器上断开，用塑料袋套住管口	2		
		5）同时取下 2 根机油冷却器管	2		
五、检查散热器	1. 散热器零件号及外观检查	1）检查新的散热器总成零件号是否正确	2		
		2）检查外观有无变形损伤	2		
	2. 散热器密封性检查	1）用 SST 塞住散热器的进水管和出水管	2		
		2）使用散热器盖检测仪，给散热器加压至 177kPa。将散热器浸入水中，保压 5 分钟，应压力无下降，无气泡产生，否则更换散热器	4		
六、安装风扇罩	1. 安装风扇罩	1）将风扇罩正确安置在散热器总成上	2		
		2）用手分别将两个固定螺栓旋入螺纹处	2		
		3）选用 10mm 套筒、短接杆及扭力扳手，依次以 7N·m 的扭矩紧固两个螺栓	2		

（续表）

序号内容	项目名称	技术说明	分值	得分	原因
七、安装机油冷却器管（自动传动桥）	1. 安装机油冷却器管固定螺栓	1）用手分别正确将两个固定螺栓旋入螺纹处	2		
		2）选用 10mm 套筒、短接杆及扭力扳手，以 5.5N·m 的扭矩分别紧固 2 个固定螺栓	4		
	2. 连接散热器右侧机油冷却器软管	1）取下一根机油冷却器软管的塑料袋	2		
		2）将机油冷却器软管与机油冷却器连接	2		
		3）使用鲤鱼钳，将锁紧卡子移入阻挡位置，并与原压痕重合	2		
		4）用上述相同方法连接另一根软管	1		
八、安装散热器总成	1. 安装散热器总成	1）正确安装散热器下支架（两个缓冲垫）	2		
		2）慢慢将散热器总成和风扇罩一起安装到散热器下支架上	2		
	2. 安装空调冷凝器	1）将空调冷凝器下部定位装置对准散热器下支架安装孔，慢慢装入	2		
九、安装2号风扇罩	1. 安装 2 号风扇罩	1）取下散热器储液罐回水软管的塑料袋	1		
		2）将散热器储液罐回水软管安装到散热器总成上	2		
		3）选用鲤鱼钳将锁紧卡子移入阻挡位置	2		
		4）用手将散热器储液罐回水软管安装到软管卡夹上	2		
		5）接合 2 号散热器罩上的两个卡爪	2		
		6）用手分别将两个固定螺栓正确旋入螺纹处	2		
		7）选用 10mm 套筒、短接杆及扭力扳手，以 7.0N·m 的扭矩紧固 2 号散热器罩两个固定螺栓	4		
		8）用手分别将 2 个散热器支架缓冲垫安装到 2 号风扇罩上	2		
		9）连接冷却器电动机连接器，应听到“咔嗒”声	2		
		10）将冷却器电动机线束固定卡夹安装在散热风扇罩	2		
	2. 安装散热器上支架	1）用手分别将 4 个固定螺栓依次旋入螺纹处	4		
		2）选用 10mm 套筒、短接杆及扭力扳手，以 13N·m 的扭矩分别将 4 个固定螺栓紧固到散热器上支架	4		
		3）分别安装两个喇叭连接器，应听到“咔嗒”声	2		

（续表）

序号内容	项目名称	技术说明	分值	得分	原因
九、安装2号风扇罩	3. 安装与发动机盖锁总成连接的附件	1）依次连接两个发动机盖锁总成线束固定卡子	2		
		2）连接发动机盖锁总成线束连接器，应听到“咔嗒”声	2		
		3）将发动机盖锁控制拉索安装到风扇罩上的卡夹中	2		
		4）正确连接发动机盖锁控制拉索	2		
十、连接散热器总成的外围件	1. 连接2号散热器软管（散热器进水管）	1）取下2号散热器软管的塑料袋	1		
		2）将2号散热器软管安装到散热器总成上	2		
		3）选用鲤鱼钳将锁紧卡子移入阻挡位置	2		
	2. 连接3号散热器软管（散热器出水管）	1）取下3号散热器软管的塑料袋	1		
		2）将3号散热器软管安装到散热器总成上	2		
		3）选用鲤鱼钳将锁紧卡子移入阻挡位置	2		
	3. 连接散热器左侧机油冷却器软管	1）取下机油冷却器软管的塑料袋	2		
		2）分别将机油冷却器软管安装到散热器总成上	2		
		3）选用鲤鱼钳将锁紧卡子移入阻挡位置	2		
	4. 连接散热器储液罐出水软管	1）取下热器储液罐出水软管的塑料袋	1		
		2）将散热器储液罐出水软管安装到散热器总成的相应位置	2		
		3）选用鲤鱼钳将锁紧卡子移入阻挡位置	2		
		4）将散热器储液罐出水软管分别固定在2个卡夹中	4		
		5）用手分别正确将2个固定螺栓旋入螺纹处	2		
		6）选用10mm套筒、短接杆及扭力扳手，以5.0N·m的扭矩顺时针分别紧固2个固定螺栓	4		
	5. 安装热敏电阻总成	1）用手将热敏电阻总成安装到散热器前端的固定位置，应听到“咔嗒”声	2		
		2）将热敏电阻连接器连接到热敏电阻上，应听到“咔嗒”声	2		
十一、清洁整理工具	1. 清洁工具	1）清洁	1		
	2. 恢复/整理工具	1）扭力扳手归零	1		
	3. 操作中是否有物体落地或损坏，可倒扣		1		
总分			200		

检查与更换散热器观察表

观察选手：__________ 操作选手：__________ 日期：__________

序号内容	项目名称	技术说明	观察记录	意见建议
一、拆下散热器外围件	1. 分离热敏电阻总成	1）按下热敏电阻连接器锁扣，分离热敏电阻连接器		
		2）选用十字螺丝刀垂直顶开热敏电阻总成锁紧卡子的中间位置，并取下热敏电阻总成		
		3）将热敏电阻总成放置在工具车上		
	2. 从散热器上支架上拆下散热器储液罐回水软管的固定件	1）选用 10mm 套筒、短接杆、棘轮扳手，逆时针分别拧松散热器支架上 2 个散热器储液罐回水软管的固定螺栓		
		2）分别拆下 2 个散热器储液罐回水软管的固定螺栓		
		3）用手分别将上软管与 2 个卡夹分开		
	3. 从散热器总成上断开散热器储液罐出水软管	1）使用鲤鱼钳将储液罐出水软管的锁紧卡子移出阻挡位置		
		2）将散热器储液罐出水软管从散热器总成上断开，用塑料袋套住管口并移至高处		
	4. 断开 3 号散热器软管（散热器进水管）	1）使用鲤鱼钳将 3 号散热器软管的锁紧卡子移出阻挡位置		
		2）将 3 号散热器软管从散热器总成上断开，用塑料袋套住管口并移至高处		
	5. 断开 2 号散热器软管（散热器出水管）	1）使用鲤鱼钳将 2 号散热器软管的锁紧卡子移出阻挡位置		
		2）将 2 号散热器软管从散热器总成上断开，用塑料袋套住管口并移至高处		
	6. 断开散热器左侧机油冷却器软管	1）使用鲤鱼钳将其中一根机油冷却器软管的锁紧卡子移出阻挡位置		
		2）将机油冷却器管从散热器总成上断开，用塑料袋套住管口并移至高处		
		3）使用鲤鱼钳将另一根机油冷却器软管的锁紧卡子移出阻挡位置		
		4）将机油冷却器管从散热器总成上断开，用塑料袋套住管口并移至高处		

（续表）

序号内容	项目名称	技术说明	观察记录	意见建议
二、拆卸2号风扇罩	1. 拆卸与发动机盖锁总成连接的附件	1）按下发动机盖锁总成线束连接器锁扣，分离线束连接器		
		2）选用卡子拆卸工具依次拆下2个线束固定卡子		
		3）断开发动机盖锁控制拉索		
		4）用手依次将发动机盖锁控制拉索与风扇罩上的卡夹分离		
	2. 断开两个喇叭线束连接器	1）按下一个喇叭线束连接器锁扣，分离喇叭连接器		
		2）按上述方法拆卸另一个		
	3. 拆下散热器上支架	1）选用10mm套筒、短接杆、棘轮扳手，分次拧松并拆下散热器上支架上的4个固定螺栓		
		2）取下散热器上支架，并摆放在工作台上		
		3）取下散热器支架缓冲垫，并摆放在工作台上		
	4. 从散热器总成上拆下散热器储液罐回水软管	1）将散热器储液罐回水软管从软管卡夹上断开		
		2）使用鲤鱼钳将散热器储液罐回水软管的锁紧卡子移出阻挡位置		
		3）将散热器储液罐回水软管从散热器总成上断开，用塑料袋套住管口，并移至高处		
	5. 拆下2号风扇罩	1）选用10mm套筒、短接杆、棘轮扳手，分别拆下散热器总成上的2个固定螺栓		
		2）选用一字螺丝刀依次撬动2个卡爪使风扇罩脱开		
		3）取下风扇罩		
三、拆卸散热器总成	1. 断开冷却液风扇电动机线束连接器和线束卡夹	1）按下冷却液风扇电动机线束连接器锁扣，分离冷却液风扇电动机连接器连接器		
		2）选用卡子拆卸工具09061－1C110将线束卡夹同时从散热器总成上拆下		
	2. 移出空调冷凝器总成	1）将空调冷凝器总成小心向上微提，让其与散热器下支架分离，并向前放置，以便拆卸散热器		
	3. 拆下散热器总成和风扇罩	1）慢慢向上提起散热器总成和风扇罩		
	4. 拆下散热器下支架缓冲垫	1）用手取下散热器支架缓冲垫，并放置在工作台上		

（续表）

序号内容	项目名称	技术说明	观察记录	意见建议
四、拆卸机油冷却器管（自动传动桥）	1. 拆下机油冷却器管的 2 个固定螺栓	1）选用 10mm 套筒、短接杆、棘轮扳手，分别逆时针拧松冷却风扇总成上的 2 个机油冷却器管固定螺栓		
		2）分别拆下两个机油冷却器管固定螺栓，并放置在工作台上		
	2. 拆下散热器右侧机 2 根油冷却器软管	1）选用鲤鱼钳将一根机油冷却软管锁紧卡子移出阻挡位置		
		2）将机油冷却器软管从机油冷却器上断开，用塑料袋套住管口		
		3）选用鲤鱼钳将另一根机油冷却软管锁紧卡子移出阻挡位置		
		4）将机油冷却器软管从机油冷却器上断开，用塑料袋套住管口		
		5）同时取下 2 根机油冷却器管		
五、检查散热器	1. 散热器零件号及外观检查	1）检查新的散热器总成零件号是否正确		
		2）检查外观有无变形损伤		
	2. 散热器密封性检查	1）用 SST 塞住散热器的进水管和出水管		
		2）使用散热器盖检测仪，给散热器加压至 177kPa。将散热器浸入水中，保压 5 分钟，应压力无下降，无气泡产生，否则更换散热器		
六、安装风扇罩	1. 安装风扇罩	1）将风扇罩正确安置在散热器总成上		
		2）用手分别将两个固定螺栓旋入螺纹处		
		3）选用 10mm 套筒、短接杆及扭力扳手，依次以 7N·m 的扭矩紧固两个螺栓		
七、安装机油冷却器管（自动传动桥）	1. 安装机油冷却器管固定螺栓	1）用手分别将两个固定螺栓旋入螺纹处		
		2）选用 10mm 套筒、短接杆及扭力扳手，以 5.5N·m 的扭矩分别紧固两个固定螺栓		
	2. 连接散热器右侧机油冷却器软管	1）取下一根机油冷却器软管的塑料袋		
		2）将机油冷却器软管与机油冷却器连接		
		3）使用鲤鱼钳，将锁紧卡子移入阻挡位置。并与原压痕重合		
		4）用上述相同方法连接另一根软管		

（续表）

序号内容	项目名称	技术说明	观察记录	意见建议
八、安装散热器总成	1. 安装散热器总成	1）正确安装散热器下支架（两个缓冲垫）		
		2）慢慢将散热器总成和风扇罩一起安装到散热器下支架上		
	2. 安装空调冷凝器	1）将空调冷凝器下部定位装置对准散热器下支架安装孔，慢慢装入		
九、安装2号风扇罩	1. 安装2号风扇罩	1）取下散热器储液罐回水软管的塑料袋		
		2）将散热器储液罐回水软管安装到散热器总成上		
		3）选用鲤鱼钳将锁紧卡子移入阻挡位置		
		4）用手将散热器储液罐回水软管安装到软管卡夹上		
		5）接合2号散热器罩上的两个卡爪		
		6）用手分别将两个固定螺栓正确旋入螺纹处		
		7）选用10mm套筒、短接杆及扭力扳手，以7.0N·m的扭矩紧固2号散热器罩两个固定螺栓		
		8）用手分别将2个散热器支架缓冲垫安装到2号风扇罩上		
		9）连接冷却器电动机连接器，应听到“咔嗒”声		
		10）将冷却器电动机线束固定卡夹安装在散热风扇罩		
	2. 安装散热器上支架	1）用手分别将4个固定螺栓依次旋入螺纹处		
		2）选用10mm套筒、短接杆及扭力扳手，以13N·m的扭矩分别将4个固定螺栓紧固到散热器上支架		
		3）分别安装两个喇叭连接器，应听到“咔嗒”声		
	3. 安装与发动机盖锁总成连接的附件	1）依次连接两个发动机盖锁总成线束固定卡子		
		2）连接发动机盖锁总成线束连接器，应听到“咔嗒”声		
		3）将发动机盖锁控制拉索安装到风扇罩上的卡夹中		
		4）正确连接发动机盖锁控制拉索		

（续表）

序号内容	项目名称	技术说明	观察记录	意见建议
十、连接散热器总成的外围件	1. 连接 2 号散热器软管（散热器进水管）	1）取下 2 号散热器软管的塑料袋		
		2）将 2 号散热器软管安装到散热器总成上		
		3）选用鲤鱼钳将锁紧卡子移入阻挡位置		
	2. 连接 3 号散热器软管（散热器出水管）	1）取下 3 号散热器软管的塑料袋		
		2）将 3 号散热器软管安装到散热器总成上		
		3）选用鲤鱼钳将锁紧卡子移入阻挡位置		
	3. 连接散热器左侧机油冷却器软管	1）取下机油冷却器软管的塑料袋		
		2）分别将机油冷却器软管安装到散热器总成上		
		3）选用鲤鱼钳将锁紧卡子移入阻挡位置		
	4. 连接散热器储液罐出水软管	1）取下热器储液罐出水软管的塑料袋		
		2）将散热器储液罐出水软管安装到散热器总成的相应位置		
		3）选用鲤鱼钳将锁紧卡子移入阻挡位置		
		4）将散热器储液罐出水软管分别固定在 2 个卡夹中		
		5）用手分别正确将 2 个固定螺栓旋入螺纹处		
		6）选用 10mm 套筒、短接杆及扭力扳手，以 5.0N·m 的扭矩顺时针分别紧固 2 个固定螺栓		
	5. 安装热敏电阻总成	1）用手将热敏电阻总成安装到散热器前端的固定位置，应听到“咔嗒”声		
		2）将热敏电阻连接器连接到热敏电阻上，应听到“咔嗒”声		
十一、清洁整理工具	1. 清洁工具	1）清洁		
	2. 恢复/整理工具	1）扭力扳手归零		
教师点评				

检查与更换散热器工艺单

操作选手：__________ 日期：__________

序号内容	项目名称	技术说明	操作结果记录	操作数据记录
一、拆下散热器外围件	1. 分离热敏电阻总成	1）按下热敏电阻连接器锁扣，分离热敏电阻连接器		
		2）选用十字螺丝刀垂直顶开热敏电阻总成锁紧卡子的中间位置，并取下热敏电阻总成		
		3）将热敏电阻总成放置在工具车上		
	2. 从散热器上支架上拆下散热器储液罐回水软管的固定件	1）选用 10mm 套筒、短接杆、棘轮扳手，逆时针分别拧松散热器支架上 2 个散热器储液罐回水软管的固定螺栓		
		2）分别拆下 2 个散热器储液罐回水软管的固定螺栓		
		3）用手分别将上软管与 2 个卡夹分开		
	3. 从散热器总成上断开散热器储液罐出水软管	1）使用鲤鱼钳将储液罐出水软管的锁紧卡子移出阻挡位置		
		2）将散热器储液罐出水软管从散热器总成上断开，用塑料袋套住管口并移至高处		
	4. 断开 3 号散热器软管（散热器进水管）	1）使用鲤鱼钳将 3 号散热器软管的锁紧卡子移出阻挡位置		
		2）将 3 号散热器软管从散热器总成上断开，用塑料袋套住管口并移至高处		
	5. 断开 2 号散热器软管（散热器出水管）	1）使用鲤鱼钳将 2 号散热器软管的锁紧卡子移出阻挡位置		
		2）将 2 号散热器软管从散热器总成上断开，用塑料袋套住管口并移至高处		
	6. 断开散热器左侧机油冷却器软管	1）使用鲤鱼钳将其中一根机油冷却器软管的锁紧卡子移出阻挡位置		
		2）将机油冷却器管从散热器总成上断开，用塑料袋套住管口并移至高处		
		3）使用鲤鱼钳将另一根机油冷却器软管的锁紧卡子移出阻挡位置		
		4）将机油冷却器管从散热器总成上断开，用塑料袋套住管口并移至高处		

（续表）

序号内容	项目名称	技术说明	操作结果记录	操作数据记录
二、拆卸2号风扇罩	1. 拆卸与发动机盖锁总成连接的附件	1）按下发动机盖锁总成线束连接器锁扣，分离线束连接器		
		2）选用卡子拆卸工具依次拆下2个线束固定卡子		
		3）断开发动机盖锁控制拉索		
		4）用手依次将发动机盖锁控制拉索与风扇罩上的卡夹分离		
	2. 断开两个喇叭线束连接器	1）按下一个喇叭线束连接器锁扣，分离喇叭连接器		
		2）按上述方法拆卸另一个		
	3. 拆下散热器上支架	1）选用10mm套筒、短接杆、棘轮扳手，分次拧松并拆下散热器上支架上的4个固定螺栓		
		2）取下散热器上支架，并摆放在工作台上		
		3）取下散热器支架缓冲垫，并摆放在工作台上		
	4. 从散热器总成上拆下散热器储液罐回水软管	1）将散热器储液罐回水软管从软管卡夹上断开		
		2）使用鲤鱼钳将散热器储液罐回水软管的锁紧卡子移出阻挡位置		
		3）将散热器储液罐回水软管从散热器总成上断开，用塑料袋套住管口，并移至高处		
	5. 拆下2号风扇罩	1）选用10mm套筒、短接杆、棘轮扳手，分别拆下散热器总成上的2个固定螺栓		
		2）选用一字螺丝刀依次撬动2个卡爪使风扇罩脱开		
		3）取下风扇罩		
三、拆卸散热器总成	1. 断开冷却液风扇电动机线束连接器和线束卡夹	1）按下冷却液风扇电动机线束连接器锁扣，分离冷却液风扇电动机连接器连接器		
		2）选用卡子拆卸工具09061－1C110将线束卡夹同时从散热器总成上拆下		
	2. 移出空调冷凝器总成	1）将空调冷凝器总成小心向上微提，让其与散热器下支架分离，并向前放置，以便拆卸散热器		
	3. 拆下散热器总成和风扇罩	1）慢慢向上提起散热器总成和风扇罩		
	4. 拆下散热器下支架缓冲垫	1）用手取下散热器支架缓冲垫，并放置在工作台上		

（续表）

序号内容	项目名称	技术说明	操作结果记录	操作数据记录
四、拆卸机油冷却器管（自动传动桥）	1. 拆下机油冷却器管的2个固定螺栓	1）选用10mm套筒、短接杆、棘轮扳手，分别逆时针拧松冷却风扇总成上的2个机油冷却器管固定螺栓		
		2）分别拆下两个机油冷却器管固定螺栓，并放置在工作台上		
	2. 拆下散热器右侧机2根油冷却器软管	1）选用鲤鱼钳将一根机油冷却软管锁紧卡子移出阻挡位置		
		2）将机油冷却器软管从机油冷却器上断开，用塑料袋套住管口		
		3）选用鲤鱼钳将另一根机油冷却软管锁紧卡子移出阻挡位置		
		4）将机油冷却器软管从机油冷却器上断开，用塑料袋套住管口		
		5）同时取下2根机油冷却器管		
五、检查散热器	1. 散热器零件号及外观检查	1）检查新的散热器总成零件号是否正确		
		2）检查外观有无变形损伤		
	2. 散热器密封性检查	1）用SST塞住散热器的进水管和出水管		
		2）使用散热器盖检测仪，给散热器加压至177kPa。将散热器浸入水中，保压5分钟，应压力无下降，无气泡产生，否则更换散热器		
六、安装风扇罩	1. 安装风扇罩	1）将风扇罩正确安置在散热器总成上		
		2）用手分别将两个固定螺栓旋入螺纹处		
		3）选用10mm套筒、短接杆及扭力扳手，依次以7N·m的扭矩紧固两个螺栓		
七、安装机油冷却器管（自动传动桥）	1. 安装机油冷却器管固定螺栓	1）用手分别将两个固定螺栓旋入螺纹处		
		2）选用10mm套筒、短接杆及扭力扳手，以5.5N·m的扭矩分别紧固两个固定螺栓		
	2. 连接散热器右侧机油冷却器软管	1）取下一根机油冷却器软管的塑料袋		
		2）将机油冷却器软管与机油冷却器连接		
		3）使用鲤鱼钳，将锁紧卡子移入阻挡位置。并与原压痕重合		
		4）用上述相同方法连接另一根软管		
八、安装散热器总成	1. 安装散热器总成	1）正确安装散热器下支架（两个缓冲垫）		
		2）慢慢将散热器总成和风扇罩一起安装到散热器下支架上		
	2. 安装空调冷凝器	1）将空调冷凝器下部定位装置对准散热器下支架安装孔，慢慢装入		

（续表）

序号内容	项目名称	技术说明	操作结果记录	操作数据记录
九、安装2号风扇罩	1. 安装2号风扇罩	1）取下散热器储液罐回水软管的塑料袋		
		2）将散热器储液罐回水软管安装到散热器总成上		
		3）选用鲤鱼钳将锁紧卡子移入阻挡位置		
		4）用手将散热器储液罐回水软管安装到软管卡夹上		
		5）接合2号散热器罩上的两个卡爪		
		6）用手分别将两个固定螺栓正确旋入螺纹处		
		7）选用10mm套筒、短接杆及扭力扳手，以7.0N·m的扭矩紧固2号散热器罩两个固定螺栓		
		8）用手分别将2个散热器支架缓冲垫安装到2号风扇罩上		
		9）连接冷却器电动机连接器，应听到“咔嗒”声		
		10）将冷却器电动机线束固定卡夹安装在散热风扇罩		
	2. 安装散热器上支架	1）用手分别将4个固定螺栓依次旋入螺纹处		
		2）选用10mm套筒、短接杆及扭力扳手，以13N·m的扭矩分别将4个固定螺栓紧固到散热器上支架		
		3）分别安装两个喇叭连接器，应听到“咔嗒”声		
	3. 安装与发动机盖锁总成连接的附件	1）依次连接两个发动机盖锁总成线束固定卡子		
		2）连接发动机盖锁总成线束连接器，应听到“咔嗒”声		
		3）将发动机盖锁控制拉索安装到风扇罩上的卡夹中		
		4）正确连接发动机盖锁控制拉索		

（续表）

序号内容	项目名称	技术说明	操作结果记录	操作数据记录
十、连接散热器总成的外围件	1. 连接2号散热器软管（散热器进水管）	1）取下2号散热器软管的塑料袋		
		2）将2号散热器软管安装到散热器总成上		
		3）选用鲤鱼钳将锁紧卡子移入阻挡位置		
	2. 连接3号散热器软管（散热器出水管）	1）取下3号散热器软管的塑料袋		
		2）将3号散热器软管安装到散热器总成上		
		3）选用鲤鱼钳将锁紧卡子移入阻挡位置		
	3. 连接散热器左侧机油冷却器软管	1）取下机油冷却器软管的塑料袋		
		2）分别将机油冷却器软管安装到散热器总成上		
		3）选用鲤鱼钳将锁紧卡子移入阻挡位置		
	4. 连接散热器储液罐出水软管	1）取下热器储液罐出水软管的塑料袋		
		2）将散热器储液罐出水软管安装到散热器总成的相应位置		
		3）选用鲤鱼钳将锁紧卡子移入阻挡位置		
		4）将散热器储液罐出水软管分别固定在2个卡夹中		
		5）用手分别正确将2个固定螺栓旋入螺纹处		
		6）选用10mm套筒、短接杆及扭力扳手，以5.0N·m的扭矩顺时针分别紧固2个固定螺栓		
	5. 安装热敏电阻总成	1）用手将热敏电阻总成安装到散热器前端的固定位置，应听到“咔嗒”声		
		2）将热敏电阻连接器连接到热敏电阻上，应听到“咔嗒”声		
十一、清洁整理工具	1. 清洁工具	1）清洁		
	2. 恢复/整理工具	1）扭力扳手归零		
备注				

第七节　冷却系统渗漏泄漏检查

冷却系统渗漏泄漏检查流程表

操作选手：__________ 日期：__________

序号内容	项目名称	技术说明	注意事项
一、起动前检查	参见相关内容	参见相关内容	参见相关内容
二、渗漏检查	1. 发动机运转前的渗漏检查	1）用手按捏冷却系统各连接软管，检查有无龟裂、老化现象	(1) 检查时应防止检查部位附近的线束和部件被无意损坏
		2）目视检查发动机气缸盖衬垫周边，冷却液加注口及盖处，节气门冷却液循环软管接口处，节温器连接软管处，冷却储液罐表面、盖及连接软管，暖气水箱管路接口处有无冷却液渗漏现象	(1) 确认渗漏、泄漏点，并加以记录
		3）用手电筒检查散热器表面、水泵皮带轮处及衬垫处是否有渗漏现象	
	2. 发动机运转时的渗漏检查	1）连接诊断仪，进入数据流，选择水温数据显示	(1) 发动机起动后，使用诊断仪实时观察发动机冷却液温度的变化，直至达到正常温度状态
		2）起动发动机，保持怠速运行片刻，然后提高发动机转速，观察水温温度，当水温上升至正常温度（80℃～95℃），打开暖风开关至高挡位	(1) 运行一定时间后熄火；再用干净的纸巾擦拭待检查部位的表面，如纸巾上有水渍，确认该部位存在渗漏
		3）以“发动机运转前的渗漏检查”的同样方式对冷却系统进行检查	(1) 检查过程中必须佩戴保护手套、护目镜，防止烫伤
		4）关闭点火开关，使发动机熄火	(1) 检查时双手远离散热器风扇和排气歧管处
	3. 散热器表面的渗漏检查	1）检查散热器的内侧表面及散热片的连接处有无冷却液渗漏现象	(1) 若存在渗漏现象但不明显，先清洁被检查部位表面；然后启动发动机并提高转速，运行一定时间后熄火。用干净的纸巾擦拭待检查部位的表面，如纸巾上有水渍，确认该部位存在渗漏
		2）检查散热器进出软管接口处有无冷却液渗漏现象	(1) 检查过程应佩戴保护手套、护目镜

（续表）

序号内容	项目名称	技术说明	注意事项
三、冷却系统加压检漏	1. 安装水箱检漏仪	1）选择大小与冷却液储液罐的密封盖合适的凸缘盘，安装在冷却液储液罐加注口上，并装上检漏仪	（1）冷却液温度较高时，切勿打开冷却液储液罐的密封盖，以防被烫伤 （2）安装凸缘盘时，一定要旋紧 （3）正确安装检漏仪，防止漏气
	2. 加压检漏	1）向冷却系统施加压力，压力达到0.2MPa时，停止加压。观察压力表，同时注意倾听是否有漏气声。如5分钟时间内压力无明显变化，则冷却系统密封良好，否则系统有泄漏，需要进一步检查	（1）施加压力前再次检查施压装置的密封性和状态
	3. 安装冷却液储液罐的密封盖	1）取下检漏仪，拆下凸缘盘，安装冷却液储液罐的密封盖	（1）安装储液罐的密封盖时一定要旋紧
四、安装相关的附属设施	参见相关内容	参见相关内容	参见相关内容
备注			

冷却系统渗漏泄漏检查评分表

操作选手：__________ 日期：__________ 得分：__________

序号	项目	评分细则	分值	得分	原因
一	参见相关内容（7分）	参见相关内容	7		
二	1. 发动机运转前的渗漏检查（20分）	1）用手按捏冷却系统各连接软管，检查有无龟裂、老化现象	5		
		2）目视检查发动机气缸盖衬垫周边，冷却液加注口及盖处，节气门冷却液循环软管接口处，节温器连接软管处，冷却储液罐表面、盖及连接软管，暖气水箱管路接口处有无冷却液渗漏现象	10		
		3）用手电筒检查散热器表面、水泵皮带轮处及衬垫处是否有渗漏现象	5		

（续表）

序号	项目	评分细则	分值	得分	原因
二	2. 发动机运转时的渗漏检查（24分）	1）连接诊断仪，进入数据流，选择水温数据显示	4		
		2）起动发动机，保持怠速运行片刻，然后提高发动机转速，观察水温温度，当水温上升至正常温度（80℃～95℃），打开暖风开关至高挡位	10		
		3）以“发动机运转前的渗漏检查”项的同样方式对冷却系统进行检查	5		
		4）关闭点火开关，使发动机熄火	5		
	3. 散热器表面的渗漏检查（10分）	1）检查散热器的内侧表面及散热片的连接处有无冷却液渗漏现象	6		
		2）检查散热器进出软管接口处有无冷却液渗漏现象	4		
三	1. 安装水箱检漏仪（10分）	1）选择大小与冷却液储液罐的密封盖合适的凸缘盘，安装在冷却液储液罐加注口上，并装上检漏仪	10		
	2. 加压检漏（13分）	1）向冷却系统施加压力，压力达到 0.2MPa 时，停止加压。观察压力表，同时注意倾听是否有漏气声。如5分钟时间内压力无明显变化，则冷却系统密封良好，否则系统有泄漏，需要进一步检查	13		
	3. 安装冷却液储液罐的密封盖（7分）	1）取下检漏仪，拆下凸缘盘，安装冷却液储液罐的密封盖	7		
四	参见相关内容（9分）	参见相关内容	9		
总分			100		

冷却系统渗漏泄漏检查观察表

观察选手：__________ 操作选手：__________ 日期：__________

序号	项目名称	观察记录	意见建议
一、起动前检查	参见相关内容		

（续表）

序号	项目名称	观察记录	意见建议
二、渗漏检查	1. 发动机运转前的渗漏检查		
	2. 发动机运转时的渗漏检查		
	3. 散热器表面的渗漏检查		
三、冷却系统加压检漏	1. 安装水箱检漏仪		
	2. 加压检漏		
	3. 安装冷却液储液罐的密封盖		
四、安装相关的附属设施	参见相关内容		
教师点评			

冷却系统渗漏泄漏检查工艺单

操作选手：__________ 日期：__________

序号	项目名称	操作结果记录	操作数据记录
一、起动前检查	参见相关内容		
二、渗漏检查	1. 发动机运转前的渗漏检查		
	2. 发动机运转时的渗漏检查		
	3. 散热器表面的渗漏检查		
三、冷却系统加压检漏	1. 安装水箱检漏仪		
	2. 加压检漏		
	3. 安装冷却液储液罐的密封盖		
四、安装相关的附属设施	参见相关内容		
备注			

第八节　检查与更换水泵

检查与更换水泵流程表

操作选手：__________ 日期：__________

序号内容	项目名称	技术说明	注意事项
一、排净发动机冷却液	1. 排放发动机冷却液	1）冷机后，用手拧开冷却液储液罐的密封盖	（1）操作时必须佩戴上防护手套以防烫伤
	2. 放置液体收集器	1）把液体收集器推放到冷却液排放塞正下方，并调节液体收集器到合适高度	

（续表）

序号内容	项目名称	技术说明	注意事项
一、排净发动机冷却液	3. 拆下散热器放水螺塞和发动机放水螺塞	1）发动机和散热器没有冷却下来，不要将散热器放水螺塞和发动机放水螺塞打开	（1）将冷却液收集到容器中，按所在地的法规进行合理处理 （2）发动机放水螺塞在排气歧管侧发电机后面
二、拆卸水泵总成	1. 从正时链条盖上（分两次）拆卸5个水泵固定螺栓	1）拆卸固定螺栓时，选用合适的工具，防止螺栓拧松过程中打滑	（1）拆卸中如果看不清楚，可借用手电筒
	2. 取下水泵	1）如果水泵拆卸困难，可用橡胶榔头轻轻敲击水泵皮带轮	（1）取下水泵时要小心，不能碰撞缸壁
	3. 取下水泵密封衬垫	1）水泵旧密封衬垫要清理干净，气缸体上不能有残留物	（1）如果密封衬垫有黏附现象，应使用铲刀将接合面清理干净
三、目视检查水泵总成	1. 目检水泵周围有无冷却液泄漏痕迹点	1）根据水泵周围泄漏痕迹情况判断是否更换水泵，若泄漏严重，必须更换	（1）检查中如果看不清楚，可借用手电筒
	2. 目检水泵有无裂纹、破损	1）目视检查水泵是否有裂纹、破损等，如有则必须更换水泵	（1）检查时要小心，防止掉落损坏水泵
	3. 目检水泵固定螺栓有无变形、螺栓螺纹有无缺牙	1）目视检查水泵固定螺栓是否有变形、损坏、锈蚀缺牙，如有则必须更换	（1）检查时要小心，防止掉落损坏螺栓
四、检查新水泵	1. 检查新水泵的零件号	1）新水泵零件号要与旧水泵零件号一致	（1）检查过程中，防止新水泵内侧有磕碰
	2. 新的水泵目测检查，外观应无腐蚀、无破损	1）新水泵应无腐蚀、无破损、无裂纹等缺陷，否则应更换其他新件	
	3. 转动水泵皮带轮应无噪音、无卡滞现象	1）转动水泵应能转动自如，且无噪音、无卡滞现象	（1）转动水泵时，防止水泵打到手 （2）转动水泵时，水泵转动圈数至少在2圈以上

（续表）

序号内容	项目名称	技术说明	注意事项
五、检查新密封垫	1. 新的密封衬垫应无破损、无变形、无老化现象	1）新的密封垫，要求无破损、无变形、无老化，否则应更换新的密封件	
	2. 将新密封衬垫扣于正时链条盖上，表面应与正时链条盖完全贴合，不能有间隙	1）新密封衬垫与链条盖接触时，表面应能完全贴合，且无间隙	(1) 安装和调整间隙过程中，不能使用密封胶进行间隙的密封和调整
六、安装密封衬垫	1. 清洁缸体水泵基孔平面	1）气缸体上不能有残留物，如果密封衬垫有黏附现象，应使用铲刀将接合面清理干净	(1) 用铲刀清除残留物时，防止划伤缸体表面
	2. 将密封衬垫正确安装到正时链条盖的凹槽中	1）将新密封衬垫扣于正时链条盖上，表面应与正时链条盖完全贴合，不能有间隙	(1) 安装新密封衬垫时，要注意不能损坏密封垫 (2) 密封垫安装时，要注意安装方向，印有“TOP”字样的应朝向外侧 (3) 安装好后，应使螺栓孔和定位孔完全与缸体表面一致
七、安装水泵	1. 将水泵正确安装在座孔中	1）安装水泵时，保证螺栓孔定中	(1) 水泵安装时，注意不能和发动机有碰撞，防止损坏水泵
	2. 用手旋入5个固定螺栓	1）使用手旋入5个水泵固定螺栓，也可使用套筒和接杆组合工具旋入固定螺栓	(1) 固定螺栓旋入时，如遇阻力过大应旋出检查，严禁使用工具强行拧入
	3. 使用10mm套筒和扭力扳手，拧紧固定螺栓	1）交叉均匀拧紧水泵的固定螺栓，拧紧力矩为24N·m	
八、清洁整理工具	1. 清洁工具	1）清洁	
	2. 恢复/整理工具	1）扭力扳手归零	
备注			

检查与更换水泵评分表

操作选手：__________ 日期：__________ 得分：__________

序号	项目	评分细则	分值	得分	原因
一	排净发动机冷却液（14 分）	1. 正确选用合适工具（4 分）	4		
		2. 拆下散热器放水螺塞（2 分）、发动机放水螺塞（2 分）	4		
		3. 拧下散热器储液罐盖（2 分）	2		
		4. 选用合适工具存放冷却液（4 分）	4		
二	拆卸水泵总成（12 分）	1. 选用正确的拆装工具（4 分）	4		
		2. 从正时链条盖上（分二次）拆卸 5 个水泵固定螺栓（4 分）	4		
		3. 取下水泵（2 分）；取下水泵密封衬垫（2 分）	4		
三	目视检查水泵总成（12 分）	1. 目检水泵周围有无冷却液泄漏痕迹点（4 分）	4		
		2. 目检水泵有无裂纹（2 分）、破损（2 分）	4		
		3. 目检水泵固定螺栓有无变形（2 分）、螺栓螺纹有无缺牙（2 分）	4		
四	检查新水泵（10 分）	1. 检查新水泵的零件号（2 分）	2		
		2. 新的水泵目测检查，外观应无腐蚀（2 分）、无破损（2 分）	4		
		3. 转动水泵皮带轮应无噪音（2 分）、无卡滞现象（2 分）	4		
五	检查新密封垫（10）	1. 新的密封衬垫应无破损（2 分）、无变形（2 分）、无老化现象（2 分）	6		
		2. 将新密封衬垫扣于正时链条盖上，表面应与正时链条盖完全贴合，不能有间隙（4 分）	4		
六	安装密封衬垫（8）	1. 清洁缸体水泵基孔平面（5 分）	5		
		2. 将密封衬垫正确安装到正时链条盖的凹槽中（3 分）	3		
七	安装水泵（24）	1. 将水泵正确安装在座孔中，保证螺栓孔定中（5 分）	5		
		2. 用手旋入 5 个固定螺栓（5 分）	5		
		3. 选用正确的拆装工具（4 分）	4		
		4. 使用 10mm 套筒和扭力扳手，交叉均匀拧紧水泵的固定螺栓（5 分）；拧紧力矩 24N・m（5 分）	10		

（续表）

序号	项目	评分细则	分值	得分	原因
八	“5S”清洁整理（10分）	1. 清洁工具，每次1分，共3分	3		
		2. 恢复/整理工具（2分），扭力扳手归位（1分）	3		
		3. 操作中是否有物体落地或损坏（4分），可倒扣	4		
总　分			100		

检查与更换水泵观察表

观察选手：__________ 操作选手：__________ 日期：

序号内容	项目名称	观察记录	意见建议
一、排净发动机冷却液	1. 拆下散热器放水螺塞		
	2. 拆卸发动机放水螺塞		
	3. 拧下散热器储液罐盖		
	4. 选用合适工具存放冷却液		
二、拆卸水泵总成	1. 拆卸5个水泵固定螺栓		
	2. 取下水泵固定螺栓		
	3. 取下水泵		
	4. 取下水泵密封衬垫		
三、目视检查水泵总成	1. 目检水泵周围有无冷却液泄漏痕迹点		
	2. 目检水泵有无裂纹、破损		
	3. 目检水泵固定螺栓有无变形、螺栓螺纹有无缺牙		
四、检查新水泵	1. 检查新水泵的零件号		
	2. 新的水泵目测检查，外观应无腐蚀、无破损		
	3. 转动水泵皮带轮应无噪音、无卡滞现象		
五、检查新密封垫	1. 新的密封衬垫应无破损、无变形、无老化现象		
	2. 检查新密封衬垫配合间隙		
六、安装密封衬垫	1. 清洁缸体水泵基孔平面		
	2. 安装新密封垫		
七、安装水泵	1. 将水泵正确安装在座孔中		
	2. 用手旋入5个固定螺栓		
	3. 使用10mm套筒和扭力扳手，交叉均匀拧紧水泵的固定螺栓		

（续表）

序号内容	项目名称	观察记录	意见建议
八、清洁整理工具	1. 清洁工具		
	2. 恢复/整理工具		
教师点评			

检查与更换水泵工艺单

操作选手：________ 日期：________

序号内容	项目名称	操作结果记录	操作数据记录
一、排净发动机冷却液	1. 拆下散热器放水螺塞		
	2. 拆卸发动机放水螺塞		
	3. 拧下散热器储液罐盖		
	4. 选用合适工具存放冷却液		
二、拆卸水泵总成	1. 拆卸 5 个水泵固定螺栓		
	2. 取下水泵固定螺栓		
	3. 取下水泵		
	4. 取下水泵密封衬垫		
三、目视检查水泵总成	1. 目检水泵周围有无冷却液泄漏痕迹点		
	2. 目检水泵有无裂纹、破损		
	3. 目检水泵固定螺栓有无变形、螺栓螺纹有无缺牙		
四、检查新水泵	1. 检查新水泵的零件号		
	2. 新的水泵目测检查，外观应无腐蚀、无破损		
	3. 转动水泵皮带轮应无噪音、无卡滞现象		
五、检查新密封垫	1. 新的密封衬垫应无破损、无变形、无老化现象		
	2. 检查新密封衬垫配合间隙		
六、安装密封衬垫	1. 清洁缸体水泵基孔平面		
	2. 安装新密封垫		
七、安装水泵	1. 将水泵正确安装在座孔中		
	2. 用手旋入 5 个固定螺栓		
	3. 使用 10mm 套筒和扭力扳手，交叉均匀拧紧水泵的固定螺栓		

（续表）

序号内容	项目名称	操作结果记录	操作数据记录
八、清洁整理工具	1. 清洁工具		
	2. 恢复/整理工具		
备注			

第九节　更换燃油泵

一、填空题

1. 燃油供给系统主要由燃油箱、__________、__________、燃油分配管、燃油压力调节器和__________等组成。

2. 燃油泵的作用是__________。

3. 按安装位置不同，燃油泵分为__________和__________。

4. 按液压泵的结构不同，燃油泵分为__________、内齿轮式、__________和叶轮式四种。

5. 电动燃油泵实际上是一个由__________驱动的液压泵，由__________和__________两部分组成。

6. 为了在发动机熄火后，防止燃油倒流，在电动燃油泵的出油口处设了一个__________。

7. 为了防止燃油滤清器或高压管路堵塞等意外情况发生，在电动燃油泵的进油口或出油口处设了一个__________。

8. 为了防止杂质进入燃油泵造成卡死或密封不良，在电动燃油泵的进油口处安装了一个__________。

9. 用数字式万用表检测燃油泵的电阻，在 20℃ 条件下，它的标准电阻值应为__________。

10. 为了防止线圈烧坏，燃油泵的通电时间要少于__________。

二、简答题

1. 燃油供给系统的工作过程是怎么样的？

2. 滚柱式燃油泵、内齿轮式燃油泵、涡轮式燃油泵与叶轮式燃油泵的组成是什么？

3. 燃油泵是如何进行拆卸的？

4. 若要换一个新的燃油泵，需进行哪些检查工作？

5. 安装燃油泵时，应注意哪些事项？

更换燃油泵流程表

操作选手：__________ 日期：__________

序号内容	项目名称	技术说明	注意事项
一、前期准备	1. 前期准备	1）将车辆置于室内水平地面上；点火开关置于 OFF 位置；拉好手刹车，装好车轮挡块 2）工作场所配置有效的灭火器材 3）后座地板垫上地板垫	（1）对燃油系统进行操作时，严禁吸烟或靠近明火 （2）避免橡胶或皮制零件接触到汽油
二、更换燃油泵	1. 拆卸后排座椅坐垫总成	参见更换碳罐	参见更换碳罐
	2. 拆卸后地板检修孔盖	参见更换碳罐	参见更换碳罐
	3. 燃油系统卸压	参见更换碳罐	参见更换碳罐
	4. 将电缆从蓄电池负极端子断开	参见更换碳罐	参见更换碳罐
	5. 清洁燃油吸油盘总成上部	参见更换碳罐	参见更换碳罐
	6. 拆卸燃油箱主管分总成	参见更换碳罐	参见更换碳罐
	7. 拆卸 1 号燃油蒸发管分总成	参见更换碳罐	参见更换碳罐
	8. 断开 1 号碳罐出口软管	参见更换碳罐	参见更换碳罐
	9. 断开 2 号燃油箱蒸发管	参见更换碳罐	参见更换碳罐
	10. 拆卸燃油吸油管总成挡圈	参见更换碳罐	参见更换碳罐
	11. 取出燃油吸油管总成	参见更换碳罐	参见更换碳罐
	12. 拆卸燃油表传感器总成	参见更换碳罐	参见更换碳罐

（续表）

<table>
<tr><th>序号内容</th><th>项目名称</th><th>技术说明</th><th>注意事项</th></tr>
<tr><td rowspan="6">二、更换燃油泵</td><td rowspan="6">13. 拆卸燃油泵</td><td>1）用头部缠有保护胶带的螺丝刀，脱开2个卡爪拆下1号吸油管支架</td><td rowspan="6">（1）工具要选用正确，使用时不能用力太大
（2）拆卸过程中不要损坏线束
（3）拆卸过程中不要损坏燃油泵滤清器
（4）断开燃油泵滤清器软管时注意用清洁布及时盖住油管口，及时清洁漏出的燃油并套上油管塞子
（5）已断开的连接器，套上塑料袋以防止异物进入</td></tr>
<tr><td>2）用头部缠有保护胶带的螺丝刀，脱开燃油压力调节器上的2个卡爪，脱开燃油泵滤清器支架上的3个卡爪，取下燃油泵滤清器</td></tr>
<tr><td>3）断开燃油泵滤清器软管</td></tr>
<tr><td>4）往下拿出燃油泵，用手按压下端锁止扣，断开燃油泵线束，拆下燃油泵O形圈，把燃油泵放置在清洁零件盘中</td></tr>
<tr><td>5）从燃油吸油管总成上取出线束</td></tr>
<tr><td>6）用头部缠有保护胶带的螺丝刀撬出燃油压力调节器，从压力调节器总成上拆下2个O形圈，放置在清洁零件盘中</td></tr>
<tr><td rowspan="8">三、安装燃油泵</td><td rowspan="4">1. 检查燃油泵</td><td>1）确认新的燃油泵总成零件号是否正确</td><td rowspan="4">（1）燃油泵通电时间要少于10秒，防止线圈烧坏
（2）使燃油泵尽量远离蓄电池</td></tr>
<tr><td>2）目视燃油泵总成的表面是否有损伤</td></tr>
<tr><td>3）检查燃油泵电阻。用数字式万用检测接线柱1和2之间的电阻，其电阻值应符合下表：<table><tr><th>检测仪连接</th><th>条件</th><th>规定状态</th></tr><tr><td>1－2</td><td>20℃</td><td>0.2～3.0Ω</td></tr></table></td></tr>
<tr><td>4）检查燃油泵工作情况。在两个端子之间施加蓄电池电压，确认燃油泵工作</td></tr>
<tr><td rowspan="4">2. 安装燃油泵</td><td>1）在新O形圈上涂抹汽油，然后将其安装到燃油滤清器上</td><td rowspan="4">（1）安装时，不要对燃油管或吸油管支架施加过大的力
（2）安装时，不要损坏线束
（3）燃油泵线束连接器安装时锁止扣必须完全扣住，安装好后需再次检查是否扣住
（4）安装油管接头如有滴漏应及时清洁
（5）卡爪安装时，必须对准并用力适当</td></tr>
<tr><td>2）连接燃油泵线束连接器，保证锁止扣锁止可靠</td></tr>
<tr><td>3）接合燃油泵滤清器支架上的3个卡爪</td></tr>
<tr><td>4）接合1号吸油管支架的2个卡爪</td></tr>
</table>

（续表）

序号内容	项目名称	技术说明	注意事项
三、安装燃油泵	3. 安装燃油泵及吸油管总成	参见更换碳罐	参见更换碳罐
	4. 检查燃油是否泄漏	1）检查燃油泵工作情况 （1）将智能检测仪连接到DLC3 （2）将点火开关置于ON位置，并接通智能检测仪的主开关 （3）选择以下菜单：Powertrain/Engine/Active Test/Control the Fuel Pump/Speed （4）检查并确认能听到燃油在燃油箱中流动的声音。如果听不到声音，则检查燃油泵及其连接器	（1）未安装后地板检修孔盖时检查 燃油，如果比较少，则需加注燃油
		2）检查燃油泵及吸油管总成周围及各油管接口有无渗漏	
	5. 燃油泵压力检查	参见燃油系统压力检查	参见燃油系统压力检查
	6. 安装后地板检修孔盖	参见更换碳罐	参见更换碳罐
	7. 安装后排座椅坐垫总成	参见更换碳罐	参见更换碳罐
四、清洁车辆、整理工具	1. 清洁工具、车辆	1）清洁	
	2. 恢复/整理工具	1）工具归零	
备注			

更换燃油泵评分表

操作选手：________ 日期：________ 得分：________

序号	项目	评分细则	分值	得分	原因
一	前期准备（6分）	1. 前期准备	6		

（续表）

序号	项目	评分细则	分值	得分	原因
二	更换燃油泵（48分）	1. 拆卸后排座椅坐垫总成	3		
		2. 拆卸后地板检修孔盖	3		
		3. 燃油系统卸压	3		
		4. 将电缆从蓄电池负极端子断开	3		
		5. 清洁燃油吸油盘总成上部	3		
		6. 拆卸燃油箱主管分总成	3		
		7. 拆卸1号燃油蒸发管分总成	3		
		8. 断开1号碳罐出口软管	3		
		9. 断开2号燃油箱蒸发管	3		
		10. 拆卸燃油吸油管总成挡圈	3		
		11. 取出燃油吸油管总成	3		
		12. 拆卸燃油表传感器总成	3		
		13. 拆卸燃油泵	12		
三	安装燃油泵（36分）	1. 检查燃油泵	6		
		2. 安装燃油泵	10		
		3. 安装燃油泵及吸油管总成	3		
		4. 检查燃油是否泄漏	6		
		5. 燃油泵压力检查	5		
		6. 安装后地板检修孔盖	3		
		7. 安装后排座椅坐垫总成	3		
四	清洁车辆、整理工具（10分）	1. 清洁工具、车辆	4		
		2. 恢复/整理工具	6		
总　分			100		

更换燃油泵观察表

观察选手：__________　操作选手：__________　日期：__________

序号内容	项目名称	观察记录	意见建议
一、前期准备	1. 前期准备		

（续表）

序号内容	项目名称	观察记录	意见建议
二、更换燃油泵	1. 拆卸后排座椅坐垫总成		
	2. 拆卸后地板检修孔盖		
	3. 燃油系统卸压		
	4. 将电缆从蓄电池负极端子断开		
	5. 清洁燃油吸油盘总成上部		
	6. 拆卸燃油箱主管分总成		
	7. 拆卸 1 号燃油蒸发管分总成		
	8. 断开 1 号碳罐出口软管		
	9. 断开 2 号燃油箱蒸发管		
	10. 拆卸燃油吸油管总成挡圈		
	11. 取出燃油吸油管总成		
	12. 拆卸燃油表传感器总成		
	13. 拆卸燃油泵		
三、安装燃油泵	1. 检查燃油泵		
	2. 安装燃油泵		
	3. 安装燃油泵及吸油管总成		
	4. 检查燃油是否泄漏		
	5. 燃油泵压力检查		
	6. 安装后地板检修孔盖		
	7. 安装后排座椅坐垫总成		
四、清洁车辆、整理工具	1. 清洁工具、车辆		
	2. 恢复/整理工具		
教师点评			

更换燃油泵工艺单

操作选手：__________　日期：__________

序号内容	项目名称	操作结果记录	操作数据记录
一、前期准备	1. 前期准备		

（续表）

序号内容	项目名称	操作结果记录	操作数据记录
二、更换燃油泵	1. 拆卸后排座椅坐垫总成		
	2. 拆卸后地板检修孔盖		
	3. 燃油系统卸压		
	4. 将电缆从蓄电池负极端子断开		
	5. 清洁燃油吸油盘总成上部		
	6. 拆卸燃油箱主管分总成		
	7. 拆卸 1 号燃油蒸发管分总成		
	8. 断开 1 号碳罐出口软管		
	9. 断开 2 号燃油箱蒸发管		
	10. 拆卸燃油吸油管总成挡圈		
	11. 取出燃油吸油管总成		
	12. 拆卸燃油表传感器总成		
	13. 拆卸燃油泵		
三、安装燃油泵	1. 检查燃油泵		
	2. 安装燃油泵		
	3. 安装燃油泵及吸油管总成		
	4. 检查燃油是否泄漏		
	5. 燃油泵压力检查		
	6. 安装后地板检修孔盖		
	7. 安装后排座椅坐垫总成		
四、清洁车辆、整理工具	1. 清洁工具、车辆		
	2. 恢复/整理工具		
备注			

第十节　更换燃油滤清器

一、填空题

1. 更换燃油滤清器之前需做好下列准备工作：________、________、________。

2. 确认驻车自动处于制动状态，换挡杆处于________位置，打开________启动发动机，使发动机运转到自动停止。

3. 进出油管拆卸后用__________包好。

4. 将燃油滤清器上箭头表示指向__________安装在燃油滤清器固定支架上，并保证安装可靠。

二、选择题

1. 建立燃油系统油压时，启动发动机，加减速操作（　　），关闭点火开关。

A. 1～2min　　B. 2～3min

C. 3～4min　　D. 4～5min

2. 燃油滤清器从固定支架中取出，燃油滤清器中剩余的燃油（　　）。

A. 不用倒出　　B. 可以随意倒至任意位置

C. 倒进回收容器

3. 连接蓄电池负极电缆，并以标准扭矩（　　）拧紧蓄电池负极电缆固定螺栓。

A. 4N・m　　B. 6N・m

C. 8N・m　　D. 10N・m

4. 连续启动发动机，间隔时间必须在（　　）以上。

A. 3s　　B. 5s

C. 10s

5. 扭力扳手使用后（　　）。

A. 不用清洁　　B. 必须归零

C. 不需归零

三、判断题

1. 取出燃油滤清器时禁止使用金属物敲击，防止产生火花使燃油滤清器爆炸。（　　）

2. 燃油滤清器安装时箭头表示指向发动机相反方向。（　　）

3. 检查燃油泵进、出软管主要是检查是否老化、是否有裂纹。（　　）

4. 插接燃油泵前注意检查油管接口有无损坏。（　　）

5. 升降举升机时注意工作现场安全。（　　）

6. 取下燃油泵保险丝时参照维修手册中燃油泵保险丝编号。（　　）

7. 在进行燃油系统的拆卸时不要断开电器系统。（　　）

8. 因个人的身高不同，所以举升时要依照操作者的身高来决定举升高度。（　　）

9. 插接燃油泵熔断丝，插住就好，有点松动没有关系。（　　）

10. 操作中除了举升机要注意操作安全外，其他不要注意。（　　）

四、简答题

1. 更换燃油滤清器的主要操作步骤有哪些？

更换燃油滤清器流程表

操作选手：________ 日期：________

序号内容	项目名称	技术说明	注意事项
一、取下燃油泵保险丝	1. 取下燃油泵保险丝	1）打开发动机引擎盖，打开保险丝盒盖，取下燃油泵保险丝	（1）取下保险丝时参照维修手册中燃油泵保险丝编号
二、泄压	1. 燃油系统泄压	1）确认驻车自动处于制动状态，换挡杆处于空挡位置，打开点火开关启动发动机，使发动机运转到自动停止	（1）由于燃油泵保险丝已经取下，所以发动机运转所燃烧的燃油是管和燃油滤清器中的燃油，以达到泄压的目的
三、断开蓄电池负极电缆	1. 断开蓄电池负极电缆	1）使用10mm套筒，拧松蓄电池负极电缆固定螺栓。取下蓄电池负极电缆	（1）在进行燃油系统的拆卸时要断开电器系统，以免火花引起爆炸
四、举升车辆到适合操作位置	1. 举升车辆	1）用举升机将车辆举升到合适操作的高度	（1）因个人的身高不同，所以举升时要依照操作者的身高来决定举升高度
五、清洁燃油滤清器进、出油管接口处的污物	1. 清洁燃油滤清器进、出油管接口处的污物	1）使用棉布擦净燃油滤清器进、出油管接口处的污物	（1）燃油滤清器进、出油管接口处的污物应在拆卸油管前拆卸，避免污物进入油管内
六、拆卸燃油滤清器固定支架	1. 拆卸燃油滤清器固定支架	1）使用合适的工具拆卸燃油滤清器固定支架固定螺栓	（1）正确使用工具
七、拆卸进、出油管	1. 拆卸进、出油管	1）使用合适工具拆卸进、出油管	（1）油管接口用塑料袋包扎好
八、环保处理燃油滤清器	1. 环保处理燃油滤清器	1）燃油滤清器从固定支架中取出，把燃油滤清器中剩余的燃油倒进回收容器中，并把燃油滤清器放置到指定位置	（1）取出燃油滤清器时禁止使用金属物敲击，防止产生火花使燃油滤清器爆炸
九、安装燃油滤清器	1. 安装燃油滤清器	1）将燃油滤清器上箭头表示指向发动机安装在燃油滤清器固定支架上，并保证安装可靠	（1）燃油滤清器上箭头表示指向发动机
十、检查燃油泵进、出软管	1. 检查燃油泵进、出软管	1）用手检查燃油泵进、出软管是否有老化、裂纹	（1）检查时要全面细致

（续表）

序号内容	项目名称	技术说明	注意事项
十一、插接燃油泵进、出油管	1. 插接燃油泵进、出油管	1）取下塑料袋插接燃油泵进、出油管	（1）插接前注意检查油管接口有无损坏
十二、举升机降下车辆	1. 举升机降下车辆	1）使用举升机降下车辆	（1）降下举升机时注意工作现场安全
十三、插接燃油泵熔断丝	1. 插接燃油泵熔断丝	1）插接燃油泵熔断丝，确保连接可靠	（1）插接好后一定要检查连接是否可靠
十四、连接蓄电池负极电缆	1. 连接蓄电池负极电缆	1）连接蓄电池负极电缆，并以标准扭矩拧紧蓄电池负极电缆固定螺栓	（1）使用扭力扳手拧紧
十五、建立燃油系统油压	1. 建立燃油系统油压	1）将点火开关拨至 ON 挡，2～3s 后，拨至 OFF 档。如此重复 3～5 次，然后启动发动机，加减速操作 2～3min，关闭点火开关	（1）每次启动间隔时间 5s 以上
十六、举升车辆到合适高度	1. 举升车辆到合适高度	1）操作举升机到合适高度	（1）严格按照举升机的操作规范操作
十七、检漏	1. 检漏	1）检查燃油滤清器的进、出油管处是否存在燃油泄漏	（1）检查时要全面仔细
十八、降下车辆	1 降下车辆	1）按下举升机下降按钮，降下车辆，至车辆平稳着地	（1）严格按照举升机的操作规范操作
十九、清洁整理工具	1. 清洁工具	1）清洁	
	2. 恢复/整理工具	1）扭力扳手归零	
备注			

更换燃油滤清器评分表

操作选手：__________ 日期：__________ 得分：__________

序号	项目	评分细则	分值	得分	原因
一	取下燃油泵保险丝（6分）	打开发动机引擎盖（2分），打开保险丝盒盖（2分），取下燃油泵保险丝（2分）	6		

（续表）

序号	项目	评分细则	分值	得分	原因
二	燃油系统泄压（6分）	1. 确认驻车自动处于制动状态（2分），换挡杆处于空挡位置（2分），打开点火开关启动发动机，使发动机运转到自动停止（2分）	6		
三	断开蓄电池负极电缆（4分）	1. 使用10mm套筒（2分），拧松蓄电池负极电缆固定螺栓，取下蓄电池负极电缆（2分）	4		
四	举升车辆到适合操作位置（4分）	1. 用举升机将车辆举升到合适操作的高度（4分）	4		
五	清洁燃油滤清器进、出油管接口（4分）	1. 使用棉布擦净燃油滤清器进油管接口处的污物（2分）、擦净燃油滤清器出油管接口处的污物（2分）	4		
六	拆卸燃油滤清器固定支架（6分）	1. 使用合适的工具（2分）拆卸燃油滤清器固定支架固定螺栓（4分）	6		
七	拆卸进、出油管（6分）	1. 使用合适工具拆卸进油管（3分）、拆卸出油管（3分）	6		
八	环保处理燃油滤清器（6分）	1. 燃油滤清器从固定支架中取出（2分），把燃油滤清器中剩余的燃油倒进回收容器中（2分），并把燃油滤清器放置到指定位置（2分）	6		
九	安装燃油滤清器（8分）	1. 将燃油滤清器上箭头表示指向发动机安装在燃油滤清器固定支架上（4分），安装可靠（4分）	8		
十	检查燃油泵进、出软管（4分）	1. 检查燃油泵进软管（2分）、检查燃油泵出软管（2分）	4		
十一	插接燃油泵（6分）	1. 插接燃油泵进油管（3分）、插接燃油泵出油管（3分）	6		
十二	举升机降下车辆（4分）	1. 使用举升机降下车辆（4分）	4		
十三	插接燃油泵熔断丝（5分）	1. 插接燃油泵熔断丝（3分），确保连接可靠（2分）	5		

（续表）

序号	项目	评分细则	分值	得分	原因
十四	连接蓄电池负极电缆（5分）	1. 连接蓄电池负极电缆（2分），并以标准扭矩拧紧蓄电池负极电缆固定螺栓（3分）	5		
十五	建立燃油系统油压（6分）	1. 将点火开关拨至 ON 挡，2～3s 后，拨至 OFF 档。如此重复 3～5 次（3分），然后启动发动机，加减速操作 2～3min（2分），关闭点火开关（1分）	6		
十六	举升车辆到合适高度（4分）	1. 操作举升机到合适高度（4分）	4		
十七	检漏（3分）	1. 检查燃油滤清器的进、出油管处是否存在燃油泄漏（3分）	3		
十八	降下车辆（3分）	1. 按下举升机下降按钮，降下车辆，至车辆平稳着地（3分）	3		
十九	“5S”清洁整理（10分）	1. 清洁工具，每次1分，共3分	3		
		2. 恢复/整理工具（2分），扭力扳手归位（1分）	3		
		3. 操作中是否有物体落地或损坏（4分），可倒扣	4		
总　分			100		

更换燃油滤清器观察表

观察选手：__________ 操作选手：__________ 日期：__________

序号	项目名称	观察记录	意见建议
一	1. 取下燃油泵保险丝		
二	1. 燃油系统泄压		
三	1. 断开蓄电池负极电缆		
四	1. 举升车辆		
五	1. 清洁燃油滤清器进、出油管接口处的污物		
六	1. 拆卸燃油滤清器固定支架		
七	1. 拆卸进、出油管		
八	1. 环保处理燃油滤清器		
九	1. 安装燃油滤清器		
十	1. 检查燃油泵进、出软管		
十一	1. 插接燃油泵进、出油管		

（续表）

序号	项目名称	观察记录	意见建议
十二	1. 举升机降下车辆		
十三	1. 插接燃油泵熔断丝		
十四	1. 连接蓄电池负极电缆		
十五	1. 建立燃油系统油压		
十六	1. 举升车辆到合适高度		
十七	1. 检漏		
十八	1. 降下车辆		
十九	1. 清洁工具		
	2. 恢复/整理工具		
教师点评			

更换燃油滤清器工艺单

操作选手：__________ 日期：__________

序号	项目名称	操作结果记录	操作数据记录
一	1. 取下燃油泵保险丝		
二	1. 燃油系统泄压		
三	1. 断开蓄电池负极电缆		
四	1. 举升车辆		
五	1. 清洁燃油滤清器进、出油管接口处的污物		
六	1. 拆卸燃油滤清器固定支架		
七	1. 拆卸进、出油管		
八	1. 环保处理燃油滤清器		
九	1. 安装燃油滤清器		
十	1. 检查燃油泵进、出软管		
十一	1. 插接燃油泵进、出油管		
十二	1. 插接燃油泵熔断丝		
十三	1. 连接蓄电池负极电缆		
十四	1. 建立燃油系统油压		
十五	1. 举升车辆到合适高度		
十六	1. 检漏		
十七	1. 降下车辆		
十八	1. 清洁工具		
	2. 恢复/整理工具		
备注			

第十一节　更换碳罐

一、填空题

1. 将车辆置于室内水平地面上；点火开关置于__________位置；拉好__________，装好车轮挡块。

2. 用__________沿后地板检修孔盖四周完全切断与胶的黏结。

3. 碳罐连接的油管有__________、__________、__________、__________等。

4. 安装 SST 时，需调节两端的螺母，确定合适的直径，将 SST 槽口完全对准插入燃油吸油管总成__________。

二、选择题

1. 铲刀上涂上少许(　　)，防止粘连。

A. 润滑油　　B. 水　　C. 黄油　　D. 肥皂水

2. 拆卸 1 号燃油蒸发管分总成用(　　)将油管固定卡箍松开并将卡箍移出止挡位置。

A. 螺丝刀　　B. 卡簧钳　　C. 鲤鱼钳　　D. 大力钳

3. 断开 2 号燃油箱蒸发管用(　　)将蓝色挡圈向上撬起。

A. 一字螺丝刀　　B. 十字螺丝刀　　C. 凿子　　D. 撬棒

4. 检查新碳罐检查单向阀时，需关闭(　　)，然后用手持式真空泵进行真空试验。

A. 端口 A　　B. 端口 B　　C. 端口 C

5. 安装燃油吸油管总成挡圈时，碳罐凸出部分与燃油箱槽口(　　)。

A. 相差 90 度　　B. 对准　　C. 位置任意　　D. 相差 180 度

6. 用短接杆与指针式扭力扳手从燃油箱上的开始标记紧固燃油吸油管总成挡圈约(　　)，使挡圈上的开始标记落在规定所示的范围内。

A. 90°　　B. 180°　　C. 360°　　D. 450°

三、判断题

1. 更换碳罐的工作场所必须配置有效的灭火器材。(　　)

2. 后座椅拆装的整个操作过程严格遵守操作流程，否则坐垫骨架很容易变形。(　　)

3. 断开连接器插头时，大拇指用力按下卡扣，同时往里拉。(　　)

4. 撬动取下分离后地板检修孔盖时防止检修孔盖变形。(　　)

5. 能用有机溶剂湿式清洁燃油吸油盘总成上部的污物或其他异物。(　　)

6. 拆卸燃油吸油管总成挡圈转动燃油吸油管总成挡圈前注意观察其装配记号。(　　)

7. 燃油吸油管总成取出时，实车拆装空间比较狭小，因此零部件有撞击是正常的。(　　)

8. 燃油吸油管总成取出时用清洁的零件盆接住，不要让燃油流到外面。(　　)

9. 及时用塑料袋套住两侧管接口，防止异物落入油管内。(　　)

10. 油管安装时尼龙管打结弯曲是正常的。(　　)

四、简答题

1. 如何检查新碳罐?

2. 如何检查燃油吸油管总成挡圈的配合?

更换碳罐作业流程表

操作选手：__________ 日期：__________

序号内容	项目名称	技术说明	注意事项
一、前期准备	1. 作业前的准备工作	1) 停放好车辆	(1) 将车辆置于室内水平地面上；点火开关置于 OFF 位置；拉好手刹车，装好车轮挡块
		2) 工作场地安全检查	(1) 工作场所配置有效的灭火器材
		3) 安全防护	(1) 后座地板垫上地板垫 (2) 对燃油系统进行操作时，严禁吸烟或靠近明火 (3) 避免橡胶或皮制零件接触到汽油
二、拆卸后排座椅座垫总成	1. 将坐垫的2个前挂钩从车身上脱开	1) 先选择一个前挂钩，按手册要求将双手放在挂钩两侧，然后抬起坐垫以使挂钩分离	(1) 在分离 2 个前挂钩时，要注意力的控制，防止碰撞 (2) 禁止单手脱开前挂钩
	2. 对另一挂钩重复上面的程序	1) 技术要求同前	(1) 整个操作过程严格遵守操作流程，否则坐垫骨架很容易变形
	3. 后坐垫拉出	1) 将后坐垫斜向上拉出，使其与 2 个后挂钩分离	(1) 禁止单手脱开后挂钩
	4. 取出后坐垫	1) 后坐垫拆下后将其放到零件车上	(1) 注意水平放置

（续表）

序号内容	项目名称	技术说明	注意事项
三、拆卸后地板检修孔盖	1. 拆卸燃油泵线束连接器上的密封胶套	1）注意观察密封胶套是否有损伤	(1) 拆卸时要小心，防止损坏密封胶套
	2. 割开地板检修孔和检修盖之间的密封胶	1）使用专用铲刀（2英寸宽度）把密封胶割开	(1) 用专用铲刀沿地板检修孔盖四周完全切断与胶的黏结 (2) 注意把地板检修孔盖有胶的一面向上小心放置
	3. 断开燃油吸油管总成连接器	1）断开时大拇指用力按下卡扣，同时往外拉，断开连接器插头	(1) 断开时要找准位置，用力要适度
	4. 分离后地板检修孔盖	1）分离后，取下后地板检修孔盖和密封胶套	(1) 撬动取下时防止检修孔盖变形 (2) 取下时，注意丁基胶不要黏附在内饰上
	5. 清理后地板检修孔盖	1）清理时把零件拿到车外的工作台上，用铲刀清除丁基胶	(1) 铲刀上涂上少许润滑油，防止粘连 (2) 铲下的残胶包在塑料袋中，防止粘在其他物体上
四、燃油系统卸压	（详见燃油系统卸压章节）	（详见燃油系统卸压章节）	（详见燃油系统卸压章节）
五、断开蓄电池负极端子	（详见蓄电池负极端子断开章节）	（详见蓄电池负极端子断开章节）	（详见蓄电池负极端子断开章节）
六、清洁燃油吸油盘总成上部	1. 清洁燃油吸油盘总成上部	1）清洁燃油吸油盘总成上部的污物或其他异物	(1) 不能用有机溶剂湿式清洁 (2) 注意防火
七、拆卸燃油箱主管分总成	1. 拉出燃油箱主管分总成的油管接头	1）用手向下压燃油管接头，将黄色油管接头卡子往外拉出后拉出油管接头	(1) 禁止撬开油管接头 (2) 不要使尼龙管弯曲、打结或扭曲
	2. 封装油管接口	1）及时用塑料袋套住两侧管接口，防止异物落入油管内	(1) 必须防止污垢或灰尘进入接头。如果污垢或灰尘进入接头，O形圈可能密封不良

（续表）

序号内容	项目名称	技术说明	注意事项
八、拆卸1号燃油蒸发管分总成	1. 将卡箍移出止挡位置	1）用鲤鱼钳将油管固定卡箍松开并将卡箍移出止挡位置	（1）卡箍必须移出止挡位置
	2. 分离1号燃油蒸发管	1）左右轻微转动1号燃油蒸发管并向外用力拉出	（1）仅用手拉出接头
	3. 封装油管接口	1）及时用塑料袋套住两侧管接口，防止异物落入油管内	（1）不要使尼龙管打结弯曲
九、断开1号碳罐出口软管	1. 分离1号碳罐出口软管	1）左右轻微转动1号碳罐出口软管并向外用力拉出	（1）仅用手拉出软管
	2. 封装油管接口	1）及时用塑料袋套住两侧管接口，防止异物落入油管内	（1）不要使尼龙管打结弯曲
十、断开2号燃油箱蒸发管	1. 撬出挡圈	1）用一字螺丝刀将蓝色挡圈向上撬起	（1）使用专用一字螺丝刀 （2）撬起时注意不要损坏挡圈
	2. 分离2号燃油箱蒸发管	1）用手左右轻微转动燃油箱2号蒸发管并向外用力拉出	（1）仅用手拉出软管
	3. 封装油管接口	1）及时用塑料袋套住两侧管接口，防止异物落入油管内	（1）不要使尼龙管打结弯曲
十一、拆卸燃油吸油管总成挡圈	1. 做好装配记号	1）转动燃油吸油管总成挡圈前注意观察其装配记号，若没有，用记号笔做好记号	（1）记号必须事先做好，不要遗忘
	2. 安装SST	1）用6毫米六角套筒扳手，将SST安装到燃油吸油管总成挡圈上	（1）必须使用专用工具，不要使用其他任何工具，例如螺丝刀、锤子等 （2）安装SST时，需调节两端的螺母，确定合适的直径，将SST槽口完全对准插入燃油吸油管总成挡圈肋片
	3. 松开燃油吸油管总成挡圈	1）用指针式扭力扳手、短接杆拧动SST，松开燃油吸油管总成挡圈	（1）实车拆装空间比较狭小，应尽量避免工具撞击零部件
	4. 拆下燃油吸油管总成挡圈	1）用手固定燃油吸油管总成，拆下燃油吸油管总成挡圈	（1）在拆下燃油吸油管总成挡圈时，必须用手固定燃油吸油管总成 （2）注意防火

（续表）

序号内容	项目名称	技术说明	注意事项
十二、取出燃油吸油管总成	1. 取出燃油吸油管总成	1）向上将燃油吸油管总成从燃油箱上取出	（1）燃油吸油管总成取出时，实车拆装空间比较狭小，应尽量避免撞击零部件，确保燃油表传感器臂没有弯曲
	2. 放置好燃油吸油管总成	1）将燃油吸油管总成放置在清洁的零件盆中	（1）燃油吸油管总成取出时用清洁的零件盆接住，不要让燃油流到外面
	3. 取下燃油吸油管总成固定衬垫	1）小心取下燃油吸油管总成固定衬垫	（1）注意不要损坏衬垫
	4. 遮挡油箱口	1）全面遮挡油箱口	（1）防止灰尘或异物进入油箱
十三、拆下碳罐	1. 断开连接器	1）断开燃油表传感器总成连接器（白色的）。断开燃油泵线束连接器（灰色的）	（1）断开时用力不要过猛
	2. 将碳罐与滤清器总成分离	1）左右轻微转动断开燃油泵滤清器软管	（1）注意防火
十四、检查新碳罐	1. 确认零件号	1）确认新的碳罐总成零件号是否正确	（1）零件号符合国家标准
	2. 目视检查碳罐	1）目视碳罐总成的表面是否有损伤	（1）检查需细致、全面
	3. 检查碳罐的通风和密封情况	1）关闭端口 B（燃油箱 2 号蒸发管接口），向端口 A（1 号燃油管分总成接口）施加压缩空气，检查并确认空气从端口 C（1 号碳管出口软管）流出	（1）禁止用液体试验 （2）用手指按住端口 B 时要完全按住，不要漏气
	4. 检查单向阀	1）关闭端口 C，向端口 A 施加压缩空气，检查并确认空气从端口 B 流出	（1）端口 C 必须完全关闭
		2）关闭端口 C。用手持式真空泵向端口 A 施加真空。首先保持真空。逐渐增加真空，当真空达到规定值后空气开始流动且真空度下降，这样为正常	（1）端口 C 必须完全关闭

（续表）

序号内容	项目名称	技术说明	注意事项
十五、安装碳罐	1. 连接燃油滤清器和碳罐	1）把燃油滤清器与碳罐连接起来	（1）连接正确
	2. 连接燃油泵滤清器软管	1）连接燃油泵滤清器软管	（1）注意在燃油泵出油口密封圈上涂抹少许润滑油
	3. 结合连接器	1）接合燃油表传感器总成连接器（白色的）。接合燃油泵线束连接器（灰色的）	（1）装配时注意燃油泵出油口与燃油吸油管总成对准放正
十六、检查燃油吸油管总成挡圈的配合	1. 检查燃油吸油管总成挡圈	1）检查燃油吸油管总成挡圈是否有损坏	（1）检查要全面仔细
	2. 检查燃油箱的螺纹	1）取下燃油箱安装孔上的遮挡，检查并确认燃油箱上的螺纹没有损坏、凹痕、异物或其他缺陷	（1）检查要全面仔细
	3. 将燃油吸油管总成挡圈手动安装至燃油箱安装孔试配	1）如果能用手转动燃油吸油管总成挡圈 180°或更多，可以重复使用挡圈。如果不能用手转动燃油吸油管总成挡圈 180°或更多，使用提供的新燃油吸油管总成挡圈零件	（1）将燃油吸油管总成挡圈放入安装孔位置时，不能磕碰燃油箱
	4. 再次取下燃油吸油管总成挡圈	1）再次取下燃油吸油管总成挡圈	（1）取下时注意不要碰撞
十七、安装碳罐和燃油吸油管总成挡圈	1. 检查新衬垫的零件号	1）观察外观是否有变形与损坏	（1）检查要全面仔细
	2. 安装新衬垫	1）将新衬垫安装到燃油箱上	（1））放置要到位
	3. 放置碳罐到燃油箱上	1）将碳罐放置到燃油箱上，确保燃油传感器臂没有弯曲	（1）放置时要轻拿轻放
	4. 对准标记	1）将碳罐凸出部分对准燃油箱槽口	（1）碳罐凸出部分与燃油箱槽口必须对准
	5. 预拧燃油吸油管总成挡圈	1）对准燃油吸油管总成挡圈和燃油箱上的起始标记，并手动将燃油吸油管总成挡圈拧转 180°	（1）用手固定碳罐以防止其倾斜

（续表）

序号内容	项目名称	技术说明	注意事项
十七、安装碳罐和燃油吸油管总成挡圈	6. 安装 SST	1）用 6 毫米六角套筒扳手，将 SST 安装到燃油吸油管总成挡圈肋片上，使 SST 槽口完全插入燃油吸油管总成挡圈肋片	（1）密封圈要放到位 （2）使用 SST，不要使用其他任何工具，例如螺丝刀、锤子等 （3）安装 SST 时，要用手固定碳罐（燃油吸油管总成）以防衬垫脱落，同时 SST 放置要垂直
	7. 紧固燃油吸油管总成挡圈	1）用短接杆与指针式扭力扳手从燃油箱上的开始标记紧固燃油吸油管总成挡圈约 450°，使挡圈上的开始标记落在规定所示的范围内	（1）装配时和装配后都必须使记号对准
十八、连接 2 号燃油箱蒸发管	1. 取下塑料袋	1）取下油管接头上的塑料袋，并注意清洁	（1）取下后放置妥当
	2. 检查油管管口	1）连接前检查油管的管口是否有任何损坏或异物	（1）安装时注意不要使尼龙管打结弯曲
	3. 连接 2 号燃油箱蒸发管	1）将 2 号燃油箱蒸发管连接至燃油吸油管总成的管口上，用力把管口推到底	（1）安装油管接头如有滴漏应及时清洁
	4. 装上卡夹	1）用力压下蓝色卡夹，检查卡夹锁止可靠	（1）完成连接后，通过拉动来检查燃油管和连接器是否连接牢固
十九、连接 1 号碳罐出口软管	1. 取下塑料袋	1）取下接头上的塑料袋	（1）取下后放置妥当
	2. 检查油管管口	1）连接前检查油管的连接部位是否有任何损坏或异物	（1）安装时注意不要使尼龙管打结弯曲
	3. 连接 1 号碳罐出口软管	1）将 1 号碳罐出口软管连接至燃油吸油管总成的管口上，用力把管口推到底	（1）安装油管接头如有滴漏应及时清洁
	4. 安装后检查	1）在燃油箱 2 号蒸发管和 1 号碳罐出口软管连接后，检查并确认燃油箱 2 号蒸发管置于 1 号碳罐出口软管下	（1）完成连接后，通过拉动来检查燃油管和连接器是否连接牢固

（续表）

序号内容	项目名称	技术说明	注意事项
二十、连接1号燃油蒸发管分总成	1. 取下塑料袋	1）取下接头上的塑料袋	(1) 取下后放置妥当
	2. 检查油管管口	1）连接前检查油管的连接部位是否有任何损坏或异物	(1) 安装时注意不要使尼龙管打结弯曲
	3. 连接1号燃油蒸发管分总成油管	1）将1号燃油蒸发管分总成油管连接至燃油吸油管总成的管口上，用力把管口推到底	(1) 安装油管接头如有滴漏应及时清洁
	4. 安装锁紧卡箍	1）选用鲤鱼钳子将锁紧卡箍移至止挡位置之前	(1) 完成连接后，通过拉动来检查燃油管和连接器是否连接牢固 (2) 使用鲤鱼钳
二十一、连接燃油箱主管分总成	1. 取下塑料袋	1）取下接头上的塑料袋	(1) 取下后放置妥当
	2. 检查油管管口	1）在工作前，检查并确认燃油管接头的连接部分是否有任何损坏或异物	(1) 安装时注意不要使尼龙管打结弯曲
	3. 连接燃油管主管分总成接头	1）将燃油管主管分总成接头连接至燃油吸油管总成的管口上，用力往下压到底	(1) 安装油管接头如有滴漏应及时清洁
	4. 安装油管接头卡子	1）用手装上黄色的油管接头卡子，并使卡子锁止可靠	(1) 安装油管接头卡子后，检查并确认燃油箱主管不能被推出
	5. 连接好线束连接器	1）取下线束连接器上的塑料袋，与燃油吸油管总成连接好线束连接器	(1) 燃油泵线束连接器锁扣锁紧可靠
二十二、将电缆连接到蓄电池负极端子	（详见蓄电池负极端子断开章节）	（详见蓄电池负极端子断开章节）	（详见蓄电池负极端子断开章节）
二十三、检查燃油是否泄漏	（参见燃油泵更换项目）	（参见燃油泵更换项目）	（参见燃油泵更换项目）

（续表）

序号内容	项目名称	技术说明	注意事项
二十四、安装后地板检修孔盖	1. 拔下燃油泵线束连接器	1）拔下燃油泵线束连接器	（1）拔下时用力不能过猛
	2. 安装燃油泵连接器密封胶套	1）安装燃油泵连接器密封胶套。然后穿过后地板检修孔盖	（1）安装前确保地板检修孔四周旧的胶带清除干净
	3. 插上燃油泵线束连接器	1）再插上燃油泵线束连接器	（1）插上时需对准插口
	4. 粘上新丁基胶带	1）用新丁基胶带黏结在后地板检修孔盖	（1）新丁基胶带要四周均匀胶好，注意不要弄脏内饰
	5. 安装后地板检修孔盖	1）安装后地板检修孔盖，并用力压实	（1）安装后地板检修孔盖时要注意不要损伤导线
二十五、安装后排座椅坐垫总成	1. 装回后排座椅坐垫总成	1）按技术要求装回后排座椅坐垫总成	（1）安装坐垫时，确保座椅安全带锁扣未压在座椅坐垫底下 （2）先安装后挂钩，再安装前挂钩 （3）安装后挂钩时从上往下按一定角度插入 （4）安装后确认坐垫安装稳固
二十六、清洁整理	1. 清洁整理工具	1）依次清洁每件工具并整理好	（1）清洁全面，并检查是否有损坏
	2. 清洁整理车辆	1）清洁车辆，整理好相关防护	（1）拿走后座地板垫上地板垫
备注			

更换碳罐评分表

操作选手：__________ 日期：__________ 得分：__________

序号	项目名称	评分细则	分值	得分	原因
一	前期准备（5分）	1. 正确停放好车辆得3分。其中点火开关关闭1分，拉好手刹车1分，放好车轮挡块1分	3		
		2. 检查工作场地配置灭火器得1分，未检查扣1分	1		
		3. 安全防护在后座地板垫上地板垫得1分	1		

（续表）

序号	项目名称	评分细则	分值	得分	原因
二	拆卸后排座椅坐垫总成（8分）	1. 正确将坐垫的1个前挂钩从车身上脱开得2分。单手脱开或未脱开不得分	2		
		2. 对另一挂钩重复上面的程序得2分	2		
		3. 后坐垫拉出得2分，单手脱开或未脱开不得分	2		
		4. 取出后坐垫得2分，没有水平放置得1分	2		
三	拆卸后地板检修孔盖（8分）	1. 观察密封胶套是否有损伤得1分	1		
		2. 用专用铲刀（2英寸宽度）把密封胶割开得2分，未用专用铲刀扣1分	2		
		3. 正确断开连接器插头得1分	1		
		4. 分离后地板检修孔盖得2分，撬动取下时检修孔盖变形不得分	2		
		5. 完全清理后得2分，清理不干净得1分，不清理不得分	2		
四	燃油系统卸压（5分）	（详见燃油系统卸压章节）	5		
五	断开蓄电池负极端子（5分）	（详见蓄电池负极端子断开章节）	5		
六	清洁燃油吸油盘总成上部（2分）	1. 清洁燃油吸油盘总成上部的污物或其他异物得2分	2		
七	拆卸燃油箱主管分总成（4分）	1. 拉出燃油箱主管分总成的油管接头得2分，撬开不得分	2		
		2. 封装油管接口得2分，未封不得分	2		
八	拆卸1号燃油蒸发管分总成（6分）	1. 将卡箍移出止挡位置得2分，移出但未移出止挡位置得1分	2		
		2. 分离1号燃油蒸发管得2分，仅用手，如果用工具不得分	2		
		3. 封装油管接口得2分	2		
九	断开1号碳罐出口软管（4分）	1. 分离1号碳罐出口软管得2分	2		
		2. 封装油管接口得2分，未封不得分	2		

（续表）

序号	项目名称	评分细则	分值	得分	原因
十	断开2号燃油箱蒸发管（6分）	1. 撬出挡圈得2分，未使用专用一字螺丝刀得1分	2		
		2. 分离2号燃油箱蒸发管得2分，使用工具不得分	2		
		3. 封装油管接口得2分，未封不得分	2		
十一	拆卸燃油吸油管总成挡圈（8分）	1. 做好装配记号得2分，不做不得分	2		
		2. 安装SST得2分，工具使用不正确得1分	2		
		3. 松开燃油吸油管总成挡圈得2分。工具选用不正确得1分，撞击零件此项不得分	2		
		4. 拆下燃油吸油管总成挡圈得2分	2		
十二	取出燃油吸油管总成（8分）	1. 取出燃油吸油管总成得2分，碰撞不得分	2		
		2. 放置好燃油吸油管总成得2分，未用盆接油不得分	2		
		3. 取下燃油吸油管总成固定衬垫得2分，损坏衬垫不得分	2		
		4. 遮挡油箱口得2分	2		
十三	拆下碳罐（4分）	1. 断开连接器得2分	2		
		2. 将碳罐与滤清器总成分离得2分	2		
十四	检查新碳罐（10分）	1. 确认零件号得2分	2		
		2. 目视检查碳罐是否有损伤得1分，检查是否有变形得1分	2		
		3. 检查碳罐的通风和密封情况得2分，端口寻找不正确不得分	2		
		4. 检查单向阀，压缩空气检查得2分，真空度检查得2分	4		
十五	安装碳罐（6分）	1. 连接燃油滤清器和碳罐得2分	2		
		2. 连接燃油泵滤清器软管得2分	2		
		3. 接合连接器得2分	2		
十六	检查燃油吸油管总成挡圈的配合（7分）	1. 检查燃油吸油管总成挡圈得2分	2		
		2. 检查燃油箱的螺纹得2分	2		
		3. 将燃油吸油管总成挡圈手动安装至燃油箱安装孔试配得2分。不进行试配不得分	2		
		4. 再次取下燃油吸油管总成挡圈得1分	1		

（续表）

序号	项目名称	评分细则	分值	得分	原因
十七	安装碳罐和燃油吸油管总成挡圈（15 分）	1. 检查新衬垫的零件号得 2 分	2		
		2. 安装新衬垫得 2 分	2		
		3. 放置碳罐到燃油箱上得 1 分，放置位置不正确不得分	1		
		4. 对准标记得 2 分	2		
		5. 预拧燃油吸油管总成挡圈得 3 分	3		
		6. 安装 SST 得 2 分	2		
		7. 紧固燃油吸油管总成挡圈得 3 分	3		
十八	连接 2 号燃油箱蒸发管（7 分）	1. 取下塑料袋得 2 分	2		
		2. 检查油管管口得 1 分	1		
		3. 连接 2 号燃油箱蒸发管得 2 分	2		
		4. 装上卡夹得 2 分	2		
十九	连接 1 号碳罐出口软管（7 分）	1. 取下塑料袋得 2 分	2		
		2. 检查油管管口得 1 分	1		
		3. 连接 1 号碳罐出口软管得 2 分	2		
		4. 安装后检查得 2 分	2		
二十	连接 1 号燃油蒸发管分总成（7 分）	1. 取下塑料袋得 2 分	2		
		2. 检查油管管口得 1 分	1		
		3. 连接 1 号燃油蒸发管分总成油管得 2 分	2		
		4. 安装锁紧卡箍得 2 分	2		
二十一	连接燃油箱主管分总成（9 分）	1. 取下塑料袋得 2 分	2		
		2. 检查油管管口得 1 分	1		
		3. 连接燃油管主管分总成接头得 2 分	2		
		4. 安装油管接头卡子得 2 分	2		
		5. 连接好线束连接器得 2 分	2		
二十二	将电缆连接到蓄电池负极端子（5 分）	（详见蓄电池负极端子断开章节）	5		
二十三	检查燃油是否泄漏（5 分）	（参见燃油泵更换项目）	5		

（续表）

序号	项目名称	评分细则	分值	得分	原因
二十四	安装后地板检修孔盖（11分）	1. 拔下燃油泵线束连接器得2分	2		
		2. 安装燃油泵连接器密封胶套得2分	2		
		3. 插上燃油泵线束连接器得2分	2		
		4. 粘上新丁基胶带得3分	3		
		5. 安装后地板检修孔盖得2分	2		
二十五	安装后排座椅坐垫总成（3分）	1. 装回后排座椅坐垫总成得3分	3		
二十六	“5S”清洁整理（10分）	1. 清洁工具，每次1分	3		
		2. 恢复/整理工具得2分，扭力扳手归位得1分	3		
		3. 操作中是否有物体落地或损坏，共4分，可倒扣	4		
总　分	175				

更换碳罐观察表

观察选手：__________　操作选手：__________　日期：__________

序号内容	项目名称	观察记录	意见建议
一、前期准备	1. 作业前的准备工作		
二、拆卸后排座椅坐垫总成	1. 将坐垫的2个前挂钩从车身上脱开		
	2. 对另一挂钩重复上面的程序		
	3. 后坐垫拉出		
	4. 取出后坐垫		
三、拆卸后地板检修孔盖	1. 拆卸燃油泵线束连接器上的密封胶套		
	2. 割开地板检修孔和检修盖之间的密封胶		
	3. 断开燃油吸油管总成连接器		
	4. 分离后地板检修孔盖		
	5. 清理后地板检修孔盖		
四、燃油系统卸压	（详见燃油系统卸压章节）		
五、断开蓄电池负极端子	（详见蓄电池负极端子断开章节）		
六、清洁燃油吸油盘总成上部	1. 清洁燃油吸油盘总成上部		

（续表）

序号内容	项目名称	观察记录	意见建议
七、拆卸燃油箱主管分总成	1. 拉出燃油箱主管分总成油管接头		
	2. 封装油管接口		
八、拆卸1号燃油蒸发管分总成	1. 将卡箍移出止挡位置		
	2. 分离1号燃油蒸发管		
	3. 封装油管接口		
九、断开1号碳罐出口软管	1. 分离1号碳罐出口软管		
	2. 封装油管接口		
十、断开2号燃油箱蒸发管	1. 撬出挡圈		
	2. 分离2号燃油箱蒸发管		
	3. 封装油管接口		
十一、拆卸燃油吸油管总成挡圈	1. 做好装配记号		
	2. 安装 SST		
	3. 松开燃油吸油管总成挡圈		
	4. 拆下燃油吸油管总成挡圈		
十二、取出燃油吸油管总成	1. 取出燃油吸油管总成		
	2. 放置好燃油吸油管总成		
	3. 取下燃油吸油管总成固定衬垫		
	4. 遮挡油箱口		
十三、拆下碳罐	1. 断开连接器		
	2. 将碳罐与滤清器总成分离		
十四、检查新碳罐	1. 确认零件号		
	2. 目视检查碳罐		
	3. 检查碳罐的通风和密封情况		
	4. 检查单向阀		
十五、安装碳罐	1. 连接燃油滤清器和碳罐		
	2. 连接燃油泵滤清器软管		
	3. 结合连接器		
十六、检查燃油吸油管总成挡圈的配合	1. 检查燃油吸油管总成挡圈		
	2. 检查燃油箱的螺纹		
	3. 将燃油吸油管总成挡圈手动安装至燃油箱安装孔试配		
	4. 再次取下燃油吸油管总成挡圈		

（续表）

序号内容	项目名称	观察记录	意见建议
十七、安装碳罐和燃油吸油管总成挡圈	1. 检查新衬垫的零件号		
	2. 安装新衬垫		
	3. 放置碳罐到燃油箱上		
	4. 对准标记		
	5. 预拧燃油吸油管总成挡圈		
	6. 安装 SST		
	7. 紧固燃油吸油管总成挡圈		
十八、连接2号燃油箱蒸发管	1. 取下塑料袋		
	2. 检查油管管口		
	3. 连接2号燃油箱蒸发管		
	4. 装上卡夹		
十九、连接1号碳罐出口软管	1. 取下塑料袋		
	2. 检查油管管口		
	3. 连接1号碳罐出口软管		
	4. 安装后检查		
二十、连接1号燃油蒸发管分总成	1. 取下塑料袋		
	2. 检查油管管口		
	3. 连接1号燃油蒸发管分总成油管		
	4. 安装锁紧卡箍		
二十一、连接燃油箱主管分总成	1. 取下塑料袋		
	2. 检查油管管口		
	3. 连接燃油管主管分总成接头		
	4. 安装油管接头卡子		
	5. 连接好线束连接器		
二十二、将电缆连接到蓄电池负极端子	（详见蓄电池负极端子断开章节）		
二十三、检查燃油是否泄漏	（参见燃油泵更换项目）		
二十四、安装后地板检修孔盖	1. 拔下燃油泵线束连接器		
	2. 安装燃油泵连接器密封胶套		
	3. 插上燃油泵线束连接器		
	4. 粘上新丁基胶带		
	5. 安装后地板检修孔盖		

（续表）

序号内容	项目名称	观察记录	意见建议
二十五、安装后排座椅座垫总成	1. 装回后排座椅坐垫总成		
二十六、清洁、整理工具	1. 清洁工具		
	2. 恢复/整理工具		
教师点评			

更换碳罐工艺单

操作选手：__________ 日期：__________

序号内容	项目名称	操作结果记录	操作数据记录
一、前期准备	1. 作业前的准备工作		
二、拆卸后排座椅坐垫总成	1. 将坐垫的 2 个前挂钩从车身上脱开		
	2. 对另一挂钩重复上面的程序		
	3. 后坐垫拉出		
	4. 取出后坐垫		
三、拆卸后地板检修孔盖	1. 拆卸燃油泵线束连接器上的密封胶套		
	2. 割开地板检修孔和检修盖之间的密封胶		
	3. 断开燃油吸油管总成连接器		
	4. 分离后地板检修孔盖		
	5. 清理后地板检修孔盖		
四、燃油系统卸压	（详见燃油系统卸压章节）		
五、断开蓄电池负极端子	（详见蓄电池负极端子断开章节）		
六、清洁燃油吸油盘总成上部	1. 清洁燃油吸油盘总成上部		
七、拆卸燃油箱主管分总成	1. 拉出燃油箱主管分总成油管接头		
	2. 封装油管接口		
八、拆卸 1 号燃油蒸发管分总成	1. 将卡箍移出止挡位置		
	2. 分离 1 号燃油蒸发管		
	3. 封装油管接口		

（续表）

序号内容	项目名称	操作结果记录	操作数据记录
九、断开1号碳罐出口软管	1. 分离1号碳罐出口软管		
	2. 封装油管接口		
十、断开2号燃油箱蒸发管	1. 撬出挡圈		
	2. 分离2号燃油箱蒸发管		
	3. 封装油管接口		
十一、拆卸燃油吸油管总成挡圈	1. 做好装配记号		
	2. 安装 SST		
	3. 松开燃油吸油管总成挡圈		
	4. 拆下燃油吸油管总成挡圈		
十二、取出燃油吸油管总成	1. 取出燃油吸油管总成		
	2. 放置好燃油吸油管总成		
	3. 取下燃油吸油管总成固定衬垫		
	4. 遮挡油箱口		
十三、拆下碳罐	1. 断开连接器		
	2. 将碳罐与滤清器总成分离		
十四、检查新碳罐	1. 确认零件号		
	2. 目视检查碳罐		
	3. 检查碳罐的通风和密封情况		
	4. 检查单向阀		
十五、安装碳罐	1. 连接燃油滤清器和碳罐		
	2. 连接燃油泵滤清器软管		
	3. 结合连接器		
十六、检查燃油吸油管总成挡圈的配合	1. 检查燃油吸油管总成挡圈		
	2. 检查燃油箱的螺纹		
	3. 将燃油吸油管总成挡圈手动安装至燃油箱安装孔试配		
	4. 再次取下燃油吸油管总成挡圈		
十七、安装碳罐和燃油吸油管总成挡圈	1. 检查新衬垫的零件号		
	2. 安装新衬垫		
	3. 放置碳罐到燃油箱上		
	4. 对准标记		
	5. 预拧燃油吸油管总成挡圈		
	6. 安装 SST		
	7. 紧固燃油吸油管总成挡圈		

（续表）

序号内容	项目名称	操作结果记录	操作数据记录
十八、连接2号燃油箱蒸发管	1. 取下塑料袋		
	2. 检查油管管口		
	3. 连接2号燃油箱蒸发管		
	4. 装上卡夹		
十九、连接1号碳罐出口软管	1. 取下塑料袋		
	2. 检查油管管口		
	3. 连接1号碳罐出口软管		
	4. 安装后检查		
二十、连接1号燃油蒸发管分总成	1. 取下塑料袋		
	2. 检查油管管口		
	3. 连接1号燃油蒸发管分总成油管		
	4. 安装锁紧卡箍		
二十一、连接燃油箱主管分总成	1. 取下塑料袋		
	2. 检查油管管口		
	3. 连接燃油管主管分总成接头		
	4. 安装油管接头卡子		
	5. 连接好线束连接器		
二十二、将电缆连接到蓄电池负极端子	（详见蓄电池负极端子断开章节）		
二十三、检查燃油是否泄漏	（参见燃油泵更换项目）		
二十四、安装后地板检修孔盖	1. 拔下燃油泵线束连接器		
	2. 安装燃油泵连接器密封胶套		
	3. 插上燃油泵线束连接器		
	4. 粘上新丁基胶带		
	5. 安装后地板检修孔盖		
二十五、安装后排座椅坐垫总成	1. 装回后排座椅坐垫总成		
二十六、清洁、整理工具	1. 清洁工具		
	2. 恢复/整理工具		
备注说明			

第十二节　燃油系统泄漏检查

一、填空题

1. 汽油机燃料供给系统一般由________、________、________、________等装置组成。

2. 汽油供给装置包括________、________、________、________和________等零部件。它的作用是完成汽油的________、________和________。

3. 车用汽油机工况变化范围很大，根据汽车运行的特点，可将其分为________、________、________、________、________等五种基本工况。

4. 汽油滤清器的作用是清除进入________前汽油中的________和________，从而保证________和________的正常工作。

5. 机械膜片式汽油泵，泵膜在拉杆作用下下行，________开、________关，汽油被吸入膜片上方油腔内；泵膜在弹簧作用下上拱，________关、________开，汽油被压送到________中。

6. 按照滤清的方式，汽油机用的空气滤清器可分为________、________和________三种。

7. 汽油机进气管的作用是较均匀地将________分配到各气缸中，并继续使________和________得到汽化。

二、选择题

1. 电控汽油喷射发动机回火是指汽车在行驶中，发动机有时回火，动力(　　)。

A. 明显下降　　B. 不变　　C. 有所下降　　D. 下降或不变

2. 电控汽油喷射发动机怠速不稳是指发动机在怠速运转时(　　)。

A. 转速过高　　B. 转速过低　　C. 忽高忽低　　D. 突然熄火

3. 电控发动机可用(　　)检查进气压力传感器或电路是否有故障。

A. 油压表　　B. 数字式万用表

C. 模拟式万用表　　D. 油压表或数字式万用表

4. 用汽车万用表测量空调出风口湿度时，温度传感器应放在(　　)。

A. 驾驶室内　　B. 驾驶室外　　C. 高压管路内　　D. 风道内

5. 用诊断仪对发动机进行检测时，点火开关应(　　)。

A. 关闭　　B. 打开　　C. 位于启动挡　　D. 位于锁止挡

6. 桑塔纳2000GLS型轿车JV型发动机怠速转速在（800±50）r/min时，点火提前角应为(　　)。

A. 11°～13°　　B. 11°～12°　　C. 10°～11°　　D. 9°～10°

7. 桑塔纳2000GLS型轿车JV型发动机数字用万用表的黑笔搭铁，红笔搭接电子点火控制端子，查看(　　)大小是否符合技术要求，可判断点火控制器等故障。

A. 电流　　B. 电压　　C. 电阻　　D. 电流或电压

8. 将220V的交流试灯接在点火线圈一次绕组两端的接线柱上，灯亮，则表示(　　)故障。

A. 有断路　B. 有搭铁　C. 无断路　D. 有断路或搭铁

9. 桑塔纳2000GLS型轿车JV型发动机分电器触发叶轮的叶片在空隙时，霍尔传感器信号发生器的输出电压值应为(　　)。

A. 0.3～0.4V　B. 0.5～0.6V　C. 0.5～0.7V　D. 0.5～0.8V

10. YC6105QC型柴油机各缸喷油间隔角误差为(　　)。

A. ±0.5°　B. 0.5°　C. ±0.6°　D. 0.6°

11. 电控燃油喷射发动机燃油压力检测时，将油压表接在供油管和(　　)之间。

A. 燃油泵　B. 燃油滤清器　C. 分配油管　D. 喷油器

12. 电控发动机燃油泵工作电压检测时，蓄电池电压、燃油泵熔丝、(　　)和燃油滤清器均应正常。

A. 点心火线圈电压　B. 燃油泵继电器　C. 燃油泵　D. 发电机电压

三、判断题

1. 电控汽油喷射发动机回火是指汽车在运行中，排气消声器有放炮声，动力不足。(　　)

2. 空气压力传感器是电控发动机空气供给系统中的重要部件。(　　)

3. 检测压电式爆震传感器应选用汽车用万用表直流电压挡。(　　)

4. 每次接通汽车起动机的时间不得超过5秒。(　　)

四、简答题

1. 汽油机燃料供给系统的作用是什么？

2. 汽油滤清器是如何除去汽油中的杂质和水分的？

燃油系统泄漏检查作业流程表

操作选手：________　日期：________

序号内容	项目名称	技术说明	注意事项
一、车上检查	1. 检查发动机舱的油路	1）目视检查燃油分配总管、喷油器及连接部位、输油软管是否泄漏	(1) 检查时小心旁边的线束和部件，防止污物和油渍洒落地面 (2) 手上接触废汽油时，及时用肥皂和水清洗，或用免水型洗手剂清洗手上的汽油
	2. 燃油泵连接管和上盖、燃油箱盖	1）目视检查燃油泵连接管和上盖，检查有无汽油泄漏情况	
		2）目视检查燃油箱盖是否有油污，密封圈是否老化、变形	

（续表）

序号内容	项目名称	技术说明	注意事项
二、车下检查	1. 举升车辆	1）举升车辆，举升到操作的合适高度，停止举升并锁止，将车辆置于举升位置进行检查	(1) 检查和维修燃油系统前，将电缆从蓄电池负极端子上断开 (2) 对燃油系统进行操作时，严禁吸烟或靠近明火 (3) 避免橡胶或皮制零件接触到汽油 (4) 在举升之前要检查车辆四周无人员、检查举升机支架与车辆支承位置放好、检查车辆中心对正无偏斜、检查车辆无负重
	2. 发动机燃油管路	1）目视检查油管和油管的连接部位，检查此处的汽油泄漏情况	(1) 检查时小心旁边的线束和部件，防止污物和油渍洒落地面 (2) 手上接触废汽油时，及时用肥皂和水清洗，或用免水型洗手剂清洗手上的汽油
	3. 燃油箱加注管及通气管的检查	1）目视检查燃油箱加注管及通气管连接处是否漏油；橡胶软管是否老化、裂纹，若有，直接更换	

燃油系统泄漏检查评分表

操作选手：________ 日期：________ 得分：________

序号	项目名称	评分细则	分值	得分	原因
一	检查发动机舱的油路（30分）	1. 目视检查燃油分配总管是否泄漏	10		
		2. 目视检查喷油器及连接部位是否泄漏	10		
		3. 目视检查输油软管是否泄漏	10		
二	检查燃油泵连接管和上盖、燃油箱盖（20分）	1. 目视检查燃油泵连接管和上盖检查有无汽油泄漏情况	10		
		2. 目视检查燃油箱盖是否有油污，密封圈是否老化、变形	10		
三	举升车辆（10分）	1. 举升车辆，举升到操作的合适高度，停止举升并锁止，将车辆置于举升位置进行检查	10		

（续表）

序号	项目名称	评分细则	分值	得分	原因
四	检查发动机燃油管路（10分）	1. 目视检查油管和油管的连接部位，检查此处的汽油泄漏情况	10		
五	燃油箱加注管及通气管的检查（20分）	1. 目视检查燃油箱加注管及通气管连接处是否漏油	10		
		2. 目视检查橡胶软管是否老化、裂纹	10		
六	“7S”清洁整理（10分）	1. 清洁工具	3		
		2. 恢复/整理工具	3		
		3. 操作中是否有物体落地或损坏（可倒扣分）	4		
		总　分	100		

燃油系统泄漏检查观察表

观察选手：__________ 操作选手：__________ 日期：__________

序号内容	项目名称	观察记录	意见建议
一、检查发动机舱的油路	1. 目视检查燃油分配总管是否泄漏		
	2. 目视检查喷油器及连接部位是否泄漏		
	3. 目视检查输油软管是否泄漏		
二、检查燃油泵连接管和上盖、燃油箱盖	1. 目视检查燃油泵连接管和上盖检查有无汽油泄漏情况		
	2. 目视检查燃油箱盖是否有油污，密封圈是否老化、变形		
三、举升车辆	1. 举升车辆，举升到操作的合适高度，停止举升并锁止，将车辆置于举升位置进行检查		
四、检查发动机燃油管路	1. 目视检查油管和油管的连接部位，检查此处的汽油泄漏情况		
五、燃油箱加注管及通气管的检查	1. 目视检查燃油箱加注管及通气管连接处是否漏油		
	2. 目视检查橡胶软管是否老化、裂纹		
六、“7S”清洁整理	1. 清洁工具		
	2. 恢复/整理工具		
	3. 操作中是否有物体落地或损坏		
教师点评			

燃油系统泄漏检查工艺单

操作选手：__________ 日期：__________

序号	项目名称	操作结果记录	操作数据记录
一、检查发动机舱的油路	1. 目视检查燃油分配总管是否泄漏		
	2. 目视检查喷油器及连接部位是否泄漏		
	3. 目视检查输油软管是否泄漏		
二、检查燃油泵连接管和上盖、燃油箱盖	1. 目视检查燃油泵连接管和上盖，检查有无汽油泄漏情况		
	2. 目视检查燃油箱盖是否有油污，密封圈是否老化、变形		
三、举升车辆	1. 举升车辆，举升到操作的合适高度，停止举升并锁止，将车辆置于举升位置进行检查		
四、检查发动机燃油管路	1. 目视检查油管和油管的连接部位，检查此处的汽油泄漏情况		
五、燃油箱加注管及通气管的检查	1. 目视检查燃油箱加注管及通气管连接处是否漏油		
	2. 目视检查橡胶软管是否老化、裂纹		
六、“7S”清洁整理	1. 清洁工具		
	2. 恢复/整理工具		
	3. 操作中是否有物体落地或损坏		
备注说明			

第十三节　检查与更换喷油器

一、选择题

1. 下列选项中不属于燃油供给系统部件的是哪个？(　　)

A. 喷油器　　B. 燃油泵　　C. 燃油滤清器　　D. 机油泵减压阀

2. 拆卸燃油管时，使用的工具是什么？(　　)

A. 鲤鱼钳　　B. SST 专用工具　　C. 套筒　　D. 螺丝刀

3. 安装喷油器时，在喷油垫圈上涂抹的是什么？(　　)

A. 锭子油　　B. 密封胶　　C. 柴油　　D. 煤油

4. 检查喷油器电阻使用的测量工具是什么？(　　)

A. 电流表　　B. 电压表　　C. 欧姆表　　D. KT600

5. 检查喷油器工作情况时，使用的检测设备是什么？(　　)

A. KT600　　B. 喷油器清洗机　　C. 喷枪清洗机　　D. 制动液交换机

6. 下列选项中，关于燃油系统泄压的描述正确的是哪项？(　　)

A. 燃油系统泄压是为了防止拆卸燃油系统元件时防止燃油溅出发生危险

B. 燃油系统泄压是为了排净喷油器中的燃油

C. 只有在拆卸喷油器时才需要进行燃油系统泄压

D. 机油泵减压阀的作用是冷却机油作用

7. 下列选项中关于喷油器类型的描述错误的是哪项？(　　)

A. 喷油器分为转子式和齿轮式　　B. 轴针式电磁喷油器

C. 球阀式电磁喷油器　　D. 片阀式电磁喷油器

8. 卡罗拉 1ZR 发动机在检查喷油器时喷油器间的喷油量误差允许是多少？(　　)

A. 20cm　　B. 13cm　　C. 4cm　　D. 不应该有差别

9. 下列选项中，不属于单喷口、多点喷射、针阀式、高电阻型喷油器结构部件的是什么？(　　)

A. 铁芯　　B. 电磁线圈　　C. 弹簧　　D. 橡胶

10. 下列选项中，关于喷油器喷射的描述正确的是？(　　)

A. 喷油器根据喷油信号只能将汽油喷射到进气歧管内

B. 喷油器根据喷油信号只能将汽油喷射到气缸内

C. 若喷油器安装在进气歧管内，则只能将汽油喷射到进气歧管内

D. 若喷油器安装在进气歧管内，则只能将汽油喷射到气缸内

检查与更换喷油器作业流程表

操作选手：__________　日期：__________

序号内容	项目名称	技术说明	注意事项
一、前期准备	1. 安装三件套		
	2. 拉起机舱盖释放杆		
	3. 安装车轮挡块		
	4. 安装尾气管		
	5. 打开发动机盖		
	6. 安装翼子板布/安装前格栅布		
	7. 检查冷却液液位		
	8. 检查机油油位		
二、燃油系统卸压	1. 拆下后排座椅垫总成	1）将坐垫的 2 个前挂钩从车身上脱开	(1) 选择一个挂钩脱开，将双手放在挂钩附近，然后抬起坐垫以使挂钩分离
		2）将坐垫的 2 个后挂钩与靠背分离	
		3）拆下坐垫并将其放到零件车上	(1) 在分离坐垫时，要注意力的控制，防止碰撞

（续表）

序号内容	项目名称	技术说明	注意事项
二、燃油系统卸压	2. 拆下后地板检修孔盖	1）用正确工具拆除后地板检修孔盖（加上螺栓类型方法）	（1）后地板检修孔盖与车身胶贴在一起，拆时要小心 （2）在后地板检修孔盖打开时小心线束，以防止破坏 （3）注意胶不要碰到手上
	3. 从燃油泵总成上断开连接器	1）大拇指用力按下卡扣，使卡扣打开	（1）断开燃油泵总成连接器时，先按压锁止扣，当确认锁止装置完全脱离后，方可拔下连接器
		2）与此同时往外拉，断开连接器插头	（1）若无法断开，则边按锁止扣边向内推直至锁止装置完全解除方可拔下连接器 （2）禁止在线束端借用外力拔下连接器
	4. 起动发动机	1）起动发动机	（1）在等待发动机自然停止时，不要配提高发动机转速或行驶车辆
		2）在发动机自然熄火后，将点火开关置于 OFF 位置	
		3）再次起动发动机，确认发动机不起动	（1）发动机不能起动时，点火开关打火时间不能太长
	5. 拆下燃油箱盖，并释放燃油箱中的压力	1）先拉起燃油箱盖拉杆	（1）当燃油箱中压力释放完后，即燃油箱盖打开一定时间后可关闭燃油箱盖
		2）打开燃油箱加注口盖	
		3）拆下燃油箱盖，释放压力	
	6. 从蓄电池负极端子断开电缆	1）选用正确工具拆下蓄电池负极端子，并放到正确位置	（1）在拆蓄电池负极之前，要记录车辆相关信息（收音机、时钟等） （2）在拆蓄电池负极时，检查点火开关处于关闭状态 （3）在拆蓄电池负极时，要注意工具不要与蓄电池正极碰到，以防短路损坏用电设备
	7. 连接燃油泵总成（线束）连接器	1）连接燃油泵总成连接器	（1）在连接油泵总成连接器时，当听到“咔嗒”声时即可 （2）在连接后要检查其连接是否牢固

（续表）

序号内容	项目名称	技术说明	注意事项
三、拆卸喷油器	1. 拆卸2号气缸盖罩	1）握住罩的后端并提起，以脱开罩后端的2个卡子	（1）同时脱开前后卡子可能会使气缸盖罩破裂
		2）继续提起罩，以脱开罩前端2个卡子并拆下2号气缸盖罩	
	2. 分离2号通风软管	1）用左手捏紧夹箍，右手分离2号通风软管	（1）在拔出通风软管时，不要用力过大，先轻轻转动，慢慢均匀用力拉出
		2）将2号通风软管移至适当位置	
	3. 拆卸喷油器连接线束连接器	1）拆下2个螺栓并断开搭铁线	（1）选用正确工具分次旋松2个螺栓。拆下后将其放在工具车上
		2）断开4个喷油器总成连接器	（1）断开喷油器连接器，先按压锁止扣，当确认锁止装置完全脱离后，方可拔下连接器
		3）断开2个线束卡夹	（1）若没断开，则边按锁止扣边向内推直至锁止装置完全解除方可拔下连接器
		4）断开4个线束卡夹	（1）禁止在线束端借用外力拔下连接器
		5）拆下2个螺栓和2个线束支架	（1）拆4个线束卡夹时，双手用力方向要相反，即可拔出
		6）将发动机线束移至合适位置	（1）选用正确工具拆下2个螺栓，然后再取下线束支架
	4. 断开燃油管分总成	1）拆下2号燃油管卡夹	（1）此时双手用力把卡夹向两边拉，即可取下2号燃油管卡夹，用力要适当
		2）使用SST，断开燃油管分总成	（1）断开燃油管分总成时必须用SST，以免损伤
	5. 拆卸输油管分总成	1）拆下螺栓并拆下线束支架	（1）选用正确工具来拆螺栓
		2）拆下油管分总成2个固定螺栓	（1）各个螺栓和垫不要掉落
		3）拆下输油管分总成固定螺栓	
		4）拆下2个1号输油管隔垫	
		5）连同喷油器取下输油管分总成	
	6. 拆卸喷油器总成	1）从燃油输油管分总成中拉出4个喷油器总成	（1）用塑料袋将喷油器包起来，以防异物进入
		2）在喷油器轴上贴上标签，以便测试和安装	
		3）拆下4个喷油器隔振垫	

（续表）

序号内容	项目名称	技术说明	注意事项
四、检查新喷油器	1. 检查喷油器电阻	1）确认喷油器零件号	（1）在实际测量中电阻值可能会有差异，只要差异不是很大即可
		2）用万用表测量喷油器连接端子1号和2号之间的电阻值，如果结果不符合规定，则更换喷油器总成。技术标准：测量条件为20℃（68℉），规定状态为11.6～12.4Ω	（1）万用表使用注意事项（参见）
	2. 将喷油器安装到检测清洗机上	1）用手旋松两个螺栓，从喷油器检测清洗机上拆下喷油器安装总成支架，并将其放到工具车上	（1）两个螺栓旋松的时候可分次进行，在取下喷油器安装总成支架的时候要小心
		2）将4个喷油器安装到总成支架上	（1）在喷油器安装时，先拉起总成支架上的接头，再接上喷油器，然后再放下接头检查是否牢固
		3）将总成支架连同喷油器一起安装到检测清洗机上，然后用手紧固两个螺栓	（1）在安装时注意喷油器的O形圈完好
		4）4个喷油器测试连接线与喷油器连接	（1）在支架安装时确保喷油器与量筒盖上的孔对准
		5）检查、释放量筒中剩余燃油	（1）喷油器测试连接线安装的时候手要拿插座，不要拿线，并要确保安装牢固
		6）关闭量筒泄油阀门	（1）必须要检查量筒中剩余燃油，不然会影响检查 （2）必须要关闭阀门，不然燃油就会漏掉，就不能检查喷油量
	3. 喷油器怠速测试	1）打开喷油器检查清洗机电源开关	（1）测试时间和标准中测试条件可进行换算
		2）进入C项调节怠速测试时间	（1）在测试过程中，要将油压调节到标准范围，不然会影响喷油量
		3）进入2项进行怠速测试，同时调节燃油压力，将其调到标准范围内；标准燃油压力：304至343kPa（3.1至3.5kgf/cm²，44.1至49.7psi）	（1）在喷油器测试过程中，同时也可以检查喷油器的雾化情况是否良好，如果雾化不好的话可更换喷油器
		4）对各喷油器测试2或3次。如果喷油量不符合规定，则更换喷油器总成。技术标准：①测量条件为15秒（2或3次）；②规定状态为60至73cm³/每次测试；③各喷油器间的差别为13cm³或更少	（1）在测试中可以根据情况进行中速和高速测试

（续表）

序号内容	项目名称	技术说明	注意事项
四、检查新喷油器	4. 检查喷油器是否泄漏	1）进入C项调节检漏测试时间	（1）检漏时候的设定必须要大于等于12分钟，以确保检查正常进行
		2）进入2项进行检漏测试，检查喷油器是否有燃油泄漏。技术标准：最大燃油泄漏允许值：每12分钟1滴或更少	（1）在检查泄漏时，要先检查好喷油器的安装情况，确保安装到位
		3）检查完成后，关闭电源开关	
	5. 从检测清洗机上拆下喷油器	1）打开量筒泄油阀门，将量筒中的油放完	（1）放油时确保量筒中的油放干净
		2）断开4个喷油器测试连接线	（1）断开连接线时要拔插座，不要拔线
		3）用手旋松两个螺栓，从喷油器检测清洗机上拆下喷油器安装总成支架	（1）拆下喷油器时要小心，拔不出可边转动边拔
		4）拆下4个喷油器	
		5）将总成支架装到检测清洗机上，然后用手紧固两个螺栓	
五、更换喷油器	1. 安装喷油器总成	1）将喷油器隔振垫安装到喷油器总成上	（1）不要扭曲O形圈
		2）在喷油器总成O形圈接触面上涂抹一薄层汽油或锭子油	（1）安装喷油器后，检查并确认它们可以平稳转动。如果不能平稳转动，换上新的O形圈
		3）轻轻地左右转动喷油器总成，以将其安装到输油管分总成上	
	2. 安装1号输油管隔垫	1）将2个1号输油管隔垫安装到气缸盖上	（1）以正确方向安装1号输油管隔垫
	3. 连同4个喷油器安装输油管分总成	1）安装输油管分总成与4个喷油器总成，然后暂时安装2个螺栓	（1）安装输油管分总成后，检查并确认喷油器总成转动平稳
		2）将2个螺栓紧固至规定扭矩，技术标准：21N·m	（1）安装输油管分总成时不要掉落喷油器
		3）安装螺栓以固定输油管分总成，技术标准：21N·m	
		4）用螺栓固定线束支架	

（续表）

序号内容	项目名称	技术说明	注意事项
五、更换喷油器	4. 连接燃油管分总成	1）将燃油管分总成连接器插入输油管，直到听到“咔嗒”声	（1）在工作前，检查并确认燃油管连接器和燃油管的断开部分周围没有划痕或异物
		2）安装新的2号燃油管卡夹	（1）连接燃油管后拉动燃油管连接器与燃油管，检查并确认其已牢固连接
	5. 喷油器连接发动机线束	1）用2个螺栓安装2个线束支架	（1）在连接卡夹时要听到“咔嗒”声，并且要检查其是否安装牢固
		2）连接4个线束卡夹	
		3）连接4个喷油器总成连接器	
		4）连接2个线束卡夹	
		5）用2个螺栓连接搭铁线	
	6. 连接2号通风软管	1）连接2号通风软管	（1）先将通风软管连接上，然后再将夹箍夹紧
	7. 将电缆连接到蓄电池负极端子	1）先将负极线轻轻放到蓄电池负极端子上，然后用手先拧紧，再用扭力扳手将其紧固到规定力矩（扭矩：5.4N·m）	（1）蓄电池装好后需在后面恢复车辆的记忆和设置
	8. 检查燃油是否泄漏	1）启动发动机检查燃油是否泄漏	（1）进行保养后检查并确认燃油系统任何部位均无燃油泄漏。如果燃油泄漏，必要时维修或更换零件
	9. 安装2号气缸盖罩	1）接合4个卡子，以安装2号气缸盖罩	（1）一定要牢固地接合卡子 （2）不要施加过大的力或敲击气缸盖罩以接合卡子，这可能会导致气缸盖罩破裂
	10. 安装后地板检修孔盖	1）安装后地板检修孔盖	（1）用新丁基胶带安装后地板检修孔盖
	11. 安装后排座椅垫总成	1）将坐垫的两个后挂钩连接到座椅靠背上	（1）安装坐垫时，确保座椅安全带锁扣未压在座椅坐垫底下
		2）将坐垫的两个前挂钩连接到车身上	
		3）确认坐垫安装稳固	

（续表）

序号内容	项目名称	技术说明	注意事项
六、清洁整理工具	1. 拆除翼子板布/拆除前格栅布、关闭发动机舱盖、拆除挡块、拆除尾气管		
	2. 清洁		
备注			

检查与更换喷油器评分表

操作选手：__________ 日期：__________ 得分：__________

序号	项目名称	评分细则	分值	得分	原因
一	前期准备（10分）	1. 安装三件套每件安装正确各0.5分，共1分	1		
		2. 拉起机舱盖释放杆方法正确（1分）	1		
		3. 安装车轮挡块位置方法正确（1分）	1		
		4. 安装尾气管方法正确（1分）	1		
		5. 打开发动机盖动作正确（1分）	1		
		6. 安装翼子板布/安装前格栅布安放到位（1分）	1		
		7. 检查冷却液液位方法、结果正确（2分）	2		
		8. 检查机油油位方法、结果正确（2分）	2		
二	燃油系统卸压（15分）	1. 拆下后排座椅垫总成前后卡子方法分离方法正确	1		
		2. 工具选用正确（1分），拆后地板检修孔盖方法正确（1分）	2		
		3. 燃油泵总成上断开连接器操作方法正确（1分），损伤（1分）	2		
		4. 启动发动机（1分），再次启动发动机（1分）	2		
		5. 拉起燃油箱盖拉杆（1分），打开加注口盖并拆下（2分）	3		
		6. 蓄电池负极断开电缆工具选用正确（1分），方法正确（2分）	3		
		7. 连接燃油泵总成（线束）连接器	2		

（续表）

序号	项目名称	评分细则	分值	得分	原因
三	拆卸喷油器（15分）	1. 拆卸2号气缸盖罩方法正确	1		
		2. 分离2号通风软管操作正确（1分），放位置正确（1分）	2		
		3. 拆卸喷油器连接线束连接器各个操作到位，2个螺栓，4个喷油器，2个线束卡夹，4个线束卡夹，2个螺栓和2个线束支架等	4		
		4. 断开燃油管分总成操作正确（1分），专用工具正确（1分）	2		
		5. 拆卸输油管分总成按步骤操作正确，每步1分，共4分	4		
		6. 拆卸喷油器总成方法正确（2分）	2		
四	检查新喷油器（25分）	1. 检查喷油器电阻，确认零件号（1分），万用表使用方法正确（1分）	2		
		2. 将喷油器安装到检测清洗机上，2个螺栓和2个线束支架（1分），将4个喷油器安装到总成支架上（1分），将总成支架连同喷油器一起安装到检测清洗机上（1分），4个喷油器测试连接线与喷油器连接（1分），检查、释放量筒中剩余燃油（2分），关闭量筒泄油阀门（1分）	7		
		3. 喷油器怠速测试，打开喷油器检查清洗机电源开关（1分），进入C项调节怠速测试时间（1分），进入2项进行怠速测试（1分），同时调节燃油压力（1分），对各喷油器测试2或3次（2分）	6		
		4. 检查喷油器是否泄漏，进入C项调节检漏测试时间（1分），进入2项进行检漏测试（1分），检查完成后，关闭电源开关（1分）	3		
		5. 从检测清洗机上拆下喷油器，打开量筒泄油阀门（1分），将量筒中的油放完（2分），断开4个喷油器测试连接线（1分），拆下喷油器安装总成支架（1分），拆下4个喷油器（1分），安装喷油器和总成支架（1分）	7		

（续表）

序号	项目名称	评分细则	分值	得分	原因
五	更换喷油器（25分）	1. 安装喷油器总成，喷油器隔振垫安装到喷油器总成上（1分），O形圈接触面上涂抹一薄层汽油或锭子油（1分），将喷油器总成安装到输油管分总成上（1分）	3		
		2. 安装1号输油管隔垫方法正确（1分）	1		
		3. 连同4个喷油器安装输油管分总成，安装4个喷油器（1分），紧固2螺栓（1分），安装螺栓（1分），固定线束支架（1分）	4		
		4. 连接燃油管分总成（1分），用新的卡箍（1分）	2		
		5. 喷油器连接发动机线束方法正确，每个线和卡夹1分，共3分	3		
		6. 连接2号通风软管（1分）	1		
		7. 将电缆连接到蓄电池负极端子（2分）	2		
		8. 检查燃油是否泄漏方法正确（2分）	2		
		9. 安装2号气缸盖罩位置到位（2分）	2		
		10. 安装后地板检修孔盖（1分）	1		
		11. 安装后排座椅垫总成，卡扣到位（2分），安装稳固（2分）	4		
六	清洁整理工具（10分）	1. 拆除翼子板布/拆除前格栅布、关闭发动机舱盖、拆除挡块、拆除尾气管各1分，共5分	5		
		2. 清洁，每次未清洁扣1分，共5分	5		
总　分			100		

检查与更换喷油器观察表

观察选手：＿＿＿＿　操作选手：＿＿＿＿　日期：＿＿＿＿

序号内容	项目名称	观察记录	意见建议
一、前期准备	1. 安装三件套		
	2. 拉起机舱盖释放杆		
	3. 安装车轮挡块		
	4. 安装尾气管		
	5. 打开发动机盖		
	6. 安装翼子板布/安装前格栅布		
	7. 检查冷却液液位		
	8. 检查机油油位		

（续表）

序号内容	项目名称	观察记录	意见建议
二、燃油系统卸压	1. 拆下后排座椅垫总成		
	2. 拆下后地板检修孔盖		
	3. 从燃油泵总成上断开连接器		
	4. 启动发动机		
	5. 拆下燃油箱盖，并释放燃油箱中的压力		
	6. 从蓄电池负极端子断开电缆		
	7. 连接燃油泵总成（线束）连接器		
三、拆卸喷油器	1. 拆卸 2 号气缸盖罩		
	2. 分离 2 号通风软管		
	3. 拆卸喷油器连接线束连接器		
	4. 断开燃油管分总成		
	5. 拆卸输油管分总成		
	6. 拆卸喷油器总成		
四、检查新喷油器	1. 检查喷油器电阻		
	2. 将喷油器安装到检测清洗机上		
	3. 喷油器怠速测试		
	4. 检查喷油器是否泄漏		
	5. 从检测清洗机上拆下喷油器		
五、更换喷油器	1. 安装喷油器总成		
	2. 安装 1 号输油管隔垫		
	3. 连同 4 个喷油器安装输油管分总成		
	4. 连接燃油管分总成		
	5. 喷油器连接发动机线束		
	6. 连接 2 号通风软管		
	7. 将电缆连接到蓄电池负极端子		
	8. 检查燃油是否泄漏		
	9. 安装 2 号气缸盖罩		
	10. 安装后地板检修孔盖		
	11. 安装后排座椅垫总成		
六、清洁、整理工具	1. 拆除翼子板布/拆除前格栅布、关闭发动机舱盖、拆除挡块、拆除尾气管		
	2. 清洁		
教师点评			

检查与更换喷油器工艺单

操作选手：__________ 日期：__________

序号	项目名称	操作结果记录	操作数据记录
一、前期准备	1. 安装三件套		
	2. 拉起机舱盖释放杆		
	3. 安装车轮挡块		
	4. 安装尾气管		
	5. 打开发动机盖		
	6. 安装翼子板布/安装前格栅布		
	7. 检查冷却液液位		
	8. 检查机油油位		
二、燃油系统卸压	1. 拆下后排座椅垫总成		
	2. 拆下后地板检修孔盖		
	3. 从燃油泵总成上断开连接器		
	4. 启动发动机		
	5. 拆下燃油箱盖，并释放燃油箱中的压力		
	6. 从蓄电池负极端子断开电缆		
	7. 连接燃油泵总成（线束）连接器		
三、拆卸喷油器	1. 拆卸 2 号气缸盖罩		
	2. 分离 2 号通风软管		
	3. 拆卸喷油器连接线束连接器		
	4. 断开燃油管分总成		
	5. 拆卸输油管分总成		
	6. 拆卸喷油器总成		
四、检查新喷油器	1. 检查喷油器电阻		
	2. 将喷油器安装到检测清洗机上		
	3. 喷油器怠速测试		
	4. 检查喷油器是否泄漏		
	5. 从检测清洗机上拆下喷油器		
五、更换喷油器	1. 安装喷油器总成		
	2. 安装 1 号输油管隔垫		
	3. 连同 4 个喷油器安装输油管分总成		
	4. 连接燃油管分总成		
	5. 喷油器连接发动机线束		
	6. 连接 2 号通风软管		
	7. 将电缆连接到蓄电池负极端子		
	8. 检查燃油是否泄漏		
	9. 安装 2 号气缸盖罩		
	10. 安装后地板检修孔盖		
	11. 安装后排座椅垫总成		

（续表）

序号	项目名称	操作结果记录	操作数据记录
六、清洁、整理工具	1. 拆除翼子板布/拆除前格栅布、关闭发动机舱盖、拆除挡块、拆除尾气管		
	2. 清洁		
备注说明			

第十四节　燃油系统压力检测

燃油系统压力检测流程表

操作选手：__________　日期：__________

序号内容	项目名称	技术说明	注意事项
一、作业前准备	1. 注意事项	1）举升车辆，举升到操作的合适高度，停止举升并锁止	（1）检查和维修燃油系统前，将电缆从蓄电池负极端子上断开 （2）对燃油系统进行操作时，严禁吸烟或靠近明火 （3）避免橡胶或皮制零件接触到汽油 （4）在举升之前要检查车辆四周无人员、检查举升机支架与车辆支承位置放好、检查车辆中心对正无偏斜、检查车辆无负重
		2）将车辆置于举升位置进行检查	
二、检查燃油系统表面泄漏	1. 发动机燃油箱检查	1）检查发动机燃油箱周边处，用肉眼观察此处的汽油泄漏情况	（1）如纸巾上有油渍，则说明该部位存在泄漏
		2）用干净的纸巾去擦拭被检查部位的表面，检查是否汽油泄漏	
	2. 发动机燃油管路	1）检查油管和油管的连接部位，用肉眼观察此处的汽油泄漏情况	（1）如纸巾上有油渍，则说明该部位存在泄漏
		2）用干净的纸巾去擦拭被检查部位的表面，检查是否汽油泄漏	
	3. 检查喷油器、燃油压力调节器、燃油泵、燃油滤清器	1）检查喷油器、燃油压力调节器、燃油泵、燃油滤清器和它们的连接部位，用肉眼观察此处的汽油泄漏情况	（1）如纸巾上有油渍，则说明该部位存在泄漏
		2）用干净的纸巾去擦拭被检查部位的表面，检查是否汽油泄漏	

（续表）

序号内容	项目名称	技术说明	注意事项
三、车上检查	1. 检查燃油系统工作情况和燃油是否泄漏	1）将智能检测仪连接到 DLC3	
		2）将点火开关置于 ON 位置，并接通智能检测仪的主开关	
		3）选择以下菜单：Powertrain/Engine/Active Test /Control the Fuel Pump/Speed	
		4）从燃油管路中检查燃油进油管中的压力。检查并确认能听到燃油在燃油箱中流动的声音。如果听不到声音，则检查集成继电器、燃油泵、ECM 和配线连接器	
		5）进行保养后检查并确认燃油系统任何部位均无燃油泄漏。如果燃油泄漏，必要时维修或更换零件	
		6）将点火开关置于 OFF 位置	
		7）从 DLC3 上断开智能检测仪	
	2. 检查燃油压力	1）燃油系统卸压	（1）检查和维修燃油系统前，将电缆从蓄电池负极端子上断开 （2）对燃油系统进行操作时，严禁吸烟或靠近明火 （3）避免橡胶或皮制零件接触到汽油
		2）用电压表测量蓄电池电压	
		3）从蓄电池负极端子上断开电缆	
		4）从主燃油管上断开燃油软管	
		5）用专用维修工具安装压力表	
		6）将电缆连接到蓄电池负极端子上	
		7）将智能检测仪连接到 DLC3 上	
		8）选择菜单：Control the Fuel Pump/Speed	
		9）测量燃油压力。燃油压力：304 至 343kPa（3.1 至 3.5kgf/cm^2，44.1 至 49.7psi）	
		10）从 DLC3 上断开智能检测仪	
		11）启动发动机	
		12）测量怠速时的燃油压力。燃油压力：304 至 343kPa（3.1 至 3.5kgf/cm^2，44.1 至 49.7psi）	
		13）关闭发动机	

（续表）

序号内容	项目名称	技术说明	注意事项
三、车上检查	2. 检查燃油压力	14）检查并确认燃油压力在发动机停止后能按规定持续5分钟。燃油压力47kPa（$1.5kgf/cm^2$，21psi）或更高，如果燃油压力不符合规定，则检查燃油泵或喷油器	
		15）检查燃油压力后，从蓄电池负极端子上断开电缆，然后小心地拆下SST，以防汽油溅出	
		16）将燃油管重新连接到主燃油管上（燃油管连接器）	
		17）将1号燃油管卡夹安装到燃油管连接器上	
		18）检查燃油是否泄漏	
	3. 安装恢复工作	1）拆卸燃油压力表	
		2）连接和紧固燃油管路	
		3）清洁发动机上残余汽油	
四、清洁、整理工具	1. 清洁工具		
	2. 恢复/整理车辆及工具		
备注			

燃油系统压力检测评分表

操作选手：__________ 日期：__________ 得分：__________

序号内容	项目名称	评分细则	分值	得分	原因
一、作业前准备	1. 注意事项（10分）	1）举升车辆，举升到操作的合适高度，停止举升并锁止	3		
		2）将车辆置于合适位置进行检查	7		
二、检查燃油系统表面泄漏	1. 发动机燃油箱检查（10分）	1）检查发动机燃油箱周边处，用肉眼观察此处的汽油泄漏情况	5		
		2）用干净的纸巾去擦拭被检查部位的表面，检查是否汽油泄漏	5		

（续表）

序号内容	项目名称	评分细则	分值	得分	原因
二、检查燃油系统表面泄漏	2. 发动机燃油管路（10分）	1）检查油管和油管的连接部位，用肉眼观察此处的汽油泄漏情况	5		
		2）用干净的纸巾去擦拭被检查部位的表面，检查是否汽油泄漏	5		
	3. 检查喷油器、燃油压力调节器、燃油泵、燃油滤清器（10分）	1）检查喷油器、燃油压力调节器、燃油泵、燃油滤清器和它们的连接部位，用肉眼观察此处的汽油泄漏情况	5		
		2）用干净的纸巾去擦拭被检查部位的表面，检查是否汽油泄漏	5		
三、车上检查	1. 检查燃油系统工作情况和燃油是否泄漏（15）	1）将智能检测仪连接到 DLC3	1		
		2）将点火开关置于 ON 位置，并接通智能检测仪的主开关	1		
		3）选择以下菜单：Powertrain / Engine / Active Test / Control the Fuel Pump /Speed	5		
		4）从燃油管路中检查燃油进油管中的压力。检查并确认能听到燃油在燃油箱中流动的声音。如果听不到声音，则检查集成继电器、燃油泵、ECM 和配线连接器	3		
		5）进行保养后检查并确认燃油系统任何部位均无燃油泄漏。如果燃油泄漏，必要时维修或更换零件	3		
		6）将点火开关置于 OFF 位置	1		
		7）从 DLC3 上断开智能检测仪	1		
	2. 检查燃油压力（25分）	1）燃油系统卸压	2		
		2）用电压表测量蓄电池电压	1		
		3）从蓄电池负极端子上断开电缆	1		
		4）从主燃油管上断开燃油软管	1		
		5）用专用维修工具安装压力表	1		
		6）将电缆连接到蓄电池负极端子上	1		
		7）将智能检测仪连接到 DLC3 上	1		
		8）选择菜单：Control the Fuel Pump / Speed	2		

（续表）

序号内容	项目名称	评分细则	分值	得分	原因
三、车上检查	2. 检查燃油压力（25分）	9）测量燃油压力。燃油压力：304 至 343kPa（3.1 至 3.5kgf/cm²，44.1 至 49.7psi）	2		
		10）从 DLC3 上断开智能检测仪	1		
		11）启动发动机	1		
		12）测量怠速时的燃油压力。燃油压力：304 至 343kPa（3.1 至 3.5kgf/cm²，44.1 至 49.7psi）	2		
		13）关闭发动机	1		
		14）检查并确认燃油压力在发动机停止后能按规定持续 5 分钟。燃油压力 47kPa（1.5kgf/cm²，21psi）或更高，如果燃油压力不符合规定，则检查燃油泵或喷油器	2		
		15）检查燃油压力后，从蓄电池负极端子上断开电缆，然后小心地拆下 SST，以防汽油溅出	2		
		16）将燃油管重新连接到主燃油管上（燃油管连接器）	1		
		17）将 1 号燃油管卡夹安装到燃油管连接器上	1		
		18）检查燃油是否泄漏	2		
	3. 安装恢复工作（10分）	1）拆卸燃油压力表	3		
		2）连接和紧固燃油管路	5		
		3）清洁发动机上残余汽油	2		
四、“7s”管理	“5S”清洁整理（10 分）	1）清洁工具，每次 1 分	3		
		2）恢复/整理工具，扭力扳手归位	3		
		3）操作中是否有物体落地或损坏，可倒扣	4		
总　分			100		

燃油系统压力检测观察表

观察选手：__________　操作选手：__________　日期：__________

序号内容	项目名称	观察记录	意见建议
一、作业前准备	1. 举升车辆，举升到操作的合适高度，停止举升并锁止		
	2. 将车辆置于举升位置进行检查		
二、发动机燃油箱检查	1. 检查发动机燃油箱周边处，用肉眼观察此处的汽油泄漏情况		
	2. 用干净的纸巾去擦拭被检查部位的表面，检查是否汽油泄漏		

（续表）

序号内容	项目名称	观察记录	意见建议
三、发动机燃油管路	1. 检查油管和油管的连接部位，用肉眼观察此处的汽油泄漏情况		
	2. 用干净的纸巾去擦拭被检查部位的表面，检查是否汽油泄漏		
四、检查喷油器、燃油压力调节器、燃油泵、燃油滤清器	1. 检查喷油器、燃油压力调节器、燃油泵、燃油滤清器和它们的连接部位，用肉眼观察此处的汽油泄漏情况		
	2. 用干净的纸巾去擦拭被检查部位的表面，检查是否汽油泄漏		
五、检查燃油系统工作情况和燃油是否泄漏	1. 将智能检测仪连接到 DLC3		
	2. 将点火开关置于 ON 位置，并接通智能检测仪的主开关		
	3. 选择以下菜单：Powertrain / Engine / Active Test / Control the Fuel Pump /Speed		
	4. 从燃油管路中检查燃油进油管中的压力。检查并确认能听到燃油在燃油箱中流动的声音。如果听不到声音，则检查集成继电器、燃油泵、ECM 和配线连接器		
	5. 进行保养后检查并确认燃油系统任何部位均无燃油泄漏。如果燃油泄漏，必要时维修或更换零件		
	6. 将点火开关置于 OFF 位置		
	7. 从 DLC3 上断开智能检测仪		
六、检查燃油压力	1. 燃油系统卸压		
	2. 用电压表测量蓄电池电压		
	3. 从蓄电池负极端子上断开电缆		
	4. 从主燃油管上断开燃油软管		
	5. 用专用维修工具安装压力表		
	6. 将电缆连接到蓄电池负极端子上		
	7. 将智能检测仪连接到 DLC3 上		
	8. 选择菜单：Control the Fuel Pump / Speed		

（续表）

序号内容	项目名称	观察记录	意见建议
六、检查燃油压力	9. 测量燃油压力。燃油压力：304 至 343kPa（3.1 至 3.5kgf/cm²，44.1 至 49.7psi）		
	10. 从 DLC3 上断开智能检测仪		
	11. 启动发动机		
	12. 测量怠速时的燃油压力。燃油压力：304 至 343kPa（3.1 至 3.5kgf/cm²，44.1 至 49.7psi）		
	13. 关闭发动机		
	14. 检查并确认燃油压力在发动机停止后能按规定持续 5 分钟。燃油压力 47kPa（1.5kgf/cm²，21psi）或更高，如果燃油压力不符合规定，则检查燃油泵或喷油器		
	15. 检查燃油压力后，从蓄电池负极端子上断开电缆，然后小心地拆下 SST，以防汽油溅出		
	16. 将燃油管重新连接到主燃油管上（燃油管连接器）		
	17. 将 1 号燃油管卡夹安装到燃油管连接器上		
	18. 检查燃油是否泄漏		
七、安装恢复工作	1. 拆卸燃油压力表		
	2. 连接和紧固燃油管路		
	3. 清洁发动机上残余汽油		
八、清洁、整理工具	1. 清洁工具		
	2. 恢复/整理工具		
教师点评			

燃油系统压力检测工艺单

操作选手：＿＿＿＿＿　日期：＿＿＿＿＿

序号内容	项目名称	操作结果记录	操作数据记录
一、作业前准备	1. 举升车辆，举升到操作的合适高度，停止举升并锁止		
	2. 将车辆置于举升位置进行检查		
二、发动机燃油箱检查	1. 检查发动机燃油箱周边处，用肉眼观察此处的汽油泄漏情况		
	2. 用干净的纸巾去擦拭被检查部位的表面，检查是否汽油泄漏		

（续表）

序号内容	项目名称	操作结果记录	操作数据记录
三、发动机燃油管路	1. 检查油管和油管的连接部位，用肉眼观察此处的汽油泄漏情况		
	2. 用干净的纸巾去擦拭被检查部位的表面，检查是否汽油泄漏		
四、检查喷油器、燃油压力调节器、燃油泵、燃油滤清器	1. 检查喷油器、燃油压力调节器、燃油泵、燃油滤清器和它们的连接部位，用肉眼观察此处的汽油泄漏情况		
	2. 用干净的纸巾去擦拭被检查部位的表面，检查是否汽油泄漏		
五、检查燃油系统工作情况和燃油是否泄漏	1. 将智能检测仪连接到 DLC3		
	2. 将点火开关置于 ON 位置，并接通智能检测仪的主开关		
	3. 选择以下菜单：Powertrain / Engine / Active Test / Control the Fuel Pump /Speed		
	4. 从燃油管路中检查燃油进油管中的压力。检查并确认能听到燃油在燃油箱中流动的声音。如果听不到声音，则检查集成继电器、燃油泵、ECM 和配线连接器		
	5. 进行保养后检查并确认燃油系统任何部位均无燃油泄漏。如果燃油泄漏，必要时维修或更换零件		
	6. 将点火开关置于 OFF 位置		
	7. 从 DLC3 上断开智能检测仪		
六、检查燃油压力	1. 燃油系统卸压		
	2. 用电压表测量蓄电池电压		
	3. 从蓄电池负极端子上断开电缆		
	4. 从主燃油管上断开燃油软管		
	5. 用专用维修工具安装压力表		
	6. 将电缆连接到蓄电池负极端子上		
	7. 将智能检测仪连接到 DLC3 上		
	8. 选择菜单：Control the Fuel Pump / Speed		

（续表）

序号内容	项目名称	操作结果记录	操作数据记录
六、检查燃油压力	9. 测量燃油压力。燃油压力：304 至 343kPa（3.1 至 3.5kgf/cm²，44.1 至 49.7psi）		
	10. 从 DLC3 上断开智能检测仪		
	11. 启动发动机		
	12. 测量怠速时的燃油压力。燃油压力：304 至 343kPa（3.1 至 3.5kgf/cm²，44.1 至 49.7psi）		
	13. 关闭发动机		
	14. 检查并确认燃油压力在发动机停止后能按规定持续 5 分钟。燃油压力 47kPa（1.5kgf/cm²，21psi）或更高，如果燃油压力不符合规定，则检查燃油泵或喷油器		
	15. 检查燃油压力后，从蓄电池负极端子上断开电缆，然后小心地拆下 SST，以防汽油溅出		
	16. 将燃油管重新连接到主燃油管上（燃油管连接器）		
	17. 将 1 号燃油管卡夹安装到燃油管连接器上		
	18. 检查燃油是否泄漏		
七、安装恢复工作	1. 拆卸燃油压力表		
	2. 连接和紧固燃油管路		
	3. 清洁发动机上残余汽油		
八、清洁、整理工具	1. 清洁工具		
	2. 恢复/整理工具		
教师点评			

第十五节 检查与更换节气门位置传感器

检查与更换节气门位置传感器流程表

操作选手：________ 日期：________

序号内容	项目名称	技术要求	注意事项
一、拆卸相关的附属设备	1. 排净发动机冷却液	参见相关资料	
	2. 拆卸 2 号气缸盖罩		

（续表）

序号内容	项目名称	技术要求	注意事项
二、拆卸空气滤清器盖分总成	1. 断开质量空气流量计线束侧连接器	1）按下质量空气流量计线束侧连接器锁扣，分离质量空气流量计线束侧连接器	(1) 断开连接器时，先按压锁止扣，当确认锁止装置完全脱离后，方可拔下连接器 (2) 若锁止装置无法解除，则尝试边按压锁止扣边向内推直至锁止装置完全解除方可拔下连接器 (3) 禁止在线束端使用器具别撬或外拉时摇晃插头导致传感器和插头的损坏
	2. 断开2个卡夹	1）左手按住空气滤清器盖，右手向上扳卡夹上端，松开压紧端	(1) 左右手操作动作协调
	3. 断开通风软管	1）正确使用工具松开2号通风软管与气缸盖风罩总成连接卡箍并拉出完成脱离	(1) 使用适当的力度将箍带松至软管可以容易拔出为止 (2) 禁止卡箍未松而拉拔通风软管
	4. 断开箍带	1）使用10mm套筒拧松通风软管与节气门体总成连接箍带螺丝，拔出软管完成脱离	(1) 如软管与节气门体总成分离困难，应左右转动后再拔出 (2) 用双手稳拿空气滤清器盖分总成
	5. 拆下空气滤清器盖分总成	1）连同通风软管一起取下空气滤清器盖分总成	(1) 检查完成已与其他连接点分离后方可取下空气滤清器盖分总成
三、拆卸节气门体总成	1. 断开连接器	1）按下节气门位置传感器锁扣，分离节气门位置传感器连接器	(1) 断开连接器时，先按压锁止扣，当确认锁止装置完全脱离后，方可拔下连接器 (2) 若锁止装置无法解除，则尝试边按压锁止扣边向内推，直至锁止装置完全解除方可拔下连接器 (3) 禁止在线束端借用外力拔下连接器

（续表）

<table>
<tr><th>序号内容</th><th>项目名称</th><th>技术要求</th><th>注意事项</th></tr>
<tr><td rowspan="4">三、拆卸节气门体总成</td><td>2. 断开 2 根水软管</td><td>1）正确使用鲤鱼钳松开 2 根水软管与节气门体总成连接卡箍并完成脱离</td><td>（1）使用适当的力度将箍带松至水软管容易拔出为止。如水管拔出困难可左右转动再拔出
（2）禁止卡箍未松时拉拔水软管</td></tr>
<tr><td>3. 拆下 2 个螺栓、2 个螺母</td><td>1）正确使用 10mm 套筒工具按顺序拧松节气门体的 2 个螺栓、2 个螺母</td><td>（1）拧松时按对角顺序进行
（2）拆卸固定螺栓、螺母时，应注意方位和角度，以便更容易操作。注意螺母不要掉落</td></tr>
<tr><td>4. 拆下节气门体</td><td>1）用手平行取下节气门体</td><td>（1）取下时双手沿 2 个双头螺栓方向平行向外拉出</td></tr>
<tr><td>5. 取下衬垫</td><td>1）用手取下衬垫</td><td>（1）如衬垫与进气歧管凹槽有粘连，注意用力大小，要避免衬垫和歧管损伤</td></tr>
<tr><td>四、检查新的节气门体</td><td>1. 检查节气门体位置传感器的电阻</td><td>1）检查和确认新节气门体总成零件号是否正确，检查外观是否完好
2）使用数字式万用表检查检查节气门位置传感器的电阻
3）检查前确认万用表是否正常
4）万用表的测量误差检查
5）测量时，根据下表的值，用欧姆档测量驱动电机的电阻
标准电阻：
<table>
<tr><th>检测仪连接</th><th>条件</th><th>规定状态</th></tr>
<tr><td>1（M－）－2（M＋）</td><td>20℃（68℉）</td><td>0.3 至 100Ω</td></tr>
</table>
6）根据下表中的值测量节气门位置传感器各脚的绝缘性
标准电阻：
<table>
<tr><th>检测仪连接</th><th>条件</th><th>规定状态</th></tr>
<tr><td>1（M－）－外壳</td><td>始终</td><td>10kΩ或更大</td></tr>
<tr><td>2（M＋）－外壳</td><td>始终</td><td>10kΩ或更大</td></tr>
<tr><td>3（E2）－外壳</td><td>始终</td><td>10kΩ或更大</td></tr>
<tr><td>4（VTA2）－外壳</td><td>始终</td><td>10kΩ或更大</td></tr>
<tr><td>5（VC）－外壳</td><td>始终</td><td>10kΩ或更大</td></tr>
<tr><td>6（VTA）－外壳</td><td>始终</td><td>10kΩ或更大</td></tr>
</table>
7）如果结果不符合规定，则重新更换节气门体总成</td><td>（1）选择数字万用表合适的量程
（2）确认数字万用表欧姆挡本身的误差值</td></tr>
</table>

（续表）

序号内容	项目名称	技术要求	注意事项
五、安装新节气门体总成	1. 将新的衬垫安装至进气歧管	1）将新的衬垫安装至进气歧管的凹槽内	（1）衬垫的缺口的位置对准进气歧管的凹槽缺口
	2. 用2个螺栓和2个螺母安装节气门体	1）正确使用10mm套筒工具安装节气门体，紧固2个螺栓和2个螺母；标准扭矩：10N·m	（1）注意节气门体的安装方向 （2）先对准节气门体螺栓孔推到底，然后用手对角拧入2个螺栓和2个螺母 （3）按规定扭矩对角拧紧螺栓和螺母
	3. 连接节气门位置传感器线束侧连接器	1）插接节气门位置传感器线束侧连接器，确保连接器可靠锁止	（1）连接器的插头和插座必须对正，并且轻轻推入，确认听到锁止到位的“咔嗒”声 （2）推入后轻轻向外拉动连接器，确认可靠锁止
	4. 连接2根水管	1）将2根水管连接至节气门体总成的管接头上。正确使用鲤鱼钳将卡箍卡紧在接头的正确位置	（1）卡箍卡紧在管接头凸起部分的内侧
六、安装空气滤清器盖分总成	1. 安装空气滤清器盖分总成	1）将空气滤清器盖分总成上的销钉插入下体的销孔内，然后将盖与下体扣合	（1）用双手稳拿空气滤清器盖分总成 （2）检查完成与空气滤清器盖分总成下体及其他连接点是否吻合
	2. 用箍带连接通风软管	1）用手将通风软管与节气门体完成对接吻合	（1）如软管与节气门体总成连接困难，应左右转动后再接上
		2）使用10mm套筒拧紧通风软管与节气门体总成连接箍带螺丝	（1）箍带螺丝的紧度要适当
	3. 连接通风软管	（1）将2号通风软管与气缸盖风罩总成连接 （2）正确使用鲤鱼钳将卡箍卡紧在接头的正确位置	（1）卡箍卡紧在气缸盖风罩总成管接头的位置正确
	4. 连接2个卡夹	1）左手按住空气滤清器盖，右手向下压紧卡夹，将卡夹压紧在上体上	（1）左右手操作动作协调
	5. 连接质量空气流量计线束侧连接器	1）将质量空气流量计线束侧连接器插到传感器的插座上，确保连接器可靠锁止 2）推入后轻轻向外拉动连接器，确认可靠锁止	（1）连接器的插头和插座必须对正，并且轻轻推入，确认听到锁止到位的“咔嗒”声

（续表）

<table>
<tr><th>序号内容</th><th>项目名称</th><th>技术要求</th><th>注意事项</th></tr>
<tr><td>七、安装2号气缸盖罩</td><td colspan="3" rowspan="3">参见相关资料</td></tr>
<tr><td>八、添加发动机冷却液</td></tr>
<tr><td>九、检查冷却液是否泄漏</td></tr>
<tr><td rowspan="4">十、车上系统复检</td><td rowspan="4">1. 检查节气门位置传感器</td><td>1）将智能检测仪连接到DLC3</td><td rowspan="4">（1）正确连接和操作诊断仪器
（2）正确读取和清除故障码
（3）正确读取静态数据流</td></tr>
<tr><td>2）将点火开关置于ON（IG）位置，并接通智能检测仪</td></tr>
<tr><td>3）顺序选择以下菜单项：Powertrain，Engine and ECT，Data List
<table>
<tr><th>检测仪显示</th><th>完全松开油门踏板</th><th>完全踩下油门踏板</th></tr>
<tr><td>Throttle Position No. 1</td><td>0.5至1.1V</td><td>3.3至4.9V</td></tr>
<tr><td>Throttle Position No. 2</td><td>2.1至3.1V</td><td>4.6至5.0V</td></tr>
</table></td></tr>
<tr><td>4）检查标准节气门开度时电压值，换挡杆应在N位置</td></tr>
<tr><td rowspan="2">十一、“5S”清洁整理</td><td>1. 清洁工具</td><td>1）清洁</td><td></td></tr>
<tr><td>2. 恢复/整理工具</td><td>2）工具复位</td><td></td></tr>
</table>

检查与更换节气门位置传感器评分表

操作选手：________ 日期：________

<table>
<tr><th>序号内容</th><th>项目名称</th><th>评分细则</th><th>分值</th><th>得分</th><th>原因</th></tr>
<tr><td rowspan="2">一、拆卸相关的附属设备（6分）</td><td>1. 排净发动机冷却液</td><td rowspan="2">参见相关资料</td><td>3</td><td></td><td></td></tr>
<tr><td>2. 拆卸2号气缸盖罩</td><td>3</td><td></td><td></td></tr>
</table>

（续表）

序号内容	项目名称	评分细则	分值	得分	原因
二、拆卸空气滤清器盖分总成（10分）	1. 断开质量空气流量计线束侧连接器	1）按下质量空气流量计线束侧连接器锁扣，分离质量空气流量计线束侧连接器	2		
	2. 断开2个卡夹	1）左手按住空气滤清器盖，右手向上扳卡夹上端，松开压紧端	2		
	3. 断开通风软管	1）正确使用工具松开2号通风软管与气缸盖风罩总成连接卡箍并拉出完成脱离	2		
	4. 断开箍带	1）使用10mm套筒拧松通风软管与节气门体总成连接箍带螺丝，拔出软管完成脱离	2		
	5. 拆下空气滤清器盖分总成	1）连同通风软管一起取下空气滤清器盖分总成	2		
三、拆卸节气门体总成（10分）	1. 断开连接器	1）按下节气门位置传感器锁扣，分离节气门位置传感器连接器	2		
	2. 断开2根水软管	1）正确使用鲤鱼钳松开2根水软管与节气门体总成连接卡箍并完成脱离	2		
	3. 拆下2个螺栓、2个螺母	1）正确使用10mm套筒工具按顺序拧松节气门体的2个螺栓、2个螺母	2		
	4. 拆下节气门体	1）用手平行取下节气门体	2		
	5. 取下衬垫	1）用手取下衬垫	2		

（续表）

<table>
<tr><th>序号内容</th><th>项目名称</th><th>评分细则</th><th>分值</th><th>得分</th><th>原因</th></tr>
<tr><td rowspan="7">四、检查新的节气门体（14分）</td><td rowspan="7">1. 检查节气门体位置传感器的电阻</td><td>1）检查和确认新节气门体总成零件号是否正确，检查外观是否完好</td><td rowspan="7">14</td><td rowspan="7"></td><td rowspan="7"></td></tr>
<tr><td>2）使用数字式万用表检查检查节气门位置传感器的电阻</td></tr>
<tr><td>3）检查前确认万用表是否正常</td></tr>
<tr><td>4）万用表的测量误差检查</td></tr>
<tr><td>5）测量时，根据下表的值，用欧姆档测量驱动电机的电阻
标准电阻：<table><tr><th>检测仪连接</th><th>条件</th><th>规定状态</th></tr><tr><td>1（M－）－2（M＋）</td><td>20℃（68℉）</td><td>0.3至100Ω</td></tr></table></td></tr>
<tr><td>6）根据下表中的值测量节气门位置传感器各脚的绝缘性
标准电阻：<table><tr><th>检测仪连接</th><th>条件</th><th>规定状态</th></tr><tr><td>1（M－）－外壳</td><td>始终</td><td>10kΩ或更大</td></tr><tr><td>2（M＋）－外壳</td><td>始终</td><td>10kΩ或更大</td></tr><tr><td>3（E2）－外壳</td><td>始终</td><td>10kΩ或更大</td></tr><tr><td>4（VTA2）－外壳</td><td>始终</td><td>10kΩ或更大</td></tr><tr><td>5（VC）－外壳</td><td>始终</td><td>10kΩ或更大</td></tr><tr><td>6（VTA）－外壳</td><td>始终</td><td>10kΩ或更大</td></tr></table></td></tr>
<tr><td>7）如果结果不符合规定，则重新更换节气门体总成</td></tr>
</table>

（续表）

序号内容	项目名称	评分细则	分值	得分	原因
五、安装新节气门体总成（8分）	1. 将新的衬垫安装至进气歧管	1）将新的衬垫安装至进气歧管的凹槽内	2		
	2. 用2个螺栓和2个螺母安装节气门体	1）正确使用10mm套筒工具安装节气门体，紧固2个螺栓和2个螺母；标准扭矩：10N·m	2		
	3. 连接节气门位置传感器线束侧连接器	1）插接节气门位置传感器线束侧连接器，确保连接器可靠锁止	2		
	4. 连接2根水管	1）将2根水管连接至节气门体总成的管接头上。正确使用鲤鱼钳将卡箍卡紧在接头的正确位置	2		
六、安装空气滤清器盖分总成（16分）	1. 安装空气滤清器盖分总成	1）将空气滤清器盖分总成上的销钉插入下体的销孔内，然后将盖与下体扣合	2		
	2. 用箍带连接通风软管	1）用手将通风软管与节气门体完成对接吻合	2		
		2）使用10mm套筒拧紧通风软管与节气门体总成连接箍带螺丝	2		
	3. 连接通风软管	1）将2号通风软管与气缸盖风罩总成连接	2		
		2）正确使用鲤鱼钳将卡箍卡紧在接头的正确位置	2		
	4. 连接2个卡夹	1）左手按住空气滤清器盖，右手向下压紧卡夹，将卡夹压紧在上体上	2		
	5. 连接质量空气流量计线束侧连接器	1）将质量空气流量计线束侧连接器插到传感器的插座上，确保连接器可靠锁止	2		
		2）推入后轻轻向外拉动连接器，确认可靠锁止	2		

（续表）

序号内容	项目名称	评分细则	分值	得分	原因
七、安装2号气缸盖罩（6分）	参见相关资料		6		
八、添加发动机冷却液（6分）			6		
九、检查冷却液是否泄漏（6分）			6		
十、车上系统复检（12分）	1. 检查节气门位置传感器	1）将智能检测仪连接到DLC3 2）将点火开关置于ON（IG）位置，并接通智能检测仪 3）顺序选择以下菜单项：Powertrain；Engine and ECT；Data List 检测仪显示 / 完全松开油门踏板 / 完全踩下油门踏板 Throttle Position No. 1 / 0.5至1.1V / 3.3至4.9V Throttle Position No. 2 / 2.1至3.1V / 4.6至5.0V 4）检查标准节气门开度时电压值，换挡杆应在N位置	12		
十一、“5S”清洁整理（6分）		（1）清洁工具	3		
		（2）恢复/整理工具	3		
总分			100		

检查与更换节气门位置传感器观察表

观察选手：__________ 操作选手：__________ 日期：__________

序号内容	项目名称	观察要求	意见建议
一、拆卸相关的附属设备	1. 排净发动机冷却液		
	2. 拆卸2号气缸盖罩		

（续表）

序号内容	项目名称	观察要求	意见建议
二、拆卸空气滤清器盖分总成	1. 断开质量空气流量计线束侧连接器		
	2. 断开 2 个卡夹		
	3. 断开通风软管		
	4. 断开箍带		
	5. 拆下空气滤清器盖分总成		
三、拆卸节气门体总成	1. 断开连接器		
	2. 断开 2 根水软管		
	3. 拆下 2 个螺栓、2 个螺母		
	4. 拆下节气门体		
	5. 取下衬垫		
四、检查新的节气门体	1. 检查节气门体位置传感器的电阻		
五、安装新节气门体总成	1. 将新的衬垫安装至进气歧管		
	2. 用 2 个螺栓和 2 个螺母安装节气门体		
	3. 连接节气门位置传感器线束侧连接器		
	4. 连接 2 根水管		
六、安装空气滤清器盖分总成	1. 安装空气滤清器盖分总成		
	2. 用箍带连接通风软管		
	3. 连接通风软管		
	4. 连接 2 个卡夹		
	5. 连接质量空气流量计线束侧连接器		
七、安装 2 号气缸盖罩	参见相关资料		
八、添加发动机冷却液			
九、检查冷却液是否泄漏			
十、车上系统复检	1. 检查节气门位置传感器		
十一、“5S”清洁整理	1. 清洁工具		
	2. 恢复/整理工具		

检查与更换节气门位置传感器工艺单

观察选手：__________ 操作选手：__________ 日期：__________

序号内容	项目名称	操作结果记录	操作数据记录
一、拆卸相关的附属设备	1. 排净发动机冷却液		
	2. 拆卸 2 号气缸盖罩		
二、拆卸空气滤清器盖分总成	1. 断开质量空气流量计线束侧连接器		
	2. 断开 2 个卡夹		
	3. 断开通风软管		
	4. 断开箍带		
	5. 拆下空气滤清器盖分总成		
三、拆卸节气门体总成	1. 断开连接器		
	2. 断开 2 根水软管		
	3. 拆下 2 个螺栓、2 个螺母		
	4. 拆下节气门体		
	5. 取下衬垫		
四、检查新的节气门体	1. 检查节气门体位置传感器的电阻		
五、安装新节气门体总成	1. 将新的衬垫安装至进气歧管		
	2. 用 2 个螺栓和 2 个螺母安装节气门体		
	3. 连接节气门位置传感器线束侧连接器		
	4. 连接 2 根水管		
六、安装空气滤清器盖分总成	1. 安装空气滤清器盖分总成		
	2. 用箍带连接通风软管		
	3. 连接通风软管		
	4. 连接 2 个卡夹		
	5. 连接质量空气流量计线束侧连接器		
七、安装 2 号气缸盖罩			
八、添加发动机冷却液	参见相关资料		
九、检查冷却液是否泄漏			
十、车上系统复检	1. 检查节气门位置传感器		

第十六节　更换空气流量计

一、填空题

1. 车用传感器一般分为＿＿＿＿＿、真空压力式、＿＿＿＿＿和压电式等几种。

2. 接插连接件出现故障时，发动机工作不稳定，时好时坏，一般可用＿＿＿＿＿来诊断。

二、判断题

1. 传感器是负责向ECM提供发动机工况。(　　)

2. 质量空气流量计是一个传感器，用于测量流经节气门的空气流量。(　　)

3. ECM改变施加于质量空气流量计中的这些零部件的电压来保持电流值恒定。(　　)

4. 质量空气流量计内部有一个暴露于进气流的加热铂丝。ECU向铂丝施加一个特定的电流，以将其加热到给定的温度。(　　)

三、选择题

1. 该电路的结构使得铂热丝和温度传感器构建一个桥接电路，并且控制功率晶体管，使得A和B的电压保持(　　)，以维持预定的温度。

A. 相等　　B. 较大差距　　C. 特定差值

四、简答题

1. 电控汽油喷射系统易产生故障，故障的主要现象有哪些？

2. 传感器在电控汽油喷射系统中易出现故障，故障原因主要是什么？

检查与更换空气流量计作业流程表

操作选手：＿＿＿＿＿　日期：＿＿＿＿＿

序号内容	项目名称	技术说明	注意事项
一、检查前相关事项	1. 相关事项说明	1）将车辆置于室内水平地面上	(1) 在检查之前应确认空气滤清器（或进气管道）完好无损，无破裂和泄漏现象 (2) 质量空气流量计和连接器安装连接正确 (3) 测试过程中，不要用排气抽气管
		2）工作场所配置有效的灭火器材	
		3）检查区域不允许有较强的空气流速，以免影响测量数据的准确性	

（续表）

<table>
<tr><th>序号内容</th><th>项目名称</th><th>技术说明</th><th>注意事项</th></tr>
<tr><td rowspan="2">二、车上检查质量空气流量计</td><td rowspan="2">1. 使用故障诊断仪器读取静态数据（MAF计）</td><td>1）在发动机熄火状态下，仅当故障诊断仪检测的MAF计数据不在标准状态内或MAF计的铂热丝（加热器）上有异物时，才需更换MAF计</td><td rowspan="2">仅当MAF计安装在车辆的空气滤清器壳（或进气管道）上时，对MAF计进行检查
操作要求：
（1）将故障诊断仪连接到DLC3
（2）将点火开关置于ON位置（不要起动发动机）
（3）选择下列菜单项
① Powertrain
② Engine and ECT
③ Data List
④ MAF
（4）等待30秒钟后，读取并记录数值
（5）退出菜单，将点火开关置于OFF位置</td></tr>
<tr><td>2）如果检测的MAF计数据结果在规定范围内，则检查MAF计（参见“五、检查质量空气流量计”）
标准状态如下：
<table><tr><th>检测仪显示</th><th>条件</th><th>规定状态</th></tr><tr><td>MAF</td><td>发动机不运转点火开关置于ON（IG）位置后30秒钟后</td><td>大于0.06g/s
小于0.23g/s</td></tr></table></td></tr>
<tr><td rowspan="3">三、拆卸质量空气流量计</td><td>1. 断开质量空气流量计连接器</td><td>1）按压锁止扣，断开质量空气流量计连接器</td><td>（1）再次确认点火开关置于OFF位置
（2）断开质量空气流量计连接器时，先按压锁止扣，当确认锁止装置完全脱离后，方可拔下连接器
（3）若锁止装置无法解除，则尝试边按压锁止扣边向内推直至锁止装置完全解除方可拔下连接器
（4）禁止在线束端借用外力拔下连接器</td></tr>
<tr><td rowspan="2">2. 拆下空气流量计固定螺栓并取下空气流量计</td><td>1）正确选用工具分二次拆卸固定螺栓（第一次拧松螺栓，第二次拆下螺栓）</td><td rowspan="2">（1）拆下固定螺栓时防止螺栓掉入发动机舱内
（2）取出质量空气流量计后，用干净清洁布盖住安装孔，防止杂物和灰尘进入进气管道</td></tr>
<tr><td>2）然后取下质量空气流量计</td></tr>
</table>

（续表）

<table>
<tr><th>序号内容</th><th>项目名称</th><th>技术说明</th><th>注意事项</th></tr>
<tr><td rowspan="6">四、检查质量空气流量计</td><td rowspan="6">1. 质量空气流量计外观检查</td><td>1）正常状态下，铂热丝（加热器）上不存在异物，内部（热敏电阻）完好</td><td rowspan="6">（1）通过目视观察MAF计的铂热丝（加热器）的状态，判断MAF计内部是否存在异物
（2）如果铂热丝（加热器）上存在异物，则需更换MAF计
（3）如果试图修复，则先尝试用刷子和化油器清洁剂清洗传感器表面，清除附着物，如无法清除，则需更换MAF计
（4）目视观察MAF计相关端子是否弯曲，是否可以修理或继续使用。若端子无法修复，则更换MAF计</td></tr>
<tr><td>2）如果质量空气流量（MAF）计的铂热丝（加热器）上存在异物，会使MAF的输出频率偏离实际值，则需更换MAF计</td></tr>
<tr><td>3）如果内部（热敏电阻）损坏，则更换MAF计</td></tr>
<tr><td>4）目视检查MAF计端子情况</td></tr>
<tr><td>5）在发动机停止状态下，仅当故障诊断仪检测的MAF计数据不在正常范围内或MAF计的铂热丝（加热器）上有异物时，才需更换MAF计</td></tr>
<tr><td>6）当MAF计的铂热丝（加热器）上存在异物时，应首先检查进气管道或空气滤芯是否裂开破损</td></tr>
<tr><td rowspan="8">五、检查新的质量空气流量计</td><td rowspan="5">1. 空气流量计的外观检查</td><td>1）新的质量空气流量计铂热丝（加热器）上不存在异物</td><td rowspan="5">（1）仔细观察MAF计的铂热丝（加热器）的状态，确认MAF计内部无异物
（2）仔细检查内部（热敏电阻）状态
（3）目视检查“O”形圈状态
（4）仔细观察MAF计相关端子状况</td></tr>
<tr><td>2）“O”形圈应完好无损</td></tr>
<tr><td>3）新的质量空气流量计外表无裂痕</td></tr>
<tr><td>4）MAF计内部（热敏电阻）状态正常</td></tr>
<tr><td>5）MAF计相关端子均正常</td></tr>
<tr><td rowspan="3">2. 测量质量空气流量计中进气温度传感器的电阻值</td><td>1）进气温度传感器安装在质量空气流量计中。因此，必须检查进气温度传感器是否正常</td><td rowspan="3">（1）测量时选择合适的检测仪器
（2）选择合适的量程
（3）确认检测仪器本身的误差值
（4）注意测量时的环境温度
（5）测量时两表笔不可互相接触</td></tr>
<tr><td>2）根据下表中的标准值测量新的质量空气流量计的电阻值
<table>
<tr><th>检测仪连接</th><th>条件</th><th>规定状态</th></tr>
<tr><td>1（THA）—2（E2）</td><td>−20℃</td><td>13.6至18.4kΩ</td></tr>
<tr><td>1（THA）—2（E2）</td><td>20℃</td><td>2.21至2.69kΩ</td></tr>
<tr><td>1（THA）—2（E2）</td><td>60℃</td><td>0.49至0.67kΩ</td></tr>
</table></td></tr>
<tr><td>3）测量结果应符合参数标准。如果结果不符合规定，则仍应更换质量空气流量计</td></tr>
</table>

（续表）

<table>
<tr><th>序号内容</th><th>项目名称</th><th>技术说明</th><th>注意事项</th></tr>
<tr><td rowspan="4">六、安装质量空气流量计</td><td rowspan="2">1. 安装质量空气流量计</td><td>1）将质量空气流量计正确播入安装孔内</td><td rowspan="2">（1）取下安装孔上的清洁布
（2）将空气流量计放入安装孔位置时，不能磕碰进气管道孔壁
（3）安装时，确保“O”形圈没有破裂或卡住</td></tr>
<tr><td>2）对准螺栓孔安装位置</td></tr>
<tr><td>2. 拧紧固定螺栓</td><td>1）正确使用工具分两次拧紧质量空气流量计的固定螺栓（第一次预紧，第二次拧紧）</td><td>（1）在旋入螺栓时应垂直对正，并能顺利旋入，如遇阻力过大时应旋出检查</td></tr>
<tr><td>3. 连接线索连接器</td><td>1）连接空气流量计连接器</td><td>（1）确保连接器安装正确，连接器锁止可靠</td></tr>
<tr><td rowspan="2">七、再次在车上检查质量空气流量计</td><td rowspan="2">1. 按“车上检查质量空气流量计”方法再次进行检查</td><td>1）在发动机熄火状态下，仅当故障诊断仪检测的 MAF 计数据不在标准状态内或 MAF 计的铂热丝（加热器）上有异物时，才需更换 MAF 计</td><td rowspan="2">仅当 MAF 计安装在车辆的空气滤清器壳（或进气管道）上时，对 MAF 计进行检查。
操作要求：
（1）将故障诊断仪连接到 DLC3
（2）将点火开关置于 ON 位置（不要起动发动机）
（3）选择下列菜单项
① Powertrain
② Engine and ECT
③ Data List
④ MAF
（4）等待 30 秒钟后，读取并记录数值
（5）退出菜单，将点火开关置于 OFF 位置</td></tr>
<tr><td>2）如果检测的 MAF 计数据结果在规定范围内，则检查 MAF 计（参见“五、检查质量空气流量计”）
标准状态如下：
<table>
<tr><th>检测仪显示</th><th>条件</th><th>规定状态</th></tr>
<tr><td>MAF</td><td>发动机不运转点火开关置于 ON（IG）位置后 30 秒钟后</td><td>大于 0.06g/s
小于 0.23g/s</td></tr>
</table></td></tr>
<tr><td rowspan="2">八、清洁、整理工具</td><td>1. 清洁车辆</td><td></td><td></td></tr>
<tr><td>2. 恢复/整理工具</td><td></td><td></td></tr>
<tr><td>备注</td><td></td><td></td><td></td></tr>
</table>

检查与更换空气流量计评分表

操作选手：________ 日期：________ 得分：________

序号	项目名称	评分细则	分值	得分	原因
一	检查前相关事项（10分）	1. 将车辆置于室内水平地面上	3		
		2. 工作场所配置有效的灭火器材	4		
		3. 检查区域不允许有较强的空气流速，以免影响测量数据的准确性	3		
二	车上检查质量空气流量计（14分）	1. 在发动机熄火状态下，仅当故障诊断仪检测的MAF计数据不在标准状态内或MAF计的铂热丝（加热器）上有异物时，才需更换MAF计	7		
		2. 如果检测的MAF计数据结果在规定范围内，则检查MAF计	7		
三	拆卸质量空气流量计（10分）	1. 断开质量空气流量计连接器	6		
		2. 拆下空气流量计固定螺栓并取下空气流量计	4		
四	检查质量空气流量计（18分）	1. 正常状态下，铂热丝（加热器）上不存在异物，内部（热敏电阻）完好	3		
		2. 如果质量空气流量（MAF）计的铂热丝（加热器）上存在异物，会使MAF的输出频率偏离实际值，则需更换MAF计	3		
		3. 如果内部（热敏电阻）损坏，则更换MAF计	3		
		4. 目视检查MAF计端子情况	2		
		5. 在发动机停止状态下，仅当故障诊断仪检测的MAF计数据不在正常范围内或MAF计的铂热丝（加热器）上有异物时，才需更换MAF计	3		
		6. 当MAF计的铂热丝（加热器）上存在异物时，应首先检查进气管道或空气滤芯是否裂开破损	4		
五	检查新的质量空气流量计（14分）	1. 空气流量计的外观检查	5		
		2. 测量质量空气流量计中进气温度传感器的电阻值	9		
六	安装质量空气流量计（18分）	1. 安装质量空气流量计	5		
		2. 拧紧固定螺栓	8		
		3. 连接线索连接器	5		

（续表）

序号	项目名称	评分细则	分值	得分	原因
七	再次在车上检查质量空气流量计（10 分）	1. 在发动机熄火状态下，仅当故障诊断仪检测的 MAF 计数据不在标准状态内或 MAF 计的铂热丝（加热器）上有异物时，才需更换 MAF 计	4		
		2. 如果检测的 MAF 计数据结果在规定范围内，则检查 MAF 计	6		
八	“5S” 清洁整理（6 分）	1. 清洁车辆	3		
		2. 恢复/整理工具	3		
		总　分	100		

检查与更换空气流量计观察表

观察选手：__________　操作选手：__________　日期：__________

序号内容	项目名称	观察记录	意见建议
一、检查前相关事项	1. 将车辆置于室内水平地面上		
	2. 工作场所配置有效的灭火器材		
	3. 检查区域不允许有较强的空气流速，以免影响测量数据的准确性		
二、车上检查质量空气流量计	1. 使用故障诊断仪器读取静态数据（MAF 计）		
三、拆卸质量空气流量计	1. 断开质量空气流量计连接器		
	2. 拆下空气流量计固定螺栓并取下空气流量计		
四、检查质量空气流量计	1. 质量空气流量计外观检查		
五、检查新的质量空气流量计	1. 空气流量计的外观检查		
	2. 测量质量空气流量计中进气温度传感器的电阻值		
六、安装质量空气流量计	1. 安装质量空气流量计		
	2. 拧紧固定螺栓		
	3. 连接线索连接器		
七、再次在车上检查质量空气流量计	1. 按“车上检查质量空气流量计”方法再次进行检查		

（续表）

序号内容	项目名称	观察记录	意见建议
八、清洁、整理工具	1. 清洁整理工具		
	2. 车辆清洁		
	3. 场地清洁		
教师点评			

检查与更换空气流量计操作工艺单

操作选手：＿＿＿＿＿＿　日期：＿＿＿＿＿＿

序号内容	项目名称	操作结果记录	操作数据记录
一、检查前相关事项	1. 将车辆置于室内水平地面上		
	2. 工作场所配置有效的灭火器材		
	3. 检查区域不允许有较强的空气流速，以免影响测量数据的准确性		
二、车上检查质量空气流量计	1. 使用故障诊断仪器读取静态数据（MAF 计）		
三、拆卸质量空气流量计	1. 断开质量空气流量计连接器		
	2. 拆下空气流量计固定螺栓并取下空气流量计		
四、检查质量空气流量计	1. 质量空气流量计外观检查		
五、检查新的质量空气流量计	1. 空气流量计的外观检查		
	2. 测量质量空气流量计中进气温度传感器的电阻值		
六、安装质量空气流量计	1. 安装质量空气流量计		
	2. 拧紧固定螺栓		
	3. 连接线索连接器		
七、再次在车上检查质量空气流量计	1. 按“车上检查质量空气流量计”方法再次进行检查		
八、清洁、整理工具	1. 清洁整理工具		
	2. 车辆清洁		
	3. 场地清洁		
备注			

第十七节 汽车尾气分析

汽车尾气分析流程表

操作选手：________ 日期：________

序号内容	项目名称	技术说明	注意事项
一、准备尾气分析仪	1. 准备尾气分析仪	1）将 NHA－4（5）00A 型废气分析仪放置在工作台上	（1）废气分析仪是贵重仪器，应轻拿轻放 （2）分析仪的校准在测试前均已完成
	2. 连接测试取样管和电源连接线	1）将测试取样管安装到取样入口上	（1）检验电源连接线是否完好 （2）检查取样管密封牢靠，密封效果是否良好
	3. 连接分析仪器转速信号插头和线缆	1）连接分析仪器转速信号插头，确保连接到位	（1）转速信号插头具有方向性，安装时确保插头与插孔连接准确无误
	4. 连接尾气分析仪油温信号插头和线索	1）连接尾气分析仪油温信号插头，确保连接到位	（1）油温信号插头具有方向性，安装时确保插头与插孔连接准确无误
	5. 连接 220V 电源	1）将尾气分析仪的电源线插到 220V 的电源插座上	（1）打开电源开关后应确认仪器已进入自检状态 （2）打开电源注意观察仪器是否自检、荧屏界面是否清晰 （3）界面的各项数据是否达到该地区规定值
二、发动机舱液位检查	1. 打开发动机舱盖	1）拉起发动机舱盖释放杆，并打开发动机舱盖，确保支撑稳定可靠	（1）必须将支撑杆插入发动机舱盖支撑孔内。否则，舱盖滑落会造成人身伤害和车辆损坏
	2. 安装翼子板布和前格栅布	1）安装翼子板布和前格栅布	（1）翼子板布和前格栅布位置是否放置到位
	3. 发动机舱油、液位检查	1）检查喷洗液液位、检查发动机冷却液液位、检查制动液液位、检查发动机机油油位	（1）确保所检查的油位、液位在正常的刻度范围内，如有不正常，则需要对其进行添加 （2）在检查机油油位时，机油尺沿水平向下方向 45°左右且顶端放在纱布上面，读取机油液位

（续表）

序号内容	项目名称	技术说明	注意事项
三、安装尾气分析仪油温测量管及转速测量钳	1. 取下发动机罩盖	1）依次提起发动机罩盖的前、后两端，取下发动机盖罩	(1) 取下用力要均匀以免损伤发动机罩盖
	2. 安装尾气分析仪油温测量管	1）拔出机油尺，用布清洁干净，完成后将其摆放到工具车上。接着取来油温信号测量管，调整油温信号测量探头的长度，与机油标尺的长度相等，然后再将温信号测量管插入机油尺孔中，确保与机油尺孔结合密封良好	(1) 防止测量管的锥形密封处脱离机油标尺孔
	3. 安装转速测量钳	1）将转速测量钳夹在发动机第一缸的点火线圈线束上	(1) 安装时，将转速测量钳口背面的箭头指向火花塞
四、泄漏检查与设置测量方式	1. 预热尾气分析仪	1）打开尾气分析仪电源开关，仪器进行自检预热	(1) 当尾气分析仪预热结束时会发出提示音，以便进行下一步操作
	2. 泄漏检查及调零	1）将测试管套上密封套	(1) 必须按仪器的提示方法进行分步操作 (2) 如有泄漏，检查并修复泄漏 (3) 泄漏检查完好后，取下密封套，将测量探头放置到通风位置
		2）选择界面密封测试	
		3）界面显示完好的状态后进入尾气测试	
		4）仪器自检预热完成后按照显示屏提示，按下“K”键进行“泄漏检查”。泄漏检查完，仪器进行自动调零操作	
	3. 设置发动机参数	1）按面板上的“S”键使光标移到“设置”选项上，进入子菜单选择：测量方式、发动机冲程、点火方式等各项参数。设置完成后，按“”键将光标移至“退出”栏目，按“K”键确认，退出设置，回到主菜单	(1) 界面显示的数据是否归零 (2) 界面显示的数据符合规定值
五、起动发动机	1. 安装尾气抽气管	1）把尾气抽气管安装到排气管上	(1) 尾气抽气管良好的安装状态
	2. 启动前安全检查	1）进入驾驶室，将点火开关置于“ON”位置，并确保换挡杆在空挡或驻车挡位置、驻车制动器在制动状态	(1) 确保车辆安全，防止出现溜车，防止意外事故的发生
	3. 启动发动机	1）启动发动机，保持怠速运行进行暖机，暖机过程要观察水温表，水温达到 80℃～95℃时，即可熄火停止暖机	(1) 正常状态下的发动机冷却液温度为 80℃～95℃

（续表）

序号内容	项目名称	技术说明	注意事项
六、尾气的测量	1. 尾气分析仪的测量选择	1）按下选择键，使光标移到“测量”选项上，按“K”键确认，仪器进入先前所设置的测量方式，并进入“通用测量”子菜单	（1）用“▲”“▼”“S”键选择，“K”键确认
	2. 安装废气取样探头	1）将取样探头插入被测车辆的排气管中（深度约为400mm）（尾气抽气管上专用插口，拔出后插入再安装）	（1）取样探头插入被测车辆的排气管后，仍须插入废气抽气管 （2）取样探头插入的深度不小于400mm，保证取样效果
	3. 尾气取样	1）按“K”键进入“通用测量”测量菜单，取样倒计时启动。实时查看并记录各气体的最大值	1）用“▲”“▼”“S”键选择，“K”键确认
	4. 尾气取样结束	1）取样倒计时结束，取样完成，读取并记录测量数据。最后按下选择键，选择停止测量	（1）进入“通用测量”方式后，仪器的气泵将启动 （2）测量完成后将光标移至停止键的上方，按“K”键停止测量 （3）避免长时间的取样，以免水汽过多影响测量精度和损坏仪器 （4）及时更换滤纸和滤清器
	5. 拆下取样探头	1）将取样探头从排气管拔出，放回到原位置	（1）测量后的取样探头可能温度较高，取出时应防止伤及他人 （2）取样探头应悬空放置，防止杂物被吸入管道内 （3）不许接触油水，以免损坏仪器
	6. 测量数据对比	1）测量结束后，查阅维修手册和国家标准对通用测量的数据进行分析比较。测量结果符合要求，系统排放正常	（1）如果通用测量结果不合格，则车辆的排放存在问题，应对发动机机械或电控系统进行维修和诊断，直至排放合格
	7. 选择双怠速排放测量	1）选择进入“设置”选项，在“设置”选项里调节测量方式为“双怠速”	（1）如果HC残留物检查不合格，则应清洗测试管道
	8. 双怠速排放测量	1）进入“双怠速测量”子菜单后，首先将进行HC残留物检查。检查结束后，根据仪器提示选择“额定转速”，按“K”键确认	（1）发动机润滑油温度达不到80℃时，应根据仪器提示使发动机加速预热，完成检测前的准备工作

（续表）

序号内容	项目名称	技术说明	注意事项
六、尾气的测量	9. 安装废气取样探头	1）将取样探头插入被测车辆的排气管中（深度约为400mm）	（1）取样探头插入被测车辆的排气管后，仍须插入废气抽气管
	10. 尾气取样	1）按仪器提示进行高怠速的取样测量。保持发动机转速在2500r/min，屏幕显示取样时间为倒计时45秒	（1）如果发动机转速在取样阶段无法保持在（2500±100）r/min范围内，则仪器将重新计时
	11. 尾气取样结束	1）取样倒计时结束，取样完成，读取并记录测量数据	（1）必须按仪器的提示步骤要求进行操作
七、结束测量	1. 拆下取样探头	1）将取样探头从排气管拔出，放回到原先位置。尾气检测仪继续保持仪器处于测量状态下10分钟左右，使废气取样探头内的废气排空	（1）测量后的取样探头可能温度较高，取出时应防止伤及他人 （2）取样探头应悬空放置，防止杂物被吸入管道内
	2. 关闭发动机	1）关闭点火钥匙，发动机熄火	（1）检查发动机是否熄火
	3. 拆下转速测量钳	1）拆下转速测量钳并放回工具车上	（1）将转速测量钳放置到规定位置
	4. 拔出尾气分析仪油温测量管	1）拔出尾气分析仪油温测量管，清洁测量探头并放回工具车上，然后将机油尺装回到机油尺孔上	（1）将测量探头放置到规定位置
	5. 拆下翼子板布及前格栅布	1）拆下翼子板布及前格栅布，并叠好	（1）将翼子板布及前格栅布整理好放置到规定位置
	6. 关闭发动机舱盖	1）关闭发动机舱盖	（1）关闭发动机舱盖时注意人身安全
	7. 拆下废气抽气管	1）拆下废气抽气管，放回到原先位置	（1）检查废气抽气管是否放置到规定位置
	8. 关闭废气分析仪电源	1）关闭废气分析仪电源	（1）检查废气分析仪电源是否关闭
	9. 拆下尾气分析仪连接管路及导线	1）拆下尾气分析仪油温信号插头、尾气分析仪转速信号插头、电源连接线、测试取样管	（1）检查尾气分析仪连接管路及导线是否放置到规定位置
	10. 尾气分析仪归位	1）把尾气分析仪放回到原先位置	（1）检查尾气分析仪是否放置到规定位置
	11. 清洁尾气分析仪	1）把尾气分析仪清洁干净	（1）检查尾气分析仪是否清洁干净

（续表）

序号内容	项目名称	技术说明	注意事项
八、清洁整理工具	1. 清洁工具	1）清洁	
	2. 恢复/整理工具	1）工具整理，放置	
备注			

汽车尾气分析评分表

操作选手：__________ 日期：__________ 得分：__________

序号	项目名称	评分细则	分值	得分	原因
一	准备尾气分析仪（11 分）	1. 准备尾气分析仪，检查型号（2 分）	2		
		2. 连接测试取样管和电源连接线，连接线是否完好（1 分），密封是否可靠（1 分）	2		
		3. 连接分析仪器转速信号插头和线缆（2 分），连接是否可靠（1 分）	3		
		4. 连接尾气分析仪油温信号插头和线索，连接方向是否准确（1 分），连接是否可靠（1 分）	2		
		5. 连接 220V 电源，仪器是否进入自检状态（1 分），荧屏界面是否清晰（1 分）	2		
二	发动机舱液位检查（8 分）	1. 打开发动机舱盖（2 分），未检查（1 分）	3		
		2. 安装翼子板布和前格栅布（3 分）	3		
		3. 发动机舱油、液位检查（2 分）	2		
三	安装尾气分析仪油温测量管及转速测量钳（8 分）	1. 取下发动机罩盖（2 分），取下后摆放（1 分）	3		
		2. 安装尾气分析仪油温测量管（2 分）	2		
		3. 安装转速测量钳（3 分）	3		
四	泄漏检查与设置测量方式（9 分）	1. 预热尾气分析仪（3 分）	3		
		2. 泄漏检查及调零（3 分）	3		
		3. 设置发动机参数（3 分）	3		
五	启动发动机（10 分）	1. 安装尾气抽气管（3 分）	3		
		2. 启动前安全检查（3 分）	3		
		3. 启动发动机（4 分）	4		

（续表）

序号	项目名称	评分细则	分值	得分	原因
六	尾气的测量（22分）	1. 尾气分析仪的测量选择（2分）	2		
		2. 安装废气取样探头（2分）	2		
		3. 尾气取样（2分）	2		
		4. 尾气取样结束（2分）	2		
		5. 拆下取样探头（2分）	2		
		6. 测量数据对比（2分）	2		
		7. 选择双怠速排放测量（2分）	2		
		8. 双怠速排放测量（2分）	2		
		9. 安装废气取样探头（2分）	2		
		10. 尾气取样（2分）	2		
		11. 尾气取样结束（2分）	2		
七	结束测量（22分）	1. 拆下取样探头（2分）	2		
		2. 关闭发动机（2分）	2		
		3. 拆下转速测量钳（2分）	2		
		4. 拔出尾气分析仪油温测量管（2分）	2		
		5. 拆下翼子板布及前格栅布（2分）	2		
		6. 关闭发动机舱盖（2分）	2		
		7. 拆下废气抽气管（2分）	2		
		8. 关闭废气分析仪电源（2分）	2		
		9. 拆下尾气分析仪连接管路及导线（2分）	2		
		10. 尾气分析仪归位（2分）	2		
		11. 清洁尾气分析仪（2分）	2		
八	清洁、整理工具（10分）	1. 清洁工具，每次1分，共3分	3		
		2. 恢复/整理工具（2分），扭力扳手归位（1分）	3		
		3. 操作中是否有物体落地或损坏（4分），可倒扣	4		
总　分			100		

汽车尾气分析观察表

观察选手：__________ 操作选手：__________ 日期：__________

序号内容	项目名称	操作结果记录	操作数据记录
一、准备尾气分析仪	1. 准备尾气分析仪		
	2. 连接测试取样管和电源连接线		
	3. 连接分析仪器转速信号插头和线缆		
	4. 连接尾气分析仪油温信号插头和线索		
	5. 连接 220V 电源		
二、发动机舱液位检查	1. 打开发动机舱盖		
	2. 安装翼子板布和前格栅布		
	3. 发动机舱油、液位检查		
三、安装尾气分析仪油温测量管及转速测量钳	1. 取下发动机罩盖		
	2. 安装尾气分析仪油温测量管		
	3. 安装转速测量钳		
四、泄漏检查与设置测量方式	1. 预热尾气分析仪		
	2. 泄漏检查及调零		
	3. 设置发动机参数		
五、启动发动机	1. 安装尾气抽气管		
	2. 启动前安全检查		
	3. 启动发动机		
六、尾气的测量	1. 尾气分析仪的测量选择		
	2. 安装废气取样探头		
	3. 尾气取样		
	4. 尾气取样结束		
	5. 拆下取样探头		
	6. 测量数据对比		
	7. 选择双怠速排放测量		
	8. 双怠速排放测量		
	9. 安装废气取样探头		
	10. 尾气取样		
	11. 尾气取样结束		

（续表）

序号内容	项目名称	操作结果记录	操作数据记录
七、结束测量	1. 拆下取样探头		
	2. 关闭发动机		
	3. 拆下转速测量钳		
	4. 拔出尾气分析仪油温测量管		
	5. 拆下翼子板布及前格栅布		
	6. 关闭发动机舱盖		
	7. 拆下废气抽气管		
	8. 关闭废气分析仪电源		
	9. 拆下尾气分析仪连接管路及导线		
	10. 尾气分析仪归位		
	11. 清洁尾气分析仪		
八、清洁、整理工具	1. 清洁工具		
	2. 恢复/整理工具		
备注			

汽车尾气分析操作工艺单

操作选手：__________ 日期：__________

序号内容	项目名称	操作结果记录	操作数据记录
一、准备尾气分析仪	1. 准备尾气分析仪		
	2. 连接测试取样管和电源连接线		
	3. 连接分析仪器转速信号插头和线缆		
	4. 连接尾气分析仪油温信号插头和线索		
	5. 连接220V电源		
二、发动机舱液位检查	1. 打开发动机舱盖		
	2. 安装翼子板布和前格栅布		
	3. 发动机舱油、液位检查		
三、安装尾气分析仪油温测量管及转速测量钳	1. 取下发动机罩盖		
	2. 安装尾气分析仪油温测量管		
	3. 安装转速测量钳		
四、泄漏检查与设置测量方式	1. 预热尾气分析仪		
	2. 泄漏检查及调零		
	3. 设置发动机参数		

（续表）

序号内容	项目名称	操作结果记录	操作数据记录
五、启动发动机	1. 安装尾气抽气管		
	2. 启动前安全检查		
	3. 启动发动机		
六、尾气的测量	1. 尾气分析仪的测量选择		
	2. 安装废气取样探头		
	3. 尾气取样		
	4. 尾气取样结束		
	5. 拆下取样探头		
	6. 测量数据对比		
	7. 选择双怠速排放测量		
	8. 双怠速排放测量		
	9. 安装废气取样探头		
	10. 尾气取样		
	11. 尾气取样结束		
七、结束测量	1. 拆下取样探头		
	2. 关闭发动机		
	3. 拆下转速测量钳		
	4. 拔出尾气分析仪油温测量管		
	5. 拆下翼子板布及前格栅布		
	6. 关闭发动机舱盖		
	7. 拆下废气抽气管		
	8. 关闭废气分析仪电源		
	9. 拆下尾气分析仪连接管路及导线		
	10. 尾气分析仪归位		
	11. 清洁尾气分析仪		
八、清洁、整理工具	1. 清洁工具		
	2. 恢复/整理工具		
备注			

第十八节　进排气系统泄漏检查

进排气系统泄漏检查流程表

操作选手：__________ 日期：__________

序号内容	项目名称	技术说明	注意事项
一、前期准备和启动前的检查	参见相关内容		
二、拆除2号发动机盖罩	参见相关内容		
三、静态外观检查	1. 发动机运转前进气系统外观的泄漏检查	1）检查并按捏空气滤清器软管总成、通风软管、制动助力器真空软管、PCV阀软管表面有无龟裂、老化、断裂等现象	（1）检查时应防止检查部位附近的线束和部件被无意损坏 （2）检查进气系统各连接软管时，切勿用力过大，以防软管人为损坏
		2）上述各连接软管的卡箍位置是否正确、卡箍是否完好，是否存在松动现象	
		3）检查进气歧管有无裂纹、破损	
		4）用手电筒检查节气门体衬垫处、进气歧管衬垫处是否有破损泄漏现象	
		5）确认泄漏点，并加以标注记录（特例）	
	2. 发动机运转前排气系统外观的状态检查	1）检查并确认排气歧管衬垫处、前排气管总成及衬垫、前氧传感器连接处等各点（排气管连接部分和传感器安装位置）是否有废气泄漏痕迹	（1）在检查排气系统泄漏状况时，必须戴手套和护目镜
		2）举升车辆（参见相关内容）	
		3）检查并确认前排气管总成、后氧传感器连接处等各点、中央排气管总成及前后衬垫、排气尾管总成是否有排气泄漏痕迹	
		4）确认泄漏点，并加以标注记录（特例）	

（续表）

序号内容	项目名称	技术说明	注意事项
四、动态外观泄漏检查	1. 发动机运转时进气系统的泄漏检查	1）启动发动机，保持怠速运转	（1）检查时注意防止烫伤和触及旋转部件
		2）以“发动机运转前进气系统外观的泄漏检查”的同样方式对进气系统进行检查	
		3）采用仔细倾听和手感检查相结合的方法对进气系统相关零件的接合密封部位进行检查。如果存在吸气现象，则在漏气部位加以标注记录	
		4）关闭点火开关，使发动机熄火	
	2. 发动机运转时排气系统的泄漏检查	1）起动发动机，保持怠速运转	（1）检查过程中必须佩戴保护手套、护目镜 （2）检查时双手应与排气系统保持一定距离。注意防止烫伤和触及旋转部件 （3）如果存在排气泄漏，佩戴保护手套将会明显感到冲击，此部位应是泄漏点
		2）检查并确认排气歧管衬垫处、前排气管总成及衬垫、前氧传感器连接处等各点（排气管连接部分和传感器安装位置）是否有排气泄漏现象	
		3）举升车辆（参见相关内容）	
		4）以“发动机运转前排气系统外观的泄漏检查”的同样方式对排气系统进行检查	
		5）采用仔细倾听和手感检查相结合的方法对排气系统接合密封部位进行检查。如果存在泄漏现象，则在漏气部位加以标注记录	
		6）关闭点火开关，使发动机熄火	
五、安装附属设施	参见相关内容		
六、车辆复原	参见相关内容		
七、清洁整理工具	1. 清洁工具	1）清洁	
	2. 恢复/整理	1）整理	
备注			

进排气系统泄漏检查评分表

操作选手：________ 日期：________ 得分：________

序号	项目名称	评分细则	分值	得分	原因
一	前期准备和启动前的检查（15分）	参见相关内容	15		
二	拆除2号发动机盖罩（10分）	参见相关内容	10		
三	静态外观检查（10分）	1. 发动机运转前进气系统外观的泄漏检查	5		
		2. 发动机运转前排气系统外观的状态检查	5		
四	动态外观泄漏检查（20分）	1. 发动机运转时进气系统的泄漏检查	10		
		2. 发动机运转时排气系统的泄漏检查	10		
五	安装附属设施（15分）	参见相关内容	15		
六	车辆复原（20分）	参见相关内容	20		
七	“5S”清洁整理（10分）	1. 清洁工具，每次1分	3		
		2. 恢复/整理	3		
		3. 操作中是否有物体落地或损坏，可倒扣	4		
总分			100		

进排气系统泄漏检查观察表

观察选手：________ 操作选手：________ 日期：________

序号内容	项目名称	观察记录	意见建议
一、前期准备和启动前的检查	参见相关内容		
二、拆除2号发动机盖罩	参见相关内容		

（续表）

序号内容	项目名称	观察记录	意见建议
三、静态外观检查	1. 发动机运转前进气系统外观的泄漏检查		
	2. 发动机运转前排气系统外观的状态检查		
四、动态外观泄漏检查	1. 发动机运转时进气系统的泄漏检查		
	2. 发动机运转时排气系统的泄漏检查		
五、安装附属设施	参见相关内容		
六、车辆复原	参见相关内容		
七、清洁整理工具	1. 清洁工具		
	2. 恢复/整理		
教师点评			

进排气系统泄漏检查操作工艺单

操作选手：________ 日期：________

序号内容	项目名称	操作结果记录	操作数据记录
一、前期准备和起动前的检查	参见相关内容		
二、拆除2号发动机盖罩	参见相关内容		
三、静态外观检查	1. 发动机运转前进气系统外观的泄漏检查		
	2. 发动机运转前排气系统外观的状态检查		
四、动态外观泄漏检查	1. 发动机运转时进气系统的泄漏检查		
	2. 发动机运转时排气系统的泄漏检查		

（续表）

序号内容	项目名称	操作结果记录	操作数据记录
五、安装附属设施	参见相关内容		
六、车辆复原	参见相关内容		
七、清洁整理工具	1. 清洁工具		
	2. 恢复/整理		
备注			

第十九节　清洁与更换空气滤清器

清洁与更换空气滤清器流程表

操作选手：__________　日期：__________

序号内容	项目名称	技术说明	注意事项
一、拆卸空气滤清器	1. 取下发动机盖罩	1）先提起发动机罩前端，再提起发动机罩后端，取下发动机盖罩，放置在零件车第二层	(1) 放置时发动机盖罩面要朝上
	2. 断开空气流量计线束连接器	1）按下空气流量计线束连接器锁舌，将空气流量计线束连接器向外拔出 2）使用卡扣拆卸专用工具拆下空气流量计连接器线束固定卡扣	(1) 拆下空气流量计连接器线束固定卡扣时应小心操作，防止损坏空气流量计连接器线束固定卡扣
	3. 拆卸空气滤清器盖固定卡扣	1）用手打开空气滤清器盖上的 2 个卡扣	(1) 注意工具的规范化操作
	4. 拧松节气门与进气管连接端卡箍带紧固螺栓	1）使用 10mm 套筒、短接杆、棘轮扳手组合工具拧松节气门与进气管连接端卡箍带紧固螺栓	(1) 注意工具的规范化操作
	5. 取下通风软管	1）用手松开气门室罩盖通风软管固定卡箍，拔下气门室罩盖通风软管	(1) 拔下气门室罩盖通风软管后，要用胶带或专用罩将气门室通风口封住
	6. 取下空气滤清器盖分总成	1）用手取下空气滤清器盖分总成放置零件车第一层	(1) 取下空气滤清器盖分总成后，要用胶带或专用罩将节气门进气口封住
	7. 取出空气滤清器滤芯	1）双手从空气滤清器下壳体中平稳取出空气滤清器滤芯	(1) 注意规范化操作

（续表）

序号内容	项目名称	技术说明	注意事项
二、清洁空气滤清器	1. 使用干净棉纱布擦拭滤清器盖及下壳体内壁	1）使用干净棉纱擦拭滤清器盖及下体内壁，将尘土等清除，棉纱不要沾有水、油等，轻轻擦拭滤清器盖及下体内壁	（1）检查中如果看不清楚，可借用手电筒
		2）用高压气枪吹净滤清器盖及下壳体	
	2. 使用吹气枪吹拂滤芯	1）使用吹气枪按照与滤芯工作时空气流动相反方向吹拂滤芯，将滤芯上吸附的沙尘吹净	（1）使用吹气枪吹拂滤芯时，不要面对人操作 （2）工具放入时要小心，不能碰撞缸壁
三、检查空气滤清器	1. 检查空气滤芯	1）若已经达到使用里程或没到里程空气滤清器污损，更换新滤芯	（1）检查时要小心
	2. 检查空气滤清器上、下壳体是否有裂纹、变形和破损	1）目视检查空气滤清器上壳体是否有裂纹、变形和破损，检查空气滤清器下壳体上的两个卡扣是否有变形、脱落，如有应及时更换	（1）检查时要小心
	3. 检查空气滤清器上、下壳体是否有裂纹、变形和破损	1）检查进气软管是否有破损、老化，若进气软管有破损，应修复或更换	（1）检查时要小心
	4. 检查进气软管是否有破损、老化	1）检查进气软管是否有破损、老化，若进气软管有破损，应修复或更换	（1）检查时要小心

（续表）

序号内容	项目名称	技术说明	注意事项
四、安装空气滤清器	1. 安装空气滤清器芯	1）将空气滤清器芯安放入滤清器壳下体，空气滤清器芯的安装方向要正确，有标识的一面应朝上。安装后保证滤芯的周边承面与壳体的承接面应均匀接触	（1）安装过程中，手不可触碰到空气滤清器芯表面
	2. 安装通风软管	1）拆除通风软管防护措施，插接通风软管，并卡紧卡箍	（1）必须安装到位
	3. 安装进气软管	1）拆除节气门防护措施，插接好进气管，使用10mm套筒、短接杆、棘轮扳手组合工具拧紧进气管卡箍	（1）必须安装到位 （2）不要用其他工具去卡紧
	4. 卡紧空气滤清器盖上的2个卡扣	1）将滤清器盖与下壳体对正扣合，然后把卡扣的浮动端搭在滤清器盖的凹槽内，按下卡箍	（1）安装时要小心
	5. 检查进气软管两端接口处是否连接可靠	1）检查进气软管两端接口处是否连接可靠，若出现松脱，应使用工具紧固卡箍	（1）必须安装到位
	6. 连接空气流量计线束连接器	1）安装空气流量计连接器线束固定卡扣，插接空气流量计线束连接器，确保连接器锁止可靠	（1）必须安装到位
	7. 安装发动机盖罩	1）安装发动机盖罩，双手握住发动机盖罩对正位置，依次按下前后端	（1）必须安装到位
五、清洁整理工具	1. 清洁工具	1）清洁	
	2. 恢复/整理	1）整理	
备注			

清洁与更换空气滤清器评分表

操作选手：__________ 日期：__________ 得分：__________

序号	项目名称	评分细则	分值	得分	原因
一	拆卸空气滤清器（28分）	1. 取下发动机盖罩	4		
		2. 断开空气流量计线束连接器	4		
		3. 拆卸空气滤清器盖固定卡扣	4		
		4. 拧松节气门与进气管连接端卡箍带紧固螺栓	4		
		5. 取下通风软管	4		
		6. 取下空气滤清器盖分总成	4		
		7. 取出空气滤清器滤芯	4		
二	清洁空气滤清器（12分）	1. 使用干净棉纱布擦拭滤清器盖及下壳体内壁	6		
		2. 使用吹气枪吹拂滤芯	6		
三	检查空气滤清器（20分）	1. 检查空气滤芯	5		
		2. 检查空气滤清器上、下壳体是否有裂纹、变形和破损	10		
		3. 检查进气软管是否有破损、老化	5		
四	安装空气滤清器（30分）	1. 安装空气滤清器芯	5		
		2. 安装通风软管	5		
		3. 安装进气软管	5		
		4. 卡紧空气滤清器盖上的2个卡扣	5		
		5. 检查进气软管两端接口处是否连接可靠	3		
		6. 连接空气流量计线束连接器	5		
		7. 安装发动机盖罩	2		
五	“5S”清洁整理（10分）	1. 清洁工具，每次1分	3		
		2. 恢复/整理工具，扭力扳手归位	3		
		3. 操作中是否有物体落地或损坏，可倒扣	4		
总分			100		

清洁与更换空气滤清器观察表

观察选手：________ 操作选手：________ 日期：________

序号内容	项目名称	观察记录	意见建议
一、拆卸空气滤清器	1. 取下发动机盖罩		
	2. 断开空气流量计线束连接器		
	3. 拆卸空气滤清器盖固定卡扣		
	4. 拧松节气门与进气管连接端卡箍带紧固螺栓		
	5. 取下通风软管		
	6. 取下空气滤清器盖分总成		
	7. 取出空气滤清器滤芯		
二、清洁空气滤清器	1. 使用干净棉纱布擦拭滤清器盖及下壳体内壁		
	2. 使用吹气枪吹拂滤芯		
三、检查空气滤清器	1. 检查空气滤芯		
	2. 检查空气滤清器上、下壳体是否有裂纹、变形和破损		
	3. 检查进气软管是否有破损、老化		
四、安装空气滤清器	1. 安装空气滤清器芯		
	2. 安装通风软管		
	3. 安装进气软管		
	4. 卡紧空气滤清器盖上的 2 个卡扣		
	5. 检查进气软管两端接口处是否连接可靠		
	6. 连接空气流量计线束连接器		
	7. 安装发动机盖罩		
五、清洁整理工具	1. 清洁工具		
	2. 恢复/整理工具		
教师点评			

清洁与更换空气滤清器工艺单

操作选手：________ 日期：________

序号内容	项目名称	操作结果记录	操作数据记录
一、拆卸空气滤清器	1. 取下发动机盖罩		
	2. 断开空气流量计线束连接器		
	3. 拆卸空气滤清器盖固定卡扣		
	4. 拧松节气门与进气管连接端卡箍带紧固螺栓		
	5. 取下通风软管		
	6. 取下空气滤清器盖分总成		
	7. 取出空气滤清器滤芯		
二、清洁空气滤清器	1. 使用干净棉纱布擦拭滤清器盖及下壳体内壁		
	2. 使用吹气枪吹拂滤芯		
三、检查空气滤清器	1. 检查空气滤芯		
	2. 检查空气滤清器上、下壳体是否有裂纹、变形和破损		
	3. 检查进气软管是否有破损、老化		
四、安装空气滤清器	1. 安装空气滤清器芯		
	2. 安装通风软管		
	3. 安装进气软管		
	4. 卡紧空气滤清器盖上的 2 个卡扣		
	5. 检查进气软管两端接口处是否连接可靠		
	6. 连接空气流量计线束连接器		
	7. 安装发动机盖罩		
五、清沽整理工具	1. 清洁工具		
	2. 恢复/整理工具		
备注说明			

第二十节　检查点火正时

一、判断题

1. 汽车故障诊断包含了“诊”和“断”两个环节。(　　)

2. 诊断技术人员从汽车的故障现象出发，对故障部位和原因作出确切的判断，完

成"诊"的环节。（　　）

3. 技术检测的主要任务是通过测试仪器和设备对汽车的诊断参数进行测量。（　　）

4. DIS是双缸点火系统，其中每个气缸由一个点火线圈点火，火花塞连接在各个次级绕组的末端。（　　）

5. 一旦ECM切断初级线圈电流，点火器会将点火确认（IGF）信号发送回ECM，用于各气缸点火。（　　）

二、填空题

1. 汽车故障诊断中的第一环节"诊"是一个综合的"测试"过程，包括________和性能试验两个部分。

2. 诊断的结果可能由多个部位和多种原因造成，所以，汽车诊断应该包括技术检测、__________和结果分析三个部分。

3. DIS中，次级绕组中产生的高电压直接作用到各个________上。

4. ________确定点火正时并向每个气缸发送点火信号（IGT）。

5. ECM根据IGT信号接通或关闭点火器内的__________的电源。

检查点火正时流程表

操作选手：__________　日期：__________

序号内容	项目名称	技术说明	注意事项
一、使用汽车故障电脑诊断仪进行检查	1. 暖机并停止发动机	1）启动发动机运转一段时间，使发动机温度不低于80℃	（1）应检查变速器挡位、手制动的位置、离合器状态
		2）关闭发动机	
	2. 连接汽车故障电脑诊断仪	1）将汽车故障电脑诊断仪的插头连接到车辆检测端口DLC3	（1）点火开关必须处于OFF位置
	3. 将点火开关置于"ON"位置	1）将点火开关置于"ON"位置	
	4. 选择菜单项	1）选择菜单项：Powertrain/Engine andECT/Active Test/TC（TE1）/ON	（1）汽车故障电脑诊断仪的使用
	5. 在怠速下检查点火正时	1）在怠速下检查点火正时	（1）确认所有电器系统和空调处于关闭状态 （2）确认变速器挡位处于空挡 （3）在冷却风扇关闭时检查点火正时
	6. 取下汽车故障电脑诊断仪	1）选择菜单：TC（TE1）/OFF，将点火开关置于"OFF"位置	参见相关内容
		2）从DLC3上断开汽车故障电脑诊断仪	

（续表）

序号内容	项目名称	技术说明	注意事项
二、使用点火正时灯进行检查	1. 拆下发动机罩盖	1）取下发动机罩盖时，依次提起发动机罩盖的前后两端，再取下发动机罩盖	参见相关内容
	2. 暖机并停止发动机	1）发动机运转一段时间，使发动机温度不低于80℃，并关闭发动机	（1）应检查变速器挡位、手制动的位置、离合器状态
	3. 连接点火正时灯	1）将点火正时灯的感应夹连接至第一缸点火信号线，两根电源线连接至蓄电池的正负两极上	参见相关内容
	4. 将点火开关置于“ON”位置	1）将点火开关置于“ON”位置	参见相关内容
	5. 在怠速下检查点火正时	1）启动发动机保持发动机在怠速下运转，怠速（700±50）r/min下发动机点火正时：8°～12°BTDC。按下点火正时灯开关，第一缸点火时正时灯点亮，对上曲轴皮带轮上的标记灯照正时记号。这样就能测得基本点火时间	（1）确认所有电器系统和空调处于关闭状态，确认变速器挡位处于空挡，确认冷却风扇处于关闭时检查点火正时
	6. 取下点火正时灯	1）将点火开关置于“OFF”位置，拆下点火正时灯连线	
	7. 安装发动机盖罩	1）安装发动机盖罩	
三、清洁整理工具	1. 清洁工具	1）清洁	
	2. 恢复/整理工具	2）扭力扳手归零	
备注			

检查点火正时评分表

操作选手：__________ 日期：__________ 得分：__________

序号	项目名称	评分细则	分值	得分	原因
一	使用汽车故障电脑诊断仪进行检查（40分）	1. 暖机并停止发动机	7		
		2. 连接汽车故障电脑诊断仪	7		
		3. 将点火开关置于“ON”位置	5		
		4. 选择菜单项	7		
		5. 在怠速下检查点火正时	7		
		6. 取下汽车故障电脑诊断仪	7		

（续表）

序号	项目名称	评分细则	分值	得分	原因
二	使用点火正时灯进行检查（50分）	1. 拆下发动机罩盖	7		
		2. 暖机并停止发动机	7		
		3. 连接点火正时灯	7		
		4. 将点火开关置于“ON”位置	7		
		5. 在怠速下检查点火正时	8		
		6. 取下点火正时灯	7		
		7. 安装发动机盖罩	7		
三	“5S”清洁整理（10分）	1. 清洁工具，每次1分	3		
		2. 恢复/整理工具，扭力扳手归位	3		
		3. 操作中是否有物体落地或损坏，可倒扣	4		
总　分			100		

检查点火正时观察表

观察选手：＿＿＿＿＿＿　操作选手：＿＿＿＿＿＿　日期：＿＿＿＿＿＿

序号内容	项目名称	观察记录	意见建议
一、使用汽车故障电脑诊断仪进行检查	1. 暖机并停止发动机		
	2. 连接汽车故障电脑诊断仪		
	3. 将点火开关置于“ON”位置		
	4. 选择菜单项		
	5. 在怠速下检查点火正时		
	6. 取下汽车故障电脑诊断仪		
二、使用点火正时灯进行检查	1. 拆下发动机罩盖		
	2. 暖机并停止发动机		
	3. 连接点火正时灯		
	4. 将点火开关置于“ON”位置		
	5. 在怠速下检查点火正时		
	6. 取下点火正时灯		
三、清洁整理工具	1. 清洁工具		
	2. 恢复/整理工具		
教师点评			

检查点火正时操作工艺单

操作选手：__________ 日期：__________

序号内容	项目名称	操作结果记录	操作数据记录
一、使用汽车故障电脑诊断仪进行检查	1. 暖机并停止发动机		
	2. 连接汽车故障电脑诊断仪		
	3. 将点火开关置于“ON”位置		
	4. 选择菜单项		
	5. 在怠速下检查点火正时		
	6. 取下汽车故障电脑诊断仪		
二、使用点火正时灯进行检查	1. 拆下发动机罩盖		
	2. 暖机并停止发动机		
	3. 连接点火正时灯		
	4. 将点火开关置于“ON”位置		
	5. 在怠速下检查点火正时		
	6. 取下点火正时灯		
三、清洁整理工具	1. 清洁工具		
	2. 恢复/整理工具		
备注			

第二十一节　检查与更换点火线圈总成

检查与更换点火线圈总成流程表

操作选手：__________ 日期：__________

序号内容	项目名称	技术说明	注意事项
一、拆卸点火线圈周围件	1. 拆卸气缸盖罩	1）左手按住发动机盖罩，右手深入罩盖后部的下边缘轻轻向上拉，听到“咔嗒”的脱开声后脱开发动机罩盖的后部左侧 1 号卡子 2）使用类似方法依次脱开右后 2 号卡子、左前 3 号卡子、右前 4 号卡子	（1）操作时需佩戴手套 （2）脱开固定卡子时，应将手尽量靠近固定点，且另一只手应按在发动机盖罩上 （3）同时脱开前后卡子可能会导致气缸盖罩破裂
	2. 断开 1 缸点火线圈连接器	1）按下点火线圈总成连接器锁扣，分离点火线圈总成连接器	（1）断开连接器时，先按压锁止扣，当确认锁止装置完全脱离后，方可拔下连接器 （2）若锁止装置无法解除，则尝试边按压锁止扣边向内推直至锁止装置完全解除方可拔下连接器 （3）禁止在线束端借用外力拔下连接器

（续表）

序号内容	项目名称	技术说明	注意事项
二、拆卸点火线圈总成	1. 清洁点火线圈总成周围	1）用压缩空气对点火线圈总成周围进行清洁	（1）清洁时，应使用清洁抹布罩在上面，防止灰尘飞起
	2. 拆卸1缸点火线圈固定螺栓	1）选用10mm套筒、长接杆及棘轮扳手，正确拆卸1缸点火线圈固定螺栓；取出螺栓后摆放到零件车上	（1）松开点火线圈固定螺栓后，用手取下螺栓，防止掉落
	3. 拔出点火线圈总成	1）垂直拔出（两只手摆放位置）点火线圈总成，拔出后摆放到零件车上	（1）点火线圈总成如拔不出，不要硬拔，先左右旋动点火线圈总成，使火花塞与点火线圈总成的胶套松动，然后再垂直拔出点火线圈总成 （2）拆下点火线圈总成时，不要损坏点火线圈总成中发动机缸盖罩及火花塞套管部分
三、检查点火线圈总成	1. 检查点火线圈总成与火花塞套接部位	1）检查点火线圈总成与火花塞套接部位是否老化、损坏、烧蚀、裂纹，如有，则更换	（1）检查老化时，可用手捏套接处进行检查
		2）检查点火线圈总成上火花塞帽内是否生锈、腐蚀，如有，则更换	
	2. 换用新点火线圈总成	1）检查和确认新的点火线圈总成的零件号是否正确	（1）检查损坏、有裂痕时，可用手捏套接处进行检查
		2）检查新的点火线圈外观是否完好	
四、安装点火线圈总成	1. 清洁发动机上火花塞套管	1）用压缩空气对发动机上火花塞套管进行清洁	（1）清洁时，应用清洁抹布罩在上面，防止油污飞起
	2. 安装点火线圈总成	1）点火线圈总成放入时应先对正火花塞头部套接部位，再对准点火线圈总成固定螺栓孔，然后垂直压入点火线圈总成	（1）安装点火线圈总成时，位置要安装到位
		2）压入时，应感觉到由松到紧再由紧到松的过程，保证点火线圈总成上的螺栓孔底部与汽缸盖上的螺栓孔底部平行接触	
		3）将点火线圈总成压到与螺栓平面平行接触	

（续表）

序号内容	项目名称	技术说明	注意事项
四、安装点火线圈总成	3. 安装点火线圈总成固定螺栓	1）用手将点火线圈固定螺栓正确旋入螺纹处	（1）安装点火线圈总成时，不要损坏点火线圈总成中发动机缸盖罩及火花塞套管部分
		2）选用 10mm 套筒及扭力扳手以 10N·m 的扭矩紧固点火线圈固定螺栓	
	4. 插接点火线圈线束连接器	1）插接点火线圈连接器，确保连接器可靠锁止	（1）线束的插头和插座必须对正，并且轻轻推入锁止，确认听到锁止到位的“咔嗒”声 （2）推入后轻轻向外拉动连接器，确认可靠锁止
	5. 安装发动机盖罩	1）双手前后握住发动机盖罩，使发动机盖罩两缺口与发动机机油加注盖、机油尺部位对正，已确定四个锁孔位置对正	（1）安装固定卡子时，应将手尽量靠近固定点，且另一只手应按在发动机盖罩上
		2）左手按住发动机盖罩右后侧，右手按下右前端 4 号卡子，听到“咔嗒”声，确认安装到位	
		3）使用类似方法依次按下左前 3 号卡子、右后 2 号卡子、右后 1 号卡子，确保安装到位	
五、清洁整理工具	1. 清洁工具	1）清洁	
	2. 恢复/整理工具	1）扭力扳手归零	
备注			

检查与更换点火线圈总成评分表

操作选手：__________ 日期：__________ 得分：__________

序号内容	项目名称	技术说明	分值	得分	原因
一、拆卸点火线圈周围件（16 分）	1. 拆卸气缸盖罩	1）左手按住发动机盖罩，右手深入罩盖后部的下边缘轻轻向上拉，听到“咔嗒”的脱开声后脱开发动机罩盖的后部左侧 1 号卡子	3		
		2）使用类似方法依次脱开右后 2 号卡子、左前 3 号卡子、右前 4 号卡子	9		
	2. 断开 1 缸点火线圈连接器	1）按下点火线圈总成连接器锁扣，分离点火线圈总成连接器	4		

（续表）

序号内容	项目名称	技术说明	分值	得分	原因
二、拆卸点火线圈总成（12分）	1. 清洁点火线圈总成周围	1）用压缩空气对点火线圈总成周围进行清洁	4		
	2. 拆卸1缸点火线圈固定螺栓	1）选用10mm套筒、长接杆及棘轮扳手，正确拆卸1缸点火线圈固定螺栓，取出螺栓后摆放到零件车上	4		
	3. 拔出点火线圈总成	1）垂直拔出（两只手摆放位置）点火线圈总成，拔出后摆放到零件车上	4		
三、检查点火线圈总成（14分）	1. 检查点火线圈总成与火花塞套接部位	1）检查点火线圈总成与火花塞套接部位是否老化、损坏、烧蚀、裂纹，如有，则更换	4		
		2）检查点火线圈总成上火花塞帽内是否生锈、腐蚀，如有，则更换	6		
	2. 换用新点火线圈总成	1）检查和确认新的点火线圈总成的零件号是否正确 2）检查新的点火线圈外观是否完好	4		
四、安装点火线圈总成（48分）	1. 清洁发动机上火花塞套管	1）用压缩空气对发动机上火花塞套管进行清洁	4		
	2. 安装点火线圈总成	1）点火线圈总成放入时应先对正火花塞头部套接部位，再对准点火线圈总成固定螺栓孔，然后垂直压入点火线圈总成	4		
		2）压入时，应感觉到由松到紧再由紧到松的过程，保证点火线圈总成上的螺栓孔底部与汽缸盖上的螺栓孔底部平行接触	4		
		3）将点火线圈总成压到与螺栓平面平行接触	4		
	3. 安装点火线圈总成固定螺栓	1）用手将点火线圈固定螺栓正确旋入螺纹处	4		
		2）选用10mm套筒及扭力扳手以10N·m的扭矩紧固点火线圈固定螺栓	6		
	4. 插接点火线圈线束连接器	1）插接点火线圈连接器，确保连接器可靠锁止	5		
	5. 安装发动机盖罩	1）双手前后握住发动机盖罩，使发动机盖罩两缺口与发动机机油加注盖、机油尺部位对正，已确定四个锁孔位置对正	4		
		2）左手按住发动机盖罩右后侧，右手按下右前端4号卡子，听到“咔嗒”声，确认安装到位	4		
		3）使用类似方法依次按下左前3号卡子、右后2号卡子、右后1号卡子，确保安装到位	9		

（续表）

序号内容	项目名称	技术说明	分值	得分	原因
五、清洁整理工具（10分）	1. 清洁工具	1）清洁	3		
	2. 恢复/整理工具	1）扭力扳手归零	3		
	3. 操作中是否有物体落地或损坏		4		
总　分			66		

检查与更换点火线圈总成观察表

观察选手：＿＿＿＿＿　操作选手：＿＿＿＿＿　日期：＿＿＿＿＿

序号内容	项目名称	技术说明	观察记录	意见建议
一、拆卸点火线圈周围件	1. 拆卸气缸盖罩	1）左手按住发动机盖罩，右手深入罩盖后部的下边缘轻轻向上拉，听到“咔嗒”的脱开声脱开发动机罩盖的后部左侧1号卡子		
		2）使用类似方法依次脱开右后2号卡子、左前3号卡子、右前4号卡子		
	2. 断开1缸点火线圈连接器	1）按下点火线圈总成连接器锁扣，分离点火线圈总成连接器		
二、拆卸点火线圈总成	1. 清洁点火线圈总成周围	1）用压缩空气对点火线圈总成周围进行清洁		
	2. 拆卸1缸点火线圈固定螺栓	1）选用10mm套筒、长接杆及棘轮扳手，正确拆卸1缸点火线圈固定螺栓，取出螺栓后摆放到零件车上		
	3. 拔出点火线圈总成	1）垂直拔出（两只手摆放位置）点火线圈总成，拔出后摆放到零件车上		
三、检查点火线圈总成	1. 检查点火线圈总成与火花塞套接部位	1）检查点火线圈总成与火花塞套接部位是否老化、损坏、烧蚀、裂纹，如有，则更换		
		2）检查点火线圈总成上火花塞帽内是否生锈、腐蚀，如有，则更换		
	2. 换用新点火线圈总成	1）检查和确认新的点火线圈总成的零件号是否正确		
		2）检查新的点火线圈外观是否完好		

（续表）

序号内容	项目名称	技术说明	观察记录	意见建议
四、安装点火线圈总成	1. 清洁发动机上火花塞套管	1）用压缩空气对发动机上火花塞套管进行清洁		
	2. 安装点火线圈总成	1）点火线圈总成放入时应先对正火花塞头部套接部位，再对准点火线圈总成固定螺栓孔，然后垂直压入点火线圈总成		
		2）压入时，应感觉到由松到紧再由紧到松的过程，保证点火线圈总成上的螺栓孔底部与汽缸盖上的螺栓孔底部平行接触		
		3）将点火线圈总成压到与螺栓平面平行接触时		
	3. 安装点火线圈总成固定螺栓	1）用手将点火线圈固定螺栓正确旋入螺纹处		
		2）选用10mm套筒及扭力扳手以10N·m的扭矩紧固点火线圈固定螺栓		
	4. 插接点火线圈线束连接器	1）插接点火线圈连接器，确保连接器可靠锁止		
	5. 安装发动机盖罩	1）双手前后握住发动机盖罩，使发动机盖罩两缺口与发动机机油加注盖、机油尺部位对正，已确定四个锁孔位置对正		
		2）左手按住发动机盖罩右后侧，右手按下右前端4号卡子，听到“咔嗒”声，确认安装到位		
		3）使用类似方法依次按下左前3号卡子、右后2号卡子、右后1号卡子，确保安装到位		
五、清洁整理工具	1. 清洁工具	1）清洁		
	2. 恢复/整理工具	1）扭力扳手归零		
教师点评				

检查与更换点火线圈总成工艺单

观察选手：__________ 操作选手：__________ 日期：__________

序号内容	项目名称	技术说明	操作结果记录	操作数据记录
一、拆卸点火线圈周围件	1. 拆卸气缸盖罩	1）左手按住发动机盖罩，右手深入罩盖后部的下边缘轻轻向上拉，听到“咔嗒”的脱开声脱开发动机罩盖的后部左侧1号卡子		
		2）使用类似方法依次脱开右后2号卡子、左前3号卡子、右前4号卡子		
	2. 断开1缸点火线圈连接器	1）按下点火线圈总成连接器锁扣，分离点火线圈总成连接器		

（续表）

序号内容	项目名称	技术说明	操作结果记录	操作数据记录
二、拆卸点火线圈总成	1. 清洁点火线圈总成周围	1）用压缩空气对点火线圈总成周围进行清洁		
	2. 拆卸1缸点火线圈固定螺栓	1）选用10mm套筒、长接杆及棘轮扳手，正确拆卸1缸点火线圈固定螺栓，取出螺栓后摆放到零件车上		
	3. 拔出点火线圈总成	1）垂直拔出（两只手摆放位置）点火线圈总成，拔出后摆放到零件车上		
三、检查点火线圈总成	1. 检查点火线圈总成与火花塞套接部位	1）检查点火线圈总成与火花塞套接部位是否老化、损坏、烧蚀、裂纹，如有，则更换		
		2）检查点火线圈总成上火花塞帽内是否生锈、腐蚀，如有，则更换		
	2. 换用新点火线圈总成	1）检查和确认新的点火线圈总成的零件号是否正确 2）检查新的点火线圈外观是否完好		
四、安装点火线圈总成	1. 清洁发动机上火花塞套管	1）用压缩空气对发动机上火花塞套管进行清洁		
	2. 安装点火线圈总成	1）点火线圈总成放入时应先对正火花塞头部套接部位，再对准点火线圈总成固定螺栓孔，然后垂直压入点火线圈总成		
		2）压入时，应感觉到由松到紧再由紧到松的过程，保证点火线圈总成上的螺栓孔底部与汽缸盖上的螺栓孔底部平行接触		
		3）将点火线圈总成压到与螺栓平面平行接触时		
	3. 安装点火线圈总成固定螺栓	1）用手将点火线圈固定螺栓正确旋入螺纹处		
		2）选用10mm套筒及扭力扳手以10N·m的扭矩紧固点火线圈固定螺栓		

（续表）

序号内容	项目名称	技术说明	操作结果记录	操作数据记录
四、安装点火线圈总成	4. 插接点火线圈线束连接器	1）插接点火线圈连接器，确保连接器可靠锁止		
	5. 安装发动机盖罩	1）双手前后握住发动机盖罩，使发动机盖罩两缺口与发动机机油加注盖、机油尺部位对正，已确定四个锁孔位置对正		
		2）左手按住发动机盖罩右后侧，右手按下右前端 4 号卡子，听到“咔嗒”声，确认安装到位		
		3）使用类似方法依次按下左前 3 号卡子、右后 2 号卡子、右后 1 号卡子，确保安装到位		
五、清洁整理工具	1. 清洁工具	1）清洁		
	2. 恢复/整理工具	1）扭力扳手归零		
备注				

第二十二节　更换火花塞

一、选择题

1. 火花塞两电极间的放电电压一般为多少？　（　　）

A. 220V　　B. 380V

C. 1000～1200V　　D. 10000～15000V

2. 为保证火花塞易于跳火，应使点火时火花塞的中心电极为多少？　（　　）

A. 正极　　B. 负极

C. 正、负不一　　D. 正、负无所谓

3. 影响汽油机点火高压的因素有哪些？　（　　）

A. 火花塞的电极间隙　　B. 进气量

C. 喷油量　　D. 混合气浓度

4. 在讨论火花塞时，甲认为在火花塞上标的数字越大，火花塞越冷；乙认为在火花塞上标的拼音字母表示火花塞结构特点、发火端特性等，若无字母表示普通火花塞。试问谁正确？　（　　）

A. 甲正确　　B. 乙正确

C. 两人都正确　　D. 两人都不正确

5. 点火过迟对发动机有什么影响？　（　　）

A. 功率提高　　B. 耗油率下降

C. 温度过高　　　　　　　　　　D. 曲轴反转

6. 在拆卸火花塞时使用下列哪种工具？（　　）

A. 开口扳手　　　　　　　　　　B. 火花塞套筒

C. 梅花扳手　　　　　　　　　　D. 轮胎扳手

7. 当电容器击穿（短路）时，对火花塞有什么影响？（　　）

A. 没有火花　　　　　　　　　　B. 火花变弱

C. 火花变强　　　　　　　　　　D. 火花不变

8. 要使发动机正常工作，火花塞绝缘体裙部的温度（自净温度）应保持在多少？（　　）

A. 80℃～90℃　　　　　　　　B. 70℃～80℃

C. 500℃～600℃　　　　　　　D. 800℃～900℃

9. 压缩比低、转速低、输出功率小的发动机应选择什么火花塞？（　　）

A. 冷型火花塞　　　　　　　　B. 中型火花塞

C. 热型火花塞　　　　　　　　D. 以上三项均可

10. 国产火花塞中绝缘体裙部长度多少为冷型火花塞？（　　）

A. $H=8$mm　　　　　　　　　B. $H=11$mm

C. $H=14$mm　　　　　　　　　D. $H=16$mm

检查与更换火花塞流程表

操作选手：__________　日期：__________

序号内容	项目名称	技术说明	注意事项
一、取下点火线圈	1. 拔下点火线圈线束连接器	1）按下点火线圈线束连接器锁舌	（1）再次确认点火开关置于“OFF”位置 （2）断开点火线圈连接器时，先按压锁止扣，当确认锁止装置完全脱离后，方可拔下连接器
		2）将点火线圈线束连接器向外拔出	（1）若锁止装置无法解除，则尝试边按压锁止扣边向内推，直至锁止装置完全解除方可拔下连接器 （2）禁止在线束端借用外力拔下连接器
	2. 拆卸点火线圈固定螺栓	1）选用10mm套筒和棘轮扳手来旋螺栓，再用手将其旋出并放到零件车上	（1）根据点火线圈固定螺栓规格选择合适的工具，拆卸螺栓
	3. 拔出点火线圈	1）垂直拔出点火线圈，按顺序放到零件车上	（1）在拔出点火线圈时用力要注意，防止伤手 （2）点火线圈放在零件车上须做好标记

（续表）

序号内容	项目名称	技术说明	注意事项
二、拆卸火花塞	1. 检查火花塞套筒是否损坏	1）套筒内橡胶检查	（1）检查中如果看不清楚，可借用手电筒
	2. 旋松火花塞	1）用棘轮扳手、节杆、火花塞套筒来旋松火花塞	（1）必须先将火花塞套筒与火花塞中心对正，再放入 （2）工具放入时要小心，不能碰撞缸壁
	3. 旋出火花塞	1）摘下棘轮，再用手拧动	（1）在拧动时要注意火花塞的螺纹的圈数
	4. 从火花塞套筒取下火花塞放到工具车	1）将工具和火花塞一同取出	（1）取出火花塞时，注意火花塞不能碰到孔壁，防止脱落 （2）必须按顺序进行摆放
三、目视检查点火线圈	1. 目视检查点火线圈与火花塞套接处是否生锈、烧蚀或损坏	1）根据火花塞电极烧蚀情况判断火花塞是否可以继续使用。若烧蚀严重，必须更换	（1）在检查时要小心，防止掉落损坏火花塞
	2. 目视检查点火线圈侧连接器是否有变形、损坏或锈蚀	1）目视检查点火线圈侧连接器是否有变形、损坏或锈蚀	（1）在检查时要小心，防止掉落损坏火花塞
	3. 目视检查点火线圈线束侧连接器是否有变形、损坏或锈蚀	1）目视检查点火线圈线束侧连接器是否有变形、损坏或锈蚀。线束连接是否可靠、损坏	（1）在检查时要小心，防止掉落损坏火花塞
四、目视检查火花塞	1. 检查螺纹是否完好	1）检查螺纹是否完好	（1）在检查过程中，手不可以触碰到螺纹处
	2. 陶瓷是否有裂纹	1）陶瓷是否有裂纹	
	3. 火花塞与点火线圈套接部位锈蚀烧蚀	1）火花塞与点火线圈套接部位是否锈蚀烧蚀	
	4. 检查火花塞电极状况是否正常	1）根据火花塞电极烧蚀情况判断火花塞是否可以继续使用。若烧蚀严重，必须更换	（1）不要用其他工具去碰火花塞电极 （2）在检查时要小心，防止掉落损坏火花塞

（续表）

序号内容	项目名称	技术说明	注意事项
五、检查火花塞电极间隙	1. 清洁选用火花塞专用量规测量	1）先选择测量规，清洁进行测量	（1）每次选择后，必须清洁测量规
	2. 测量火花塞电极间隙	1）用火花塞专用测量规进行测量，标准：1.0～1.1mm	（1）在测量过程中要轻轻放入，以免损坏
	3. 清洁火花塞专用量规	1）清洁花塞专用量规，并将其放到盒中	（1）放入之前，可再涂上机油
六、安装火花塞	1. 将火花塞装入火花塞套筒中	1）先装长节杆	（1）根据火花塞安装位置，选择正确的加长杆
	2. 用长节杆和火花塞套筒拧紧火花塞	1）将火花塞正确插入火花塞套筒，握住工具，连同火花塞正确放入安装位置，并用手正确旋入螺纹，直到拧不动为止	（1）安装前检查火花塞套筒是否卡紧火花塞 （2）放入时，不能磕碰火花塞孔壁 （3）在火花塞旋入螺纹时应对正，并能顺利旋入，如遇阻力过大时应旋出检查
	3. 用扭力扳手紧固火花塞	1）使用扭力扳手，按规定扭矩拧紧火花塞。标准：20N·m	（1）紧固时，套筒要完全与螺栓配合，并注意用力
七、安装点火线圈	1. 安装点火线圈	1）将点火线圈按正确位置放入，并安装到位	（1）点火线圈放入时要对准，要慢，不能碰到缸壁
	2. 安装点火线圈固定螺栓	1）将点火线圈固定螺栓正确旋入，并用扭力扳手按规定扭矩拧紧。标准：10N·m	
	3. 插接点火线圈线束连接器	1）插接点火线圈连接器，确保锁止可靠	（1）确保连接器安装到位，连接器锁止可靠
八、清洁整理工具	1. 清洁工具	1）清洁	
	2. 恢复/整理工具	1）扭力扳手归零	
备注			

检查与更换火花塞评分表

操作选手：________ 日期：________ 得分：________

序号	项目名称	评分细则	分值	得分	原因
一	取下点火线圈（10分）	1. 拔点火线圈连接器方法正确（1分），线束无损伤（2分）	3		
		2. 拆卸点火线圈固定螺栓方法正确（2分），选用工具正确（1分），螺栓放置是否整齐（1分）	4		
		3. 拔出点火线圈动作是否垂直（2分），放置是否整齐（1分）	3		
二	拆卸火花塞（13分）	1. 是否检查火花塞套筒损坏（2分）	2		
		2. 选用正确工具（棘轮扳手、长节杆、火花塞套筒）旋松火花塞（3分），操作动作是否正确（1分）	4		
		3. 用长节杆、火花塞套筒旋出火花塞（1分），火花塞套筒与火花塞中心对正（2分）	3		
		4. 火花塞不能碰到孔壁（1分），防止脱落（2分），放到工具车上（1分）	4		
三	目视检查点火线圈（9分）	1. 点火线圈与火花塞套接处是否生锈（1分）、烧蚀（1分）或损坏（1分）	3		
		2. 点火线圈连接器是否有变形（1分）、损坏（1分）或锈蚀（1分）	3		
		3. 点火线圈线束侧连接器是否有变形（1分）、损坏（1分）或锈蚀（1分）	3		
四	目视检查火花塞（12分）	1. 检查螺纹是否完好（3分）	3		
		2. 陶瓷是否有裂纹（2分）	2		
		3. 火花塞与点火线圈套接部位是否锈蚀或烧蚀（3分）	3		
		4. 检查火花塞电极状况是否正常（4分）	4		
五	检查火花塞电极间隙（13分）	1. 清洁火花塞专用量规测量（2分），量程选择正确（2分）	4		
		2. 测量火花塞电极间隙方法正确（3分），结果判断正确（4分），标准：1.0～1.1mm	7		
		3. 清洁火花塞专用量规（2分）	2		

（续表）

序号	项目名称	评分细则	分值	得分	原因
六	安装火花塞（18分）	1. 先连接长节杆和套筒（1分），再将火花塞正确装入火花塞套筒（1分），火花塞套筒是否卡紧火花塞（3分）	5		
		2. 用长节杆和火花塞套筒拧紧火花塞（2分），放入时不能磕碰火花塞孔壁（3分），在打紧时能顺序拧紧无卡滞（3分）	8		
		3. 扭力扳手力矩调节正确（2分），操作方法正确（3分），标准：18N·m	5		
七	安装点火线圈（15分）	1. 点火线圈对准火花塞方向（2分），安装是否到位（2分）	4		
		2. 先用手旋紧点火线圈固定螺栓（1分），再用节杆和套筒旋紧（2分），最后用扭力扳手紧固（3分），标准：10N·m	6		
		3. 插接点火线圈线束连接器方法正确（不能握线束）（3分），确保连接器锁止可靠（2分）	5		
八	“5S”清洁整理（10分）	1. 清洁工具，每次1分，共3分	3		
		2. 恢复/整理工具（2分），扭力扳手归位（1分）	3		
		3. 操作中是否有物体落地或损坏（4分），可倒扣	4		
总分			100		

检查与更换火花塞观察表

观察选手：________　操作选手：________　日期：________

序号内容	项目名称	观察记录	意见建议
一、取下点火线圈	1. 拔下点火线圈线束连接器		
	2. 拆卸点火线圈固定螺栓		
	3. 拔出点火线圈		
二、拆卸火花塞	1. 检查火花塞套筒是否损坏		
	2. 用棘轮扳手、长节杆、火花塞套筒旋松火花塞		
	3. 用长节杆火花塞套筒旋出火花塞		
	4. 从火花塞套筒取下火花塞放到工具车		

（续表）

序号内容	项目名称	观察记录	意见建议
三、目视检查点火线圈	1. 目视检查点火线圈与火花塞套接处是否生锈、烧蚀或损坏		
	2. 目视检查点火线圈侧连接器是否有变形、损坏或锈蚀		
	3. 目视检查点火线圈线束侧连接器是否有变形、损坏或锈蚀		
四、目视检查火花塞	1. 检查螺纹是否完好		
	2. 陶瓷是否有裂纹		
	3. 火花塞与点火线圈套接部位是否锈蚀或烧蚀		
	4. 检查火花塞电极状况是否正常		
五、检查火花塞电极间隙	1. 清洁选用火花塞专用量规测量		
	2. 测量火花塞电极间隙		
	3. 清洁火花塞专用量规		
六、安装火花塞	1. 将火花塞装入火花塞套筒中		
	2. 长节杆和火花塞套筒拧紧火花塞		
	3. 用扭力扳手紧固火花塞		
七、安装点火线圈	1. 安装点火线圈		
	2. 安装点火线圈固定螺栓		
	3. 插接点火线圈线束连接器		
八、清洁整理工具	1. 清洁工具		
	2. 恢复/整理工具		
教师点评			

检查与更换火花塞工艺单

操作选手：__________　日期：__________

序号内容	项目名称	操作结果记录	操作数据记录
一、取下点火线圈	1. 拔下点火线圈线束连接器		
	2. 拆卸点火线圈固定螺栓		
	3. 拔出点火线圈		
二、拆卸火花塞	1. 检查火花塞套筒是否损坏		
	2. 用棘轮扳手、长节杆、火花塞套筒旋松火花塞		
	3. 用长节杆火花塞套筒旋出火花塞		
	4. 从火花塞套筒取下火花塞放到工具车		

（续表）

序号内容	项目名称	操作结果记录	操作数据记录
三、目视检查点火线圈	1. 目视检查点火线圈与火花塞套接处是否生锈、烧蚀或损坏		
	2. 目视检查点火线圈侧连接器是否有变形、损坏或锈蚀		
	3. 目视检查点火线圈线束侧连接器是否有变形、损坏或锈蚀		
四、目视检查火花塞	1. 检查螺纹是否完好		
	2. 陶瓷是否有裂纹		
	3. 火花塞与点火线圈套接部位是否锈蚀或烧蚀		
	4. 检查火花塞电极状况是否正常		
五、检查火花塞电极间隙	1. 清洁选用火花塞专用量规测量		
	2. 测量火花塞电极间隙		
	3. 清洁火花塞专用量规		
六、安装火花塞	1. 将火花塞装入火花塞套筒中		
	2. 长节杆和火花塞套筒拧紧火花塞		
	3. 用扭力扳手紧固火花塞		
七、安装点火线圈	1. 安装点火线圈		
	2. 安装点火线圈固定螺栓		
	3. 插接点火线圈线束连接器		
八、清洁整理工具	1. 清洁工具		
	2. 恢复/整理工具		
备注			

第二十三节　检查与更换曲轴位置传感器

检查与更换曲轴位置传感器流程表

操作选手：＿＿＿＿＿　日期：＿＿＿＿＿

序号内容	项目名称	技术说明	注意事项
一、断开电缆	1. 从蓄电池负极端子断开电缆	1）正确使用十号开口扳手拧松蓄电池负极螺栓，从蓄电池负极上取下负极连接端子电缆放在正确位置上	（1）在拆蓄电池负极之前，要记录车辆相关信息（收音机、时钟等） （2）在拆蓄电池负极时，检查点火开关处于关闭状态 （3）在拆蓄电池负极时，要注意工具不要与蓄电池正极碰到，以防短路损坏用电设备

（续表）

<table>
<tr><th>序号内容</th><th>项目名称</th><th>技术说明</th><th>注意事项</th></tr>
<tr><td>二、车辆举升</td><td>参见相关资料</td><td></td><td></td></tr>
<tr><td>三、拆卸发动机右底罩</td><td>1. 拆卸发动机右底罩</td><td>1）正确使用 6mm 套筒工具按顺序拧松发动机右底罩的 5 个螺栓</td><td>（1）拧松时按对角顺序进行
（2）拆卸固定螺栓时，应注意方位和角度，以便更容易操作
（3）注意螺栓不要掉落</td></tr>
<tr><td rowspan="3">四、拆卸曲轴位置（CKP）传感器</td><td>1. 断开曲轴位置（CKP）传感器线束连接器</td><td>1）按住曲轴位置（CKP）传感器线束连接器锁扣，分离连接器</td><td>（1）断开连接器时，先按压锁止扣，当确认锁止装置完全脱离后，方可拔下连接器
（2）若锁止装置无法解除，则尝试边按压锁止扣边向内推，直至锁止装置完全解除方可拔下连接器
（3）禁止在线束端借用外力拔下连接器</td></tr>
<tr><td>2. 拆卸曲轴位置（CKP）传感器螺栓</td><td>1）正确使用内六角扳手工具拧松传感器螺栓</td><td>（1）拆卸固定螺栓时，应注意方位和角度，以便更容易操作
（2）注意螺栓不要掉落</td></tr>
<tr><td>3. 拆卸曲轴位置（CKP）传感器</td><td>1）用手握住传感器的壳体往外拔出</td><td>（1）若拔出传感器时较紧可以轻轻地转动至可以拔出</td></tr>
<tr><td rowspan="3">五、更换曲轴位置（CKP）传感器</td><td rowspan="3">1. 检测曲轴位置（CKP）传感器</td><td>1）检查和确认曲轴位置（CKP）传感器零件号是否正确，检查外观是否完好</td><td rowspan="3">（1）选择数字万用表合适的量程
（2）确认数字万用表欧姆挡本身的误差值</td></tr>
<tr><td>2）确认万用表是否正常</td></tr>
<tr><td>3）检测曲轴位置传感器的 1 和 2 端子电阻
标准电阻
<table>
<tr><th>检测仪连接</th><th>状态</th><th>电阻值</th></tr>
<tr><td rowspan="2">1 - 2</td><td>－10℃～50℃</td><td>1630～2740Ω</td></tr>
<tr><td>50℃～100℃</td><td>2065～3225Ω</td></tr>
</table>
如果电阻不符合规定，则更换传感器</td></tr>
</table>

（续表）

序号内容	项目名称	技术说明	注意事项
六、安装曲轴位置（CKP）传感器	1. 传感器O形圈涂抹机油	1）把O形圈安装在曲轴位置传感器上	（1）安装到位后O形圈不能扭曲
		2）用手蘸上发动机机油在传感器O形圈上涂抹一薄层机油	
	2. 安装曲轴位置（CKP）传感器	1）用手握住传感器的壳体对准安装孔和螺栓孔位置插入	（1）若传感器安装螺栓孔的对准位置相差较大须重新安装，不允许转动
	3. 安装曲轴位置（CKP）传感器螺栓	1）正确使用10mm套筒扳手工具拧紧传感器螺栓并检查安装情况	（1）扭矩：10N·m （2）安装时，确保O形圈没有扭曲、破裂或卡住
	4. 连接曲轴位置（CKP）传感器线束连接器	1）插接曲轴位置（CKP）传感器线束连接器，确保连接器可靠锁止	（1）连接器的插头和插座必须对正，并且轻轻推入，确认听到锁止到位的“咔嗒”声 （2）推入后轻轻向外拉动连接器，确认可靠锁止
七、安装发动机右底罩	1. 安装发动机右底罩	1）正确使用6mm套筒工具按顺序拧紧发动机右底罩的5个螺栓	（1）注意发动机右底罩的安装方向，先对准发动机右底罩螺栓孔推到底，然后用手对角拧入5个螺栓 （2）按规定扭矩对角拧紧螺栓
八、降下车辆	参见相关资料		
九、连接蓄电池负极端子	参见相关资料		
十、车上系统复检	1. 检查曲轴位置传感器	1）将智能故障检测仪连接到DLC3	（1）正确连接和操作诊断仪器 （2）正确读取和清除故障码 （3）正确读取动态数据流
		2）清除故障码	
		3）启动发动机，保持怠速运转	
		4）读取并确认没有与曲轴位置传感器相关的故障码	
		5）读取动态数据流，确认发动机转速无异常	
十一、清洁整理工具	1. 清洁工具	1）清洁	
	2. 恢复/整理工具	1）万用表复位	
备注			

检查与更换曲轴位置传感器评分表

操作选手：__________ 日期：__________

<table>
<tr><th>序号内容</th><th>项目名称</th><th>评分细则</th><th>分值</th><th>得分</th><th>原因</th></tr>
<tr><td>一、断开电缆（6分）</td><td>1. 从蓄电池负极端子断开电缆</td><td>1）正确使用十号开口扳手拧松蓄电池负极螺栓，从蓄电池负极上取下负极连接端子电缆放在正确位置上</td><td>6</td><td></td><td></td></tr>
<tr><td>二、车辆举升（4分）</td><td>参见相关资料</td><td></td><td>4</td><td></td><td></td></tr>
<tr><td>三、拆卸发动机右底罩（10分）</td><td>1. 拆卸发动机右底罩</td><td>1）正确使用6mm套筒工具按顺序拧松发动机右底罩的5个螺栓</td><td>10</td><td></td><td></td></tr>
<tr><td rowspan="3">四、拆卸曲轴位置（CKP）传感器（18分）</td><td>1. 断开曲轴位置（CKP）传感器线束连接器</td><td>1）按住曲轴位置（CKP）传感器线束连接器锁扣，分离连接器</td><td>6</td><td></td><td></td></tr>
<tr><td>2. 拆卸曲轴位置（CKP）传感器螺栓</td><td>1）正确使用内六角扳手工具拧松传感器螺栓</td><td>6</td><td></td><td></td></tr>
<tr><td>3. 拆卸曲轴位置（CKP）传感器</td><td>1）用手握住传感器的壳体往外拔出</td><td>6</td><td></td><td></td></tr>
<tr><td rowspan="3">五、更换曲轴位置（CKP）传感器（12分）</td><td rowspan="3">1. 检测曲轴位置（CKP）传感器</td><td>1）检查和确认曲轴位置（CKP）传感器零件号是否正确，检查外观是否完好</td><td rowspan="3">12</td><td rowspan="3"></td><td rowspan="3"></td></tr>
<tr><td>2）确认万用表是否正常</td></tr>
<tr><td>3）检测曲轴位置传感器的1和2端子电阻
标准电阻<table><tr><th>检测仪连接</th><th>状态</th><th>电阻值</th></tr><tr><td rowspan="2">1-2</td><td>−10℃～50℃</td><td>1630～2740Ω</td></tr><tr><td>50℃～100℃</td><td>2065～3225Ω</td></tr></table>如果电阻不符合规定，则更换传感器</td></tr>
</table>

（续表）

序号内容	项目名称	评分细则	分值	得分	原因
六、安装曲轴位置（CKP）传感器（24分）	1. 传感器O形圈涂抹机油	1）把O形圈安装在曲轴位置传感器上	6		
		2）用手蘸上发动机机油在传感器O形圈上涂抹一薄层机油			
	2. 安装曲轴位置（CKP）传感器	1）用手握住传感器的壳体对准安装孔和螺栓孔位置插入	6		
	3. 安装曲轴位置（CKP）传感器螺栓	1）正确使用10mm套筒扳手工具拧紧传感器螺栓并检查安装情况	6		
	4. 连接曲轴位置（CKP）传感器线束连接器	1）插接曲轴位置（CKP）传感器线束连接器，确保连接器可靠锁止	6		
七、安装发动机右底罩（6分）	1. 安装发动机右底罩	1）正确使用6mm套筒工具按顺序拧紧发动机右底罩的5个螺栓	6		
八、降下车辆（4分）	参见相关资料		4		
九、连接蓄电池负极端子（4分）	参见相关资料		4		
十、车上系统复检（4分）	1. 检查曲轴位置传感器	1）将智能故障检测仪连接到DLC3	4		
		2）清除故障码			
		3）启动发动机，保持怠速运转			
		4）读取并确认没有与曲轴位置传感器相关的故障码			
		5）读取动态数据流，确认发动机转速无异常			
十一、清洁整理工具（8分）	1. 清洁工具	1）清洁	4		
	2. 恢复/整理工具	1）万用表复位	4		
总　分			100		

检查与更换曲轴位置传感器观察表

观察选手：________ 操作选手：________ 日期：________

序号内容	项目名称	观察记录	意见建议
一、断开电缆	1. 从蓄电池负极端子断开电缆		
二、车辆举升	参见相关资料		
三、拆卸发动机右底罩	1. 拆卸发动机右底罩		
四、拆卸曲轴位置（CKP）传感器	1. 断开曲轴位置（CKP）传感器线束连接器		
	2. 拆卸曲轴位置（CKP）传感器螺栓		
	3. 拆卸曲轴位置（CKP）传感器		
五、更换曲轴位置（CKP）传感器	1. 检测曲轴位置（CKP）传感器		
六、安装曲轴位置（CKP）传感器	1. 传感器O形圈涂抹机油		
	2. 安装曲轴位置（CKP）传感器		
	3. 安装曲轴位置（CKP）传感器螺栓		
	4. 连接曲轴位置（CKP）传感器线束连接器		
七、安装发动机右底罩	1. 安装发动机右底罩		
八、降下车辆	参见相关资料		
九、连接蓄电池负极端子			
十、车上系统复检	1. 检查曲轴位置传感器		
十一、清洁整理工具	1. 清洁工具		
	2. 恢复/整理工具		
备注			

检查与更换曲轴位置传感器工艺单

操作选手：________ 日期：________

序号内容	项目名称	操作结果记录	操作数据记录
一、断开电缆	1. 从蓄电池负极端子断开电缆		
二、车辆举升	参见相关资料		
三、拆卸发动机右底罩	1. 拆卸发动机右底罩		

（续表）

序号内容	项目名称	操作结果记录	操作数据记录
四、拆卸曲轴位置（CKP）传感器	1. 断开曲轴位置（CKP）传感器线束连接器		
	2. 拆卸曲轴位置（CKP）传感器螺栓		
	3. 拆卸曲轴位置（CKP）传感器		
五、更换曲轴位置（CKP）传感器	1. 检测曲轴位置（CKP）传感器		
六、安装曲轴位置（CKP）传感器	1. 传感器O形圈涂抹机油		
	2. 安装曲轴位置（CKP）传感器		
	3. 安装曲轴位置（CKP）传感器螺栓		
	4. 连接曲轴位置（CKP）传感器线束连接器		
七、安装发动机右底罩	1. 安装发动机右底罩		
八、降下车辆	参见相关资料		
九、连接蓄电池负极端子	参见相关资料		
十、车上系统复检	1. 检查曲轴位置传感器		
十一、清洁整理工具	1. 清洁工具		
	2. 恢复/整理工具		
备注			

第二十四节　检查与更换进气凸轮轴位置传感器

一、填空题

1. 进气凸轮轴的可变气门正时（VVT）传感器（G信号）由磁铁和________组成。

2. VVT凸轮轴主动齿轮有一个信号盘，信号盘的外圆周上有________个齿。

3. 凸轮轴位置传感器将________转换为脉冲信号，并将这些脉冲信号发送到ECM来确定凸轮轴角度。

4. ECM根据________和实际曲轴转角来检测正常的曲轴转角。

5. ECM还根据________来检测发动机转速。

二、判断题

1. 齿轮旋转时，信号盘和耦合线圈间的气隙会发生改变，从而影响磁铁。但是MRE材料的电阻不会发生波动。（　　）

2. 曲轴位置信号盘有35个齿。发动机每转一圈，耦合线圈产生35个信号。（　　）

三、简答题

1. 汽车故障诊断的基本步骤有哪些？

检查与更换进气凸轮轴位置传感器流程表

操作选手：__________　日期：__________

序号内容	项目名称	技术说明	注意事项
一、前期准备	参见相关内容		
二、拆卸凸轮轴位置传感器	1. 拆卸2号气缸盖罩	1）左手按住发动机盖罩，右手深入罩盖后部的下边缘轻轻向上拉，听到“咔嗒”的脱开声脱开发动机罩盖的后部左侧1号卡子	（1）操作时需佩戴手套 （2）脱开固定卡子时，应将手尽量靠近固定点，且另一只手应按在发动机盖罩上 （3）同时脱开前后卡子可能会导致气缸盖罩破裂
		2）使用类似方法依次脱开右后2号卡子、左前3号卡子、右前4号卡子	
	2. 断开1号进气侧凸轮轴位置传感器的连接器	1）按下凸轮轴位置传感器连接器锁扣，分离凸轮轴位置传感器连接器	（1）断开连接器时，先按压锁止扣，当确认锁止装置完全脱离后，方可拔下连接器 （2）若锁止装置无法解除，则尝试边按压锁止扣边向内推直至锁止装置完全解除方可拔下连接器 （3）禁止在线束端借用外力拔下连接器
	3. 拆下1号进气凸轮轴位置传感器的固定螺栓	1）选用10mm套筒、短接杆及棘轮扳手，正确拆卸凸轮轴位置传感器的固定螺栓，取出螺栓后摆放到零件车上	（1）松开1号进气凸轮轴位置传感器固定螺栓后，须用手取下螺栓，防止掉落在发动机舱内
	4. 拆卸1号进气凸轮轴位置传感器	1）两手握住传感器垂直拔出1号进气凸轮轴位置传感器，取出后摆放到零件车上	（1）如凸轮轴位置传感器拔不出，切勿硬拔，应先左右旋动凸轮轴位置传感器，使传感器的密封圈与缸盖的安装孔松动，然后再垂直拔出凸轮轴位置传感器
		2）用干净的抹布盖住进气凸轮轴位置传感器的安装孔	（1）拆下并取出凸轮轴位置传感器时，应防止传感器的密封圈脱落在缸盖内

（续表）

序号内容	项目名称	技术说明	注意事项
三、更换进气凸轮轴位置传感器	1. 确认进气凸轮轴位置传感器（新的）	1）检查和确认新的进气凸轮轴位置传感器的零件号是否正确	(1) 检查密封圈损坏、有裂痕时，可用手捏住密封外圈处进行
		2）检查新的进气凸轮轴位置传感器外观是否完好，端子是否正常	(1) 目视检查时，注意针脚是否有弯曲、腐蚀
		3）检查新的进气凸轮轴位置传感器密封圈是否完好	
	2. 安装进气凸轮轴位置传感器	1）清洁传感器表面，将O形圈安装在传感器上，确认O形圈没有扭曲及破裂，在传感器O形圈上涂抹一层薄的发动机机油	(1) 不允许以转动凸轮轴位置传感器方法来对准固定螺栓孔 (2) 传感器压入时，应感觉到由松到紧的过程，不要用力过猛损坏密封圈
		2）安装进气凸轮轴位置传感器：凸轮轴位置传感器放入时应先移去安装孔上的遮挡，再对准凸轮轴位置传感器固定螺栓孔，然后垂直轻轻压入进气凸轮轴位置传感器；将进气凸轮轴位置传感器压到与缸盖平面平行接触的位置	(1) 保证进气凸轮轴位置传感器上的螺栓孔底部与汽缸盖上的螺栓孔底部平行接触 (2) 安装进气凸轮轴位置传感器的固定螺栓时，应徒手垂直拧入
		3）安装进气凸轮轴位置传感器的固定螺栓。用手将进气凸轮轴位置传感器固定螺栓正确旋入螺纹处。选用10mm套筒及扭力扳手以10N·m的扭矩紧固点进气凸轮轴位置传感器固定螺栓	(1) 线束的插头和插座必须对正，并且轻轻推入锁止，确认听到锁止到位的“咔嗒”声
		4）插接进气凸轮轴位置传感器连接器，确保连接器可靠锁止	(1) 推入后轻轻向外拉动连接器，确认可靠锁止
四、安装附件	1. 安装发动机盖罩	1）双手前后握住发动机盖罩，使发动机盖罩两缺口与发动机机油加注盖、机油尺部位对正，已确定四个锁孔位置对正	(1) 安装固定卡子时，应将手尽量靠近固定点，且另一只手应按在发动机盖罩上
		2）左手按住发动机盖罩右后侧，右手按下右前端4号卡子，听到“咔嗒”声，确认安装到位	
		3）使用类似方法依次按下左前3号卡子、右后2号卡子、右后1号卡子，确保安装到位	

（续表）

序号内容	项目名称	技术说明	注意事项
五、检查更换2号排气凸轮轴位置传感器	步骤与上相似		
备注			

检查与更换进气凸轮轴位置传感器评分表

操作选手：________ 日期：________ 得分：________

序号	项目名称	评分细则	分值	得分	原因
一	前期准备（10分）	参见相关内容	10		
二	1. 拆卸2号气缸盖罩（14分）	1）左手按住发动机盖罩，右手深入罩盖后部的下边缘轻轻向上拉，听到“咔嗒”的脱开声脱开发动机罩盖的后部左侧1号卡子	9		
		2）使用类似方法依次脱开右后2号卡子、左前3号卡子、右前4号卡子	5		
	2. 断开1号进气侧凸轮轴位置传感器的连接器（10分）	1）按下凸轮轴位置传感器连接器锁扣，分离凸轮轴位置传感器连接器	10		
	3. 拆下1号进气凸轮轴位置传感器的固定螺栓（10分）	1）选用10mm套筒、短接杆及棘轮扳手，正确拆卸凸轮轴位置传感器的固定螺栓，取出螺栓后摆放到零件车上	10		
	4. 拆卸1号进气凸轮轴位置传感器（10分）	1）两手握住传感器垂直拔出1号进气凸轮轴位置传感器，取出后摆放到零件车上	5		
		2）用干净的抹布盖住进气凸轮轴位置传感器的安装孔	5		

（续表）

序号	项目名称	评分细则	分值	得分	原因
三	1. 确认进气凸轮轴位置传感器（9分）	1）检查和确认新的进气凸轮轴位置传感器的零件号是否正确	3		
		2）检查新的进气凸轮轴位置传感器外观是否完好，端子是否正常	3		
		3）检查新的进气凸轮轴位置传感器密封圈是否完好	3		
	2. 安装进气凸轮轴位置传感器（16分）	1）清洁传感器表面，将O形圈安装在传感器上，确认O形圈没有扭曲及破裂，在传感器O形圈上涂抹一层薄的发动机机油	3		
		2）安装进气凸轮轴位置传感器：①凸轮轴位置传感器放入时应先移去安装孔上的遮挡，再对准凸轮轴位置传感器固定螺栓孔，然后垂直轻轻压入进气凸轮轴位置传感器；②将进气凸轮轴位置传感器压到与缸盖平面平行接触的位置	5		
		3）安装进气凸轮轴位置传感器的固定螺栓。用手将进气凸轮轴位置传感器固定螺栓正确旋入螺纹处。选用10mm套筒及扭力扳手以10N·m的扭矩紧固点进气凸轮轴位置传感器固定螺栓	5		
		4）插接进气凸轮轴位置传感器连接器，确保连接器可靠锁止	3		
四	安装发动机盖罩（12分）	1）双手前后握住发动机盖罩，使发动机盖罩两缺口与发动机机油加注盖、机油尺部位对正，已确定四个锁孔位置对正	6		
		2）左手按住发动机盖罩右后侧，右手按下右前端4号卡子，听到“咔嗒”声，确认安装到位	3		
		3）使用类似方法依次按下左前3号卡子、右后2号卡子、右后1号卡子，确保安装到位	3		

（续表）

序号	项目名称	评分细则	分值	得分	原因
五	检查更换2号排气凸轮轴位置传感器（9分）	步骤与上相似	9		
总　分			100		

检查与更换进气凸轮轴位置传感器观察表

观察选手：________ 操作选手：________ 日期：________

序号内容	项目名称	观察记录	意见建议
一、前期准备	参见相关内容		
二、拆卸凸轮轴位置传感器	1. 拆卸2号气缸盖罩		
	2. 断开1号进气侧凸轮轴位置传感器的连接器		
	3. 拆下1号进气凸轮轴位置传感器的固定螺栓		
	4. 拆卸1号进气凸轮轴位置传感器		
三、更换进气凸轮轴位置传感器	1. 确认进气凸轮轴位置传感器（新的）		
	2. 安装进气凸轮轴位置传感器		
四、安装附件	1. 安装发动机盖罩		
五、检查更换2号排气凸轮轴位置传感器	步骤与上相似		
教师点评			

检查与更换进气凸轮轴位置传感器工艺单

操作选手：________ 日期：________

序号内容	项目名称	操作结果记录	操作数据记录
一、前期准备	参见相关内容		
二、拆卸凸轮轴位置传感器	1. 拆卸2号气缸盖罩		
	2. 断开1号进气侧凸轮轴位置传感器的连接器		
	3. 拆下1号进气凸轮轴位置传感器的固定螺栓		
	4. 拆卸1号进气凸轮轴位置传感器		

（续表）

序号内容	项目名称	操作结果记录	操作数据记录
三、更换进气凸轮轴位置传感器	1. 确认进气凸轮轴位置传感器（新的）		
	2. 安装进气凸轮轴位置传感器		
四、安装附件	1. 安装发动机盖罩		
五、检查更换2号排气凸轮轴位置传感器	步骤与上相似		
备注			

第二十五节　检查与更换氧传感器

一、填空题

1. 为了提高废气中________、碳氢化合物和________的净化率，采用了三元催化净化器。

2. 为了最有效地利用三元催化净化器，必须精确控制________。

二、判断题

1. 为了帮助 ECM 实现精确的空燃比控制，就采用了加热型氧传感器。（　　）

2. 加热型氧传感器位于三元催化净化器后部，能检测废气中的氧浓度。（　　）

3. 空燃比变稀时，废气中的氧浓度会变浓。（　　）

4. 空燃比过稀，一般其电压会低于 0.45V。（　　）

5. 当空燃比接近理论空燃比时，加热型氧传感器的输出电压会急剧变化。（　　）

6. 加热型氧传感器是非平面型的，与用来加热固体电解质（氧化锆元件）的加热器合为一体。（　　）

7. 如果加热型氧传感器由于内部故障工作不正常，ECM 仍可以补偿主空燃比控制中出现的偏差。（　　）

三、简答题

1. 与传统类型相比，此传感器有何特点？

检查与更换氧传感器流程表

操作选手：__________ 日期：__________

序号内容	项目名称	技术说明	注意事项
一、拆卸附属设备	1. 拆卸发动机气缸盖罩	1）双手握住盖罩的后端并同时提起，脱开盖罩后端的2个卡子	（1）同时脱开前后卡子可能导致发动机气缸盖罩破裂而损坏
		2）当确认已完全脱开盖罩后端的卡子后，双手握住盖罩前端，均匀用力脱开盖罩前端的2个卡子并拆下端罩	（1）注意用力的角度，防止卡子损坏
		3）将盖罩放置于零件车上	（1）如果操作过程中卡子损坏，则需更换新卡子
	2. 拆卸左、右前刮水器臂端盖	1）使用带保护装置的一字螺丝刀或夹具向上撬动左、右前刮水器臂端盖，使端盖与臂孔分离	（1）注意作业工具不要刮伤玻璃 （2）撬动时用力均匀，防止单边撬动，造成端盖损坏
		2）分离后取下刮水器臂端盖	（1）拆卸时防止端盖弹出，落入发动机舱内而无法寻找 （2）如果端盖损坏，则需更换新零件
	3. 拆卸左、右侧挡风玻璃刮水器臂和刮水片总成	1）正确使用工具拆卸左前、右前刮水器臂和刮水片总成的紧固螺母	（1）在拆卸过程中，要一手固定刮水器臂，一手用工具拆卸紧固螺母，防止刮水器臂随紧固螺母一起转动
		2）将带有刮水片的刮水器臂抬起，与挡风玻璃分离，然后双手均匀用力向外拉动刮水器臂下端	（1）要防止单边向外拉动刮水器臂而导致臂的下端单边卡死
		3）拆下左前、右前刮水器臂和刮水片总成	（1）拆卸时应采用左右摇动刮水器臂并同时向外拉动的方法，可以较容易取下前刮水器臂和刮水片总成
	4. 拆卸发动机盖至前围上板的密封条	1）接拆卸发动机盖至前围上板的密封条	（1）卸时注意密封条上的卡扣不要断裂或掉落
	5. 拆卸左、右前围板上的通风栅板	1）按下左、右前围板上通风栅板的固定卡扣的锁芯，取下卡扣	（1）在拆卸时左、右前围板不要碰到前挡风玻璃，以免造成不必要的损失
		2）依次拆下右前、左前围板上通风栅板	（1）拆卸时防止卡扣弹出，落入发动机舱内而无法寻找

（续表）

序号内容	项目名称	技术说明	注意事项
一、拆卸附属设备	6. 拆卸挡风玻璃刮水器电动机及连杆总成	1）正确使用工具拆下挡风玻璃刮水器电动机及连杆总成的两个固定螺栓	（1）拆卸时防止工具碰擦前挡风玻璃
		2）断开刮水器电动机的线索连接器	（1）取下挡风玻璃刮水器电动机及连杆总成时防止碰擦前挡风玻璃
		3）取下挡风玻璃刮水器电动机及连杆总成	
	7. 拆卸前围上外板	1）正确使用工具拆卸前围上外板的10个固定螺栓，然后取下前围上外板	（1）在拆卸时不要碰到前挡风玻璃，以免造成不必要的损失
	8. 拆卸排气歧管1号隔热罩	1）正确使用工具拆卸排气歧管1号隔热罩的4个固定螺栓，然后取下隔热罩	（1）只有在排气歧管冷却的状态下才能拆卸并取下排气歧管1号隔热罩的4个固定螺栓和隔热罩 （2）拆卸固定螺栓时，应选择工具的方位和角度，以便更容易地操作 （3）防止拆卸的固定螺栓落入发动机舱内
	9. 断开氧传感器连接器	1）按下氧传感器连接器锁扣，分离氧传感器连接器	（1）断开连接器时，先按压锁止扣，当确认锁止装置完全脱离后，方可拔下连接器 （2）若锁止装置无法解除，则尝试边按压锁止扣边向内推直至锁止装置完全解除方可拔下连接器 （3）禁止在线束端借用外力拔下连接器
二、拆卸加热型前氧传感器	1. 使用专用工具拆卸前氧传感器	1）正确使用专用工具将前氧传感器旋松，然后用手将其拧下来	（1）拆卸时，防止线索被压在专用工具中而导致线索断裂 （2）注意专用工具的使用方法与拆卸的方位和角度的选择 （3）防止异物落入前氧传感器的安装孔内

（续表）

<table>
<tr><th>序号内容</th><th>项目名称</th><th>技术说明</th><th>注意事项</th></tr>
<tr><td rowspan="8">三、检查新的加热型前氧传感器</td><td rowspan="8">1. 检查前氧传感器加热电阻值</td><td>1）使用数字式万用表检查氧传感器的加热电阻</td><td>（1）测量时选择合适的检测仪器</td></tr>
<tr><td>2）检查前确认万用表是否正常</td><td>（1）选择合适的量程</td></tr>
<tr><td>3）万用表的测量误差检查</td><td>（1）确认检测仪器本身的误差值</td></tr>
<tr><td>4）测量时，正表笔接触传感器的 2 号脚，负表笔接触传感器的 1 号脚。根据下表的值，用欧姆挡测量氧传感器的电阻</td><td>（1）注意测量时的环境温度</td></tr>
<tr><td>5）标准电阻<table><tr><th>检测仪连接</th><th>条件</th><th>规定状态</th></tr><tr><td>1（HT）－2（＋B）</td><td>20℃（68℉）</td><td>1.8 至 3.4Ω</td></tr></table></td><td>（1）测量时两表笔不可互相接触</td></tr>
<tr><td>6）如果结果不符合规定，则更换传感器</td><td>（1）实际测量值应减去检测仪器本身的误差值才是真值</td></tr>
<tr><td>7）再次根据下表中的值测量电阻
标准电阻<table><tr><th>检测仪连接</th><th>条件</th><th>规定状态</th></tr><tr><td>1（HT）－4（AF－）</td><td>始终</td><td>10kΩ 或更大</td></tr></table></td><td rowspan="2"></td></tr>
<tr><td>8）如果结果不符合规定，则更换传感器</td></tr>
<tr><td rowspan="5">四、安装新的前氧传感器</td><td rowspan="4">1. 安装新的氧传感器</td><td>1）徒手拧紧前氧传感器</td><td>（1）使用力臂长度为 300mm 的扭矩扳手</td></tr>
<tr><td>2）选用扭力扳手及氧传感器专用拆装套筒（专用工具 SST），以标准力矩紧固前氧传感器</td><td>（1）安装时不要损坏加热型氧传感器</td></tr>
<tr><td>3）标准扭矩：不用 SST 专用工具 44N·m（449 kgf·cm，32 ft·lbf）</td><td>（1）按标准力矩正确使用专用拆装套筒（专用工具 SST）和扭矩扳手紧固前氧传感器</td></tr>
<tr><td>4）采用 SST 专用工具，40N·m（408 kgf·cm，30 ft·lbf）</td><td>（1）防止线索被压在专用拆装套筒（专用工具 SST）中而导致线索断裂</td></tr>
<tr><td>2. 连接前氧传感器连接器</td><td>1）插接氧传感器连接器，确保连接器锁止可靠</td><td>（1）确保连接器安装正确，连接器锁止可靠</td></tr>
</table>

（续表）

序号内容	项目名称	技术说明	注意事项
五、安装相关的附属设备	1. 安装排气歧管 1 号隔热罩	1）正确使用工具安装排气歧管隔热罩，紧固 4 个螺栓	（1）隔热罩切勿装反
		2）标准扭矩：12 N·m（122 kgf·cm，9 ft·lbf）	（1）安装时先对准隔热罩的 4 个螺栓孔，然后徒手对角拧入 4 个螺栓 （2）按规定扭矩对角拧紧螺栓
	2. 安装前围上外板	1）将前围上外板安装到位，对准 10 个安装孔位置	（1）应平直地安装前围上外板，防止弯曲
		2）正确使用工具紧固前围上外板固定螺栓	（1）安装时必须对准前围上外板的 10 个螺栓孔，然后徒手对角拧入螺栓
		3）按规定扭矩对角拧紧螺栓。标准扭矩：8.8 N·m（90 kgf·cm，78 in·lbf）	（1）按规定扭矩对角拧紧螺栓
		4）固定线束卡夹	
		5）弯曲右侧防水片并固定卡夹	
	3. 安装挡风玻璃刮水器电动机及连杆总成	1）对准挡风玻璃刮水器电动机及连杆总成的安装孔位置	（1）安装时注意总成和工具不要碰到前挡风玻璃，以免造成不必要的损失
		2）正确使用工具按规定扭力对称拧紧 2 个固定螺栓	
		3）规定扭矩：5.5 N·m（56 kgf·cm，49 in·lbf）	（1）确认电动机线索连接器可靠连接
		4）连接电动机线索连接器	
	4. 安装左、右前围板上的通风栅板	1）先安装左前围板上通风栅板	（1）接合卡子和卡爪的安装次序不能颠倒
		2）对准安装孔位置，将 8 个接合卡子和 8 个卡爪分别安装到左前围板上通风栅板	（1）先安装左前围板上通风栅板；再安装右前围板上通风栅板；安装次序不能颠倒
		3）再安装右前围板上通风栅板	
		4）对准安装孔位置，将 14 个接合卡子和 14 个卡爪分别安装到右前围板上通风栅板	（1）必须对准安装孔

（续表）

序号内容	项目名称	技术说明	注意事项
五、安装相关的附属设备	5. 安装发动机盖至前围上板密封条	1）对准前围上板的安装孔位置	（1）安装时防止密封条上的7个卡子脱落
		2）将密封条上的7个卡子安装到位	（）确认7个卡子安装到位
	6. 安装左、右侧挡风玻璃刮水器臂和刮水片总成	1）将点火开关置于"ON"位置	（1）安装前必须将刮水器电机转至自动停止档位置停止 （2）紧固螺母时用手握住臂铰链
		2）操作刮水器开关至自动停止档位置停止	（1）确保左、右侧刮水器臂和刮水片的自动停止档位置距挡风玻璃下沿距离达到规定标准数值
		3）关闭点火开关	
		4）使用钢丝刷清洁刮水器臂齿面及刮水器枢轴齿面	
		5）对准安装位置，依次安装右前、左前刮水器臂和刮水片总成	
		6）将右侧刮水片调整到距离挡风玻璃下沿17.5至32.5mm处	
		7）将左侧刮水片调整到距离挡风玻璃下沿22.5至37.5mm处	
		8）正确使用工具按规定扭力拧紧固定螺母	（1）防止工具刮伤挡风玻璃
		9）标准扭矩：26 N·m（265 kgf·cm，19 ft·lbf）	
		10）检测安装状态：将点火开关置于"ON"位置，在挡风玻璃上喷射清洗液的同时，操作前刮水器	
		11）确保前刮水器功能正常，且确保左、右侧刮水器臂和刮水片不与车身接触	
	7. 安装左、右前刮水器臂端盖	1）依次安装左前、右前刮水器臂端盖	（1）徒手安装左前、右前刮水器臂端盖 （2）确保端盖安装到位
	8. 安装发动机气缸盖罩	1）将盖罩安装到发动机气缸盖上	（1）不能施加过大的力或敲击气缸盖罩，防止气缸盖罩破裂损坏
		2）对准安装孔，将4个卡子安装到位	（1）确认卡子已经牢固地安装到位 （2）再次目视检查安装状态

（续表）

序号内容	项目名称	技术说明	注意事项
六、系统复检	1. 故障码的清除和动态数据流的读取	1）正确连接和操作诊断仪器	（1）切勿在冷车状态下检测相关的数据流
		2）将发动机或车辆调整到检测状态	
		3）正确读取和清除故障码	（1）为使测量数据准确无误，车辆应在符合相关的检测条件后方可测量数据
		4）正确读取动态数据流	
	2. 进行动作测试	1）通过增加和减少喷油量进行主动测试	（1）必须严格按操作流程进行检测，否则可能导致测量数据不准确
		2）在发动机转速低于 3000rpm 时执行测试	
		3）控制 A/F 传感器的喷油量，检查前加热型氧传感器的电压输出是否产生变化	
备注			

检查与更换氧传感器评分表

操作选手：__________ 日期：__________ 得分：__________

序号	项目名称	评分细则	分值	得分	原因
一	1. 拆卸发动机气缸盖罩（5 分）	1）双手握住盖罩的后端并同时提起，脱开盖罩后端的 2 个卡子	1		
		2）当确认已完全脱开盖罩后端的卡子后，双手握住盖罩前端，均匀用力脱开盖罩前端的 2 个卡子并拆下端罩	3		
		3）将盖罩放置于零件车上	1		
	2. 拆卸左、右前刮水器臂端盖（4 分）	1）使用带保护装置的一字螺丝刀或夹具向上撬动左、右前刮水器臂端盖，使端盖与臂孔分离	2		
		2）分离后取下刮水器臂端盖	2		
	3. 拆卸左、右侧挡风玻璃刮水器臂和刮水片总成（5 分）	1）正确使用工具拆卸左前、右前刮水器臂和刮水片总成的紧固螺母	2		
		2）将带有刮水片的刮水器臂抬起，与挡风玻璃分离，然后双手均匀用力向外拉动刮水器臂下端	2		
		3）拆下左前、右前刮水器臂和刮水片总成	1		
	4. 拆卸发动机盖至前围上板的密封条（3 分）	1）接拆卸发动机盖至前围上板的密封条	3		

（续表）

序号	项目名称	评分细则	分值	得分	原因
一	5. 拆卸左、右前围板上的通风栅板（4分）	1）按下左、右前围板上通风栅板的固定卡扣的锁芯，取下卡扣	2		
		2）依次拆下右前、左前围板上通风栅板	2		
	6. 拆卸挡风玻璃刮水器电动机及连杆总成（5分）	1）正确使用工具拆下挡风玻璃刮水器电动机及连杆总成的两个固定螺栓	2		
		2）断开刮水器电动机的线索连接器	1		
		3）取下挡风玻璃刮水器电动机及连杆总成	2		
	7. 拆卸前围上外板（3分）	1）正确使用工具拆卸前围上外板的10个固定螺栓，然后取下前围上外板	3		
	8. 拆卸排气歧管1号隔热罩（3分）	1）正确使用工具拆卸排气歧管1号隔热罩的4个固定螺栓，然后取下隔热罩	3		
	9. 断开氧传感器连接器（3分）	1）按下氧传感器连接器锁扣，分离氧传感器连接器	3		
二	1. 使用专用工具拆卸前氧传感器（3分）	1）正确使用专用工具将前氧传感器旋松，然后用手将其拧下来	3		
三	检查前氧传感器加热电阻值（4分）	1）使用数字式万用表检查氧传感器的加热电阻	0.5		
		2）检查前确认万用表是否正常	0.5		
		3）万用表的测量误差检查	0.5		
		4）测量时，正表笔接触传感器的2号脚，负表笔接触传感器的1号脚。根据下表的值，用欧姆挡测量氧传感器的电阻	0.5		
		5）标准电阻	0.5		
		6）如果结果不符合规定，则更换传感器	0.5		
		7）再次测量电阻，方法如4）	0.5		
		8）如果结果不符合规定，则更换传感器	0.5		
四	1. 安装新的氧传感器（4分）	1）徒手拧紧前氧传感器	1		
		2）然后选用扭力扳手及氧传感器专用拆装套筒（专用工具SST），以标准力矩紧固前氧传感器	1		
		3）标准扭矩：不用SST专用工具 44N·m（449 kgf·cm，32 ft·lbf）	1		
		4）采用SST专用工具 40N·m（408 kgf·cm，30 ft·lbf）	1		
	2. 连接前氧传感器连接器（2分）	1）插接氧传感器连接器，确保连接器锁止可靠	2		

（续表）

序号	项目名称	评分细则	分值	得分	原因
五	1. 安装排气歧管1号隔热罩（4分）	1）正确使用工具安装排气歧管隔热罩，紧固4个螺栓	2		
		2）标准扭矩：12 N·m（122 kgf·cm，9 ft·lbf）	2		
	2. 安装前围上外板（5分）	1）将前围上外板安装到位，对准10个安装孔位置	1		
		2）正确使用工具紧固前围上外板固定螺栓	1		
		3）按规定扭矩对角拧紧螺栓。标准扭矩：8.8 N·m（90 kgf·cm，78 in·lbf）	1		
		4）固定线束卡夹	1		
		5）弯曲右侧防水片并固定卡夹	1		
	3. 安装挡风玻璃刮水器电动机及连杆总成（4分）	1）对准挡风玻璃刮水器电动机及连杆总成的安装孔位置	1		
		2）正确使用工具按规定扭力对称拧紧2个固定螺栓	1		
		3）规定扭矩：5.5 N·m（56 kgf·cm，49 in·lbf）	1		
		4）连接电动机线索连接器	1		
	4. 安装左、右前围板上的通风栅板（4分）	1）先安装左前围板上通风栅板	1		
		2）对准安装孔位置，将8个接合卡子和8个卡爪分别安装到左前围板上通风栅板	1		
		3）再安装右前围板上通风栅板	1		
		4）对准安装孔位置，将14个接合卡子和14个卡爪分别安装到右前围板上通风栅板	1		
	5. 安装发动机盖至前围上板密封条（4分）	1）对准前围上板的安装孔位置	2		
		2）将密封条上的7个卡子安装到位	2		

（续表）

序号	项目名称	评分细则	分值	得分	原因
五	6. 安装左、右侧挡风玻璃刮水器臂和刮水片总成（10分）	1）将点火开关置于“ON”位置	0.5		
		2）操作刮水器开关至自动停止档位置停止	1		
		3）关闭点火开关	0.5		
		4）使用钢丝刷清洁刮水器臂齿面及刮水器枢轴齿面	1		
		5）对准安装位置，依次安装右前、左前刮水器臂和刮水片总成	1		
		6）将右侧刮水片调整到距离挡风玻璃下沿17.5至32.5mm（0.69至1.28in.）处	1		
		7）将左侧刮水片调整到距离挡风玻璃下沿22.5至37.5mm（0.89至1.48in.）处	1		
		8）正确使用工具按规定扭力拧紧固定螺母	1		
		9）标准扭矩：26 N·m（265 kgf·cm，19 ft·lbf）	1		
		10）检测安装状态：将点火开关置于“ON”位置，在挡风玻璃上喷射清洗液的同时，操作前刮水器	1		
		11）确保前刮水器功能正常，且确保左、右侧刮水器臂和刮水片不与车身接触	1		
	7. 安装左、右前刮水器臂端盖（3分）	1）依次安装左前、右前刮水器臂端盖	3		
	8. 安装发动机气缸盖罩（4分）	1）将盖罩安装到发动机气缸盖上	2		
		2）对准安装孔，将4个卡子安装到位	2		
六	1. 故障码的清除和动态数据流的读取（8分）	1）正确连接和操作诊断仪器	2		
		2）将发动机或车辆调整到检测状态	2		
		3）正确读取和清除故障码	2		
		4）正确读取动态数据流	2		
	2. 进行动作测试（6分）	1）通过增加和减少喷油量进行主动测试	2		
		2）在发动机转速低于3000rpm时执行测试	2		
		3）控制A/F传感器的喷油量，检查前加热型氧传感器的电压输出是否产生变化	2		
		总 分	100		

检查与更换氧传感器观察表

观察选手：__________ 操作选手：__________ 日期：__________

序号内容	项目名称	观察记录	意见建议
一、拆卸附属设备	1. 拆卸发动机气缸盖罩		
	2. 拆卸左、右前刮水器臂端盖		
	3. 拆卸左、右侧挡风玻璃刮水器臂和刮水片总成		
	4. 拆卸发动机盖至前围上板的密封条		
	5. 拆卸左、右前围板上的通风栅板		
	6. 拆卸挡风玻璃刮水器电动机及连杆总成		
	7. 拆卸前围上外板		
	8. 拆卸排气歧管1号隔热罩		
	9. 断开氧传感器连接器		
二、拆卸加热型前氧传感器	1. 使用专用工具拆卸前氧传感器		
三、检查新的加热型前氧传感器	1. 检查前氧传感器加热电阻值		
四、安装新的前氧传感器	1. 安装新的氧传感器		
	2. 连接前氧传感器连接器		
五、安装相关的附属设备	1. 安装排气歧管1号隔热罩		
	2. 安装前围上外板		
	3. 安装挡风玻璃刮水器电动机及连杆总成		
	4. 安装左、右前围板上的通风栅板		
	5. 安装发动机盖至前围上板密封条		
	6. 安装左、右侧挡风玻璃刮水器臂和刮水片总成		
	7. 安装左、右前刮水器臂端盖		
	8. 安装发动机气缸盖罩		
六、系统复检	1. 故障码的清除和动态数据流的读取		
	2. 进行动作测试		
教师点评			

检查与更换氧传感器工艺单

操作选手：__________ 日期：__________

序号内容	项目名称	操作结果记录	操作数据记录
一、拆卸附属设备	1. 拆卸发动机气缸盖罩		
	2. 拆卸左、右前刮水器臂端盖		
	3. 拆卸左、右侧挡风玻璃刮水器臂和刮水片总成		
	4. 拆卸发动机盖至前围上板的密封条		
	5. 拆卸左、右前围板上的通风栅板		
	6. 拆卸挡风玻璃刮水器电动机及连杆总成		
	7. 拆卸前围上外板		
	8. 拆卸排气歧管 1 号隔热罩		
	9. 断开氧传感器连接器		
二、拆卸加热型前氧传感器	1. 使用专用工具拆卸前氧传感器		
三、检查新的加热型前氧传感器	1. 检查前氧传感器加热电阻值		
四、安装新的前氧传感器	1. 安装新的氧传感器		
	2. 连接前氧传感器连接器		
五、安装相关的附属设备	1. 安装排气歧管 1 号隔热罩		
	2. 安装前围上外板		
	3. 安装挡风玻璃刮水器电动机及连杆总成		
	4. 安装左、右前围板上的通风栅板		
	5. 安装发动机盖至前围上板密封条		
	6. 安装左、右侧挡风玻璃刮水器臂和刮水片总成		
	7. 安装左、右前刮水器臂端盖		
	8. 安装发动机气缸盖罩		
六、系统复检	1. 故障码的清除和动态数据流的读取		
	2. 进行动作测试		
备注			

第二十六节　更换主继电器

更换主继电器流程表

操作选手：__________　日期：__________

<table>
<tr><th>序号内容</th><th>项目名称</th><th>技术说明</th><th>注意事项</th></tr>
<tr><td rowspan="2">一、断开蓄电池负极</td><td rowspan="2">1. 断开蓄电池负极</td><td>1）正确使用十号开口扳手拧松蓄电池负极螺栓</td><td>（1）确认点火开关置于 OFF 位置</td></tr>
<tr><td>2）从蓄电池负极上取下负极连接端子电缆</td><td>（1）负极连接端子电缆移放在安全合适的位置</td></tr>
<tr><td rowspan="7">二、拆卸集成继电器（EFI MAIN 继电器）</td><td>1. 拆下 1 号继电器盒盖</td><td>1）按下继电器盒盖左边的锁扣，顺势往上拉至脱离，取下继电器盒盖</td><td>（1）按下锁扣与盒盖底盒完全脱离后适当力度往上拉</td></tr>
<tr><td rowspan="2">2. 从发动机室继电器盒上拆下集成继电器</td><td>1）正确使用合适大小的一字螺丝刀解开集成继电器左边的锁扣，然后同样解开右边的锁扣</td><td>（1）注意解继电器锁扣时要力度合适</td></tr>
<tr><td>2）用双手按住集成继电器的两边拉拔出继电器底盒</td><td>（1）拉拔时要注意继电器下面的连接器</td></tr>
<tr><td rowspan="4">3. 断开集成继电器连接器</td><td rowspan="3">1）按住集成继电器 1E 连接器锁扣，分离 1E 连接器</td><td>（1）断开连接器时，先按压锁止扣，当确认锁止装置完全脱离后，方可拔下连接器</td></tr>
<tr><td>（2）若锁止装置无法解除，则尝试边按压锁止扣边向内推直至锁止装置完全解除方可拔下连接器</td></tr>
<tr><td>（3）禁止在线束端借用外力拔下连接器</td></tr>
<tr><td>2）同样方法依次分离 1BEFI MAIN 连接器、1A 连接器</td><td>（1）注意依次分离的顺序</td></tr>
<tr><td rowspan="3">三、检测 EFI MAIN 继电器</td><td rowspan="3">1. 检测 EFI MAIN 继电器 1E－1—1B－4 电阻（不加电压）</td><td>1）检查和确认新集成继电器零件号是否正确，检查外观是否完好</td><td>（1）选择数字万用表合适的量程</td></tr>
<tr><td>2）检查前确认万用表是否正常，万用表的测量误差检查</td><td rowspan="2">（1）确认数字万用表欧姆挡本身的误差值</td></tr>
<tr><td>3）使用数字式万用表检查集成继电器各端之间的电阻，根据下表中的值测量电阻
标准电阻<table><tr><th>检测仪连接</th><th>条件</th><th>规定状态</th></tr><tr><td>1E－1—1B－4</td><td>始终</td><td>10kΩ 或更大</td></tr></table></td></tr>
</table>

（续表）

<table>
<tr><th>序号内容</th><th>项目名称</th><th>技术说明</th><th>注意事项</th></tr>
<tr><td rowspan="2">三、检测 EFI MAIN 继电器</td><td rowspan="2">2. 检测 EFI MAIN 继电器 1E－1—1B－4 电阻（加电压）</td><td>1）将端子 1E－2 和 1B－3 用引线引出后再施加＋12V 蓄电池电压</td><td>（1）注意加电压时 1E－1—1B－4 触点闭合发出的声响</td></tr>
<tr><td>2）根据下表中的值测量电阻
标准电阻
<table>
<tr><th>检测仪连接</th><th>条件</th><th>规定状态</th></tr>
<tr><td>1E－1—1B－4</td><td>始终</td><td>小于 1Ω（向端子 IE－2—1B－3 施加蓄电池电压）</td></tr>
</table></td><td>（1）选择数字万用表合适的量程
（2）确认数字万用表欧姆挡本身的误差值</td></tr>
<tr><td rowspan="3">四、安装新的集成继电器（EFI MAIN 继电器）</td><td>1. 连接集成继电器连接器</td><td>1）依次插接集成继电器 1E 连接器，1BEFI MAIN 连接器、1A 连接器，确保连接器可靠锁止</td><td>（1）连接器的插头和插座必须对正，并且轻轻推入，确认听到锁止到位的“咔嗒”声
（2）推入后轻轻向外拉动连接器，确认可靠锁止</td></tr>
<tr><td>2. 安装集成继电器（EFI MAIN 继电器）</td><td>1）用手按住集成继电器两边轻轻推入继电器底盒，至两边的锁扣扣住继电器</td><td>（1）注意集成继电器轻轻推入，确认听到锁止到位的“咔嗒”声</td></tr>
<tr><td>3. 安装 1 号继电器盒盖</td><td>1）对正继电器盒盖和底盒，用手按下使盒盖与底盒锁扣吻合至锁止</td><td>（1）根据盒盖和底盒的点位连接点对正
（2）确认锁扣到位时发出“咔嗒”声</td></tr>
<tr><td rowspan="2">五、清洁整理工具</td><td>1. 清洁工具</td><td>1）清洁</td><td></td></tr>
<tr><td>2. 恢复/整理工具</td><td>1）万用表复位</td><td></td></tr>
<tr><td>备注</td><td colspan="3"></td></tr>
</table>

更换主继电器评分表

操作选手：__________ 日期：__________

<table>
<tr><th>序号内容</th><th>项目名称</th><th>评分细则</th><th>分值</th><th>得分</th><th>原因</th></tr>
<tr><td rowspan="2">一、断开蓄电池负极（10 分）</td><td rowspan="2">1. 断开蓄电池负极</td><td>1）正确使用十号开口扳手拧松蓄电池负极螺栓</td><td>5</td><td></td><td></td></tr>
<tr><td>2）从蓄电池负极上取下负极连接端子电缆</td><td>5</td><td></td><td></td></tr>
</table>

（续表）

序号内容	项目名称	评分细则	分值	得分	原因
二、拆卸集成继电器（EFI MAIN 继电器）（28 分）	1. 拆下 1 号继电器盒盖	1）按下继电器盒盖左边的锁扣，顺势往上拉至脱离，取下继电器盒盖	5		
	2. 从发动机室继电器盒上拆下集成继电器	1）正确使用合适大小的一字螺丝刀解开集成继电器左边的锁扣，然后同样解开右边的锁扣	6		
		2）用双手按住集成继电器的两边拉拔出继电器底盒	6		
	3. 断开集成继电器连接器	1）按住集成继电器 1E 连接器锁扣，分离 1E 连接器	6		
		2）同样方法依次分离 1BEFI MAIN 连接器、1A 连接器	5		
三、检测 EFI MAIN 继电器（34 分）	1. 检测 EFI MAIN 继电器 1E－1—1B－4 电阻（不加电压）	1）检查和确认新集成继电器零件号是否正确，检查外观是否完好	6		
		2）检查前确认万用表是否正常，万用表的测量误差检查	6		
		3）使用数字式万用表检查集成继电器各端之间的电阻，标准电阻 10kΩ 或更大	8		
	2. 检测 EFI MAIN 继电器 1E—1—1B—4 电阻（加电压）	1）将端子 1E－2 和 1B－3 用引线引出后再施加＋12V 蓄电池电压	6		
		2）测量电阻：1E－1　1B－4 标准电阻小于 1Ω，向端子 1E－2 和 1B－3 施加蓄电池电压	8		
四、安装新的集成继电器（EFI MAIN 继电器）（18 分）	1. 连接集成继电器连接器	1）依次插接集成继电器 1E 连接器，1BEFI MAIN 连接器、1A 连接器，确保连接器可靠锁止	6		
	2. 安装集成继电器（EFI MAIN 继电器）	1）用手按住集成继电器两边轻轻推入继电器底盒，至两边的锁扣扣住继电器	6		
	3. 安装 1 号继电器盒盖	1）对正继电器盒盖和底盒，用手按下使盒盖与底盒锁扣吻合至锁止	6		
八、清洁整理工具（10 分）	1. 清洁工具	1）清洁	4		
	2. 恢复/整理工具	1）万用表复位	6		
总分			100		

更换主继电器观察表

观察选手：__________ 操作选手：__________ 日期：__________

序号内容	项目名称	观察记录	意见建议
一、断开蓄电池负极	1. 断开蓄电池负极		
二、拆卸集成继电器（EFI MAIN继电器）	1. 拆下1号继电器盒盖		
	2. 从发动机室继电器盒上拆下集成继电器		
	3. 断开集成继电器连接器		
三、检测EFI MAIN继电器	1. 检测EFI MAIN继电器1E－1—1B－4电阻（不加电压）		
	2. 检测EFI MAIN继电器1E－1—1B－4电阻（加电压）		
四、安装新的集成继电器（EFI MAIN继电器）	1. 连接集成继电器连接器		
	2. 安装集成继电器（EFI MAIN继电器）		
	3. 安装1号继电器盒盖		
五、清洁整理工具	1. 清洁工具		
	2. 恢复/整理工具		
教师点评			

更换主继电器工艺单

操作选手：__________ 日期：__________

序号内容	项目名称	操作结果记录	操作数据记录
一、断开蓄电池负极	1. 断开蓄电池负极		
二、拆卸集成继电器（EFI MAIN继电器）	1. 拆下1号继电器盒盖		
	2. 从发动机室继电器盒上拆下集成继电器		
	3. 断开集成继电器连接器		
三、检测EFI MAIN继电器	1. 检测EFI MAIN继电器1E－1—1B－4电阻（不加电压）		
	2. 检测EFI MAIN继电器1E－1—1B－4电阻（加电压）		
四、安装新的集成继电器（EFI MAIN继电器）	1. 连接集成继电器连接器		
	2. 安装集成继电器（EFI MAIN继电器）		
	3. 安装1号继电器盒盖		
五、清洁整理工具	1. 清洁工具		
	2. 恢复/整理工具		
备注			

第二十七节 检查与更换 ECM

一、判断题

1. 一般来说，ECU 比较可靠，不易出现故障，正常使用情况下，行程 10 万千米的故障率不高于百分之一。

2. 当发动机工作时间过长时（行驶里程超过 15 万千米），ECU 的故障率就明显增加。

二、填空题

1. 汽车在使用过程中由于________的磨损、疲劳、老化和松动，其技术状况不断恶化，到一定程度必然导致故障发生。

2. 汽车在使用过程中，其技术状况的变化是一个与________、使用条件和维修方式有关的，并以一定强度进行的必然过程。

三、简答题

1. ECU 故障的原因主要是什么？

2. ECU 一旦出现故障，会造成哪些现象？

检查与更换 ECM 流程表

操作选手：__________ 日期：__________

序号内容	项目名称	技术说明	注意事项
一、拆卸蓄电池负极端子电缆	参见相关内容	参见相关内容	参见相关内容
二、拆卸 2 号气缸盖罩	参见相关内容	参见相关内容	参见相关内容
三、拆卸空气滤清器盖分总成	参见相关内容	参见相关内容	参见相关内容
四、拆卸空气滤清器壳	参见相关内容	参见相关内容	参见相关内容

（续表）

序号内容	项目名称	技术说明	注意事项
五、拆卸ECM	1. 断开ECM的两个连接器	1）使用气枪或毛刷清洁ECM、插头及周边脏污	（1）清洁ECM、插头及周边脏污时，切勿用水或腐蚀性有机溶剂 （2）连接器锁止装置的手柄必须由水平位置向垂直位置方向扳动，方能完全解除锁扣装置 （3）禁止在未完全解锁的情况下强制拆除连接器 （4）由于线束及连接器安装位置空间较狭窄，拔出ECM连接器时应注意轻提轻放 （5）断开连接器后，确保没有污物、水或其他异物接触到连接器的连接部位
		2）一手按住连接器，另一手向上提拉连接器锁止装置手柄，当锁止装置完全解除后，双手向上提拉并断开ECM的连接器	
		3）使用上述方法断开ECM另一个连接器	
	2. 从车上拆卸ECM及支架	1）正确使用工具拆卸ECM与车身连接的2个固定螺栓	（1）拆卸固定螺栓时，应注意工具的方位和角度 （2）拆卸时，要防止固定螺栓落入发动机舱内
		2）取下ECM及支架	
	3. 从固定支架上拆下ECM	1）正确使用工具拆卸一侧支架上固定ECM的2个螺栓，取下支架	（1）拆卸固定螺栓时，应选择工具的方位和角度，以便更容易操作 （2）若徒手无法拆卸固定螺栓，则尝试使用柔软材料包裹ECM，然后固定在台虎钳上进行拆卸 （3）拆卸过程中须防止支架变形
		2）使用上述方法拆卸ECM的另一个支架	
六、安装新的ECM	1. 安装ECM固定支架	1）检查和确认ECM零件号是否正确	（1）安装时，应先清洁固定支架与ECM的螺栓孔 （2）徒手拧入螺栓 （3）选用棘轮扳手、套筒、扭力扳手，以标准力矩分次拧紧固定螺栓
		2）检查ECM外观是否有损伤、锈蚀或存在水渍	
		3）检查ECM各连接端子是否存在弯曲、断裂、锈蚀等现象	
		4）正确使用工具紧固ECM一侧支架的2个固定螺栓，标准扭矩：3.0 N·m	
		5）使用上述同样方法紧固ECM另一侧支架的2个固定螺栓，标准扭矩：3.0N·m	

（续表）

序号内容	项目名称	技术说明	注意事项
六、安装新的ECM	2. 将ECM及固定支架安装到车上	1）正确使用工具安装、紧固ECM支架与车身的2个固定螺栓，标准扭矩：8.0N·m	（1）安装时先对准ECM支架与车身的2个螺栓孔，徒手拧入2个螺栓，按规定扭矩拧紧螺栓
	3. 连接ECM的2个连接器	1）正确安装2个连接器	（1）连接连接器时，确保连接器和其他零件间没有污物、水或其他异物 （2）先将连接器锁扣的手柄置于垂直位置，然后将连接器轻轻插入ECM插口中，完全插入后，再将锁扣的手柄置于水平锁止位置 （3）不允许在未完全打开锁止手柄的情况下强制插入连接器
		2）确保连接器锁止可靠	
七、安装相关的附属设备	1. 安装空气滤清器壳	参见相关内容	参见相关内容
	2. 安装空气滤清器盖分总成	参见相关内容	参见相关内容
	3. 安装2号气缸盖罩	参见相关内容	参见相关内容
	4. 将电缆连接到蓄电池负极端子	参见相关内容	参见相关内容
八、注册停机系统（发动机防盗系统）通信ID	参见注册维修通报	参见注册维修通报	参见注册维修通报
九、使用诊断仪执行存储器复位程序（初始化）	1. 将点火开关置于“OFF”位置	参见相关内容	参见相关内容
	2. 将诊断仪连接到DLC3		

（续表）

序号内容	项目名称	技术说明	注意事项
九、使用诊断仪执行存储器复位程序（初始化）	3. 将点火开关置于“ON”位置，接通诊断仪的主开关	参见相关内容	参见相关内容
	4. 从主菜单中执行存储器复位程序		
	5. 进入以下菜单项：Powertrain/Engine and ECT/Utility/Reset Memory，然后，按下“Next”		
	6. 复位程序执行完毕后，退出系统并关闭诊断仪开关		
十、执行自动变速器初始化（手动变速器除外）	1. 对车辆进行路试［在ATF（自动变速器油）的正常工作温度为50℃至80℃下进行测试］	1）D挡位置测试：将变速挡置于D位置并完全踩下油门踏板，然后检查以下几点： ①检查加挡操作：检查并确认1→2、2→3、3→4挡可加挡，且换挡点与自动换挡规范一致 ②检查是否出现换挡冲击和打滑：检查1→2、2→3和3→4挡加挡时的冲击和打滑 ③检查是否出现异常噪音和振动：行驶时换挡杆置于D位置并进行1→2、2→3和3→4挡加挡，以及在锁止状态期间行驶时，检查是否存在异常噪音和振动	

（续表）

序号内容	项目名称	技术说明	注意事项
		④检查强制降挡操作：行驶时换挡杆置于D位置，检查从2挡至1挡、3挡至2挡和4挡至3挡强制降挡时的车速。确认各速度都处于自动换挡规范指示的适用车速范围内 ⑤检查强制降挡时的异常冲击和打滑 ⑥检查锁止机构：换挡杆在D位置（四挡）时，以稳定的速度行驶（锁止打开）；轻踩油门踏板，检查并确认发动机转速不急剧变化	
十、执行自动变速器初始化（手动变速器除外）	1. 对车辆进行路试［在ATF（自动变速器油）的正常工作温度为50℃至80℃下进行测试］	2）3挡位置测试：将变速挡置换至3位置并完全踩下油门踏板，然后检查以下几点： ①检查加挡操作：检查并确认1→2和2→3可加挡，且换挡点与自动换挡规范一致 ②检查发动机制动：在3挡位置和3挡下行驶时，松开加速踏板，并检查发动机制动效果 ③在加速和减速期间，检查是否存在异常噪音，并在加挡和减挡时检查是否存在冲击	（1）4挡加挡禁止控制：发动机冷却液温度为60℃（140℉）或更低；车速为70km/h或更低；ATF温度为10℃或更低 （2）4挡锁止禁止控制：踩下制动踏板；松开油门踏板，发动机冷却液温度为60℃或更低 （3）必须彻底检查引起异常噪音和振动的原因，因为这可能是由于差速器、变矩器离合器等失衡造成的 （4）如果发动机转速出现较大跳跃，则不能锁止 （5）在3挡位置时不能加挡至4挡 （6）在2挡位置时不能加挡至3挡并锁止 （7）在进行上述检测之前，请确保检测区域无闲杂人员且畅通无阻 （8）在L挡位置时不能加挡至2挡并锁止
		3）2挡位置测试：将变速挡置换至2位置并完全踩下油门踏板，然后检查以下几点： ①检查加挡操作：检查并确认1→2可加挡，且换挡点要与自动换挡规范一致 ②检查发动机制动：在2挡位置和2挡下行驶时，松开加速踏板，并检查发动机制动效果 ③在加速和减速期间，检查是否存在异常噪音，并在加挡和减挡时检查是否存在冲击	
		4）L位置测试：将变速挡置换至L位置并完全踩下油门踏板，然后检查以下几点：	

（续表）

序号内容	项目名称	技术说明	注意事项
十、执行自动变速器初始化（手动变速器除外）	1. 对车辆进行路试［在ATF（自动变速器油）的正常工作温度为50℃至80℃下进行测试］	①检查是否不能加挡：在L挡位置下行驶时，检查是否不能加挡至2挡 ②检查发动机制动：在L挡位置下行驶时，松开加速踏板，并检查发动机制动效果 ③在加速和减速期间，检查是否出现异常噪音	
		5）R位置测试：将变速挡置换至R位置，轻踩油门踏板，并检查车辆向后移动时是否出现任何异常噪音或振动	
		6）P位置测试：将车辆停在斜坡上（大于5°），换至P位置后松开驻车制动器，然后检查并确认驻车锁爪能使车辆保持在原地	
		7）上坡/下坡控制功能测试： ①检查车辆在上坡时，是否能加挡至4挡 ②检查车辆在下坡时，踩下制动器后，是否从4挡自动减挡至3挡 ③通过执行路试，进行自学	
十一、清洁整理工具	1. 清洁工具	1）清洁	
	2. 恢复/整理工具	1）扭力扳手归零	
备注			

检查与更换ECM评分表

操作选手：__________ 日期：__________ 得分：__________

序号	项目名称	评分细则	分值	得分	原因
一	拆卸蓄电池负极端子电缆（2分）	参见相关内容	2		
二	拆卸2号气缸盖罩（2分）	参见相关内容	2		
三	拆卸空气滤清器盖分总成（2分）	参见相关内容	2		

（续表）

序号	项目名称	评分细则	分值	得分	原因
四	拆卸空气滤清器壳（2分）	参见相关内容	2		
五	拆卸 ECM（9分）	1. 断开 ECM 的两个连接器	3		
		2. 从车上拆卸 ECM 及支架	3		
		3. 从固定支架上拆下 ECM	3		
六	安装新的 ECM（9分）	1. 安装 ECM 固定支架	3		
		2. 将 ECM 及固定支架安装到车上	3		
		3. 连接 ECM 的 2 个连接器	3		
七	安装相关的附属设备（12分）	1. 安装空气滤清器壳	3		
		2. 安装空气滤清器盖分总成	3		
		3. 安装 2 号气缸盖罩	3		
		4. 将电缆连接到蓄电池负极端子	3		
八	注册停机系统（发动机防盗系统）通信 ID（18分）	参见注册维修通报	18		
九	使用诊断仪执行存储器复位程序（初始化）（18分）	1. 将点火开关置于“OFF”位置	18		
		2. 将诊断仪连接到 DLC3			
		3. 将点火开关置于“ON”位置，接通诊断仪的主开关			
		4. 从主菜单中执行存储器复位程序			
		5. 进入以下菜单项：Powertrain / Engine and ECT /Utility / Reset Memory，然后按下“Next”			
		6. 复位程序执行完毕后，退出系统并关闭诊断仪开关			
十	执行自动变速器初始化（手动变速器除外）（20分）	1. 对车辆进行路试［在 ATF（自动变速器油）的正常工作温度为 50 至 80℃下进行测试］	20		

（续表）

序号	项目名称	评分细则	分值	得分	原因
十一	“5S”清洁整理（6分）	1. 清洁工具	2		
		2. 恢复/整理工具，扭力扳手归位	2		
		3. 操作中是否有物体落地或损坏，可倒扣	2		
总　分			100		

检查与更换ECM观察表

观察选手：＿＿＿＿＿　操作选手：＿＿＿＿＿　日期：＿＿＿＿＿＿

序号内容	项目名称	观察记录	意见建议
一、拆卸蓄电池负极端子电缆	参见相关内容		
二、拆卸2号气缸盖罩	参见相关内容		
三、拆卸空气滤清器盖分总成	参见相关内容		
四、拆卸空气滤清器壳	参见相关内容		
五、拆卸ECM	1. 断开ECM的两个连接器		
	2. 从车上拆卸ECM及支架		
	3. 从固定支架上拆下ECM		
六、安装新的ECM	1. 安装ECM固定支架		
	2. 将ECM及固定支架安装到车上		
	3. 连接ECM的2个连接器		
七、安装相关的附属设备	1. 安装空气滤清器壳		
	2. 安装空气滤清器盖分总成		
	3. 安装2号气缸盖罩		
	4. 将电缆连接到蓄电池负极端子		

（续表）

序号内容	项目名称	观察记录	意见建议
八、注册停机系统（发动机防盗系统）通信 ID	参见注册维修通报		
九、使用诊断仪执行存储器复位程序（初始化）	1. 将点火开关置于“OFF”位置		
	2. 将诊断仪连接到 DLC3		
	3. 将点火开关置于“ON”位置，接通诊断仪的主开关		
	4. 从主菜单中执行存储器复位程序		
	5. 进入以下菜单项：Powertrain / Engine and ECT / Utility / Reset Memory，然后按下“Next”		
	6. 复位程序执行完毕后，退出系统并关闭诊断仪开关		
十、执行自动变速器初始化（手动变速器除外）	1. 对车辆进行路试［在 ATF（自动变速器油）的正常工作温度为 50 至 80℃下进行测试］		
十一、清洁整理工具	1. 清洁工具		
	2. 恢复/整理工具		
教师点评			

检查与更换 ECM 工艺单

操作选手：__________ 日期：__________

序号内容	项目名称	观察记录	意见建议
一、拆卸蓄电池负极端子电缆	参见相关内容		
二、拆卸 2 号气缸盖罩	参见相关内容		
三、拆卸空气滤清器盖分总成	参见相关内容		
四、拆卸空气滤清器壳	参见相关内容		

（续表）

序号内容	项目名称	观察记录	意见建议
五、拆卸 ECM	1. 断开 ECM 的两个连接器		
	2. 从车上拆卸 ECM 及支架		
	3. 从固定支架上拆下 ECM		
六、安装新的 ECM	1. 安装 ECM 固定支架		
	2. 将 ECM 及固定支架安装到车上		
	3. 连接 ECM 的 2 个连接器		
七、安装相关的附属设备	1. 安装空气滤清器壳		
	2. 安装空气滤清器盖分总成		
	3. 安装 2 号气缸盖罩		
	4. 将电缆连接到蓄电池负极端子		
八、注册停机系统（发动机防盗系统）通信 ID	参见注册维修通报		
九、使用诊断仪执行存储器复位程序（初始化）	1. 将点火开关置于 OFF 位置		
	2. 将诊断仪连接到 DLC3		
	3. 将点火开关置于“ON”位置，接通诊断仪的主开关		
	4. 从主菜单中执行存储器复位程序		
	5. 进入以下菜单项：Powertrain/ Engine and ECT / Utility / Reset Memory，然后按下“Next”		
	6. 复位程序执行完毕后，退出系统并关闭诊断仪开关		
十、执行自动变速器初始化（手动变速器除外）	1. 对车辆进行路试［在 ATF（自动变速器油）的正常工作温度为 50 至 80℃下进行测试］		

（续表）

序号内容	项目名称	观察记录	意见建议
十一、清洁整理工具	1. 清洁工具		
	2. 恢复/整理工具		
备注			

第二十八节　举升机操作规程

一、选择题

1. 下列哪个不是举升机的类型？（　）

A. 二柱举升机　　B. 三柱举升机　　C. 四柱举升机　　D. 剪式举升机

2. 关于车辆停放在举升机位置描述错误的是哪个？（　）

A. 车辆要停放在举升机的中间位置

B. 车辆的重心要刚好在举升机的中间，保证车辆平稳举升

C. 车辆两侧位置可以不在举升平板的中间位置

D. 车辆底部举升点必须在举升平板区域内

3. 关于检查举升机和车辆的描述错误的是？（　）

A. 要检查车辆重量是否符合举升机的最大举升极限

B. 要检查悬架是否是空气悬架

C. 要检查剪式举升机两块平板是否水平、高度是否一致

D. 允许举升超过举升极限的车辆

4. 关于举升机操作前准备描述错误的是什么？（　）

A. 车内的行李物品只要不超过举升机的举升极限将不会影响举升

B. 空挡是为了便于车辆底盘的检查

C. 释放驻车制动器是为了便于检查车轮和制动盘

D. 对于大型剪式举升机，其整个车轮都在举升平板上，因此在举升时要使用驻车制动器

5. 关于安装举升机垫块描述不正确的是哪个？（　）

A. 在安装前检查垫块是否有裂纹和损坏

B. 车辆的举升点在车辆底座两个凹槽处

C. 允许垫块部分在平板外

D. 对于车身比较长的车辆可拉动举升平板的延长部分安放垫块

6. 关于车辆举升描述错误的是哪个？（　）

A. 要提示举升信号提醒周围人员到安全区域

B. 在车辆举升或下降时如有需要打开车门

C. 在车辆举升或下降时，严禁移动车辆

D. 在车辆举升或下降时，人员不能进入车内

7. 关于举升机下降描述错误的是哪个？（　　）

A. 检查车辆正下方是否有工具设备，如有立即搬离

B. 向周围人员发出“下降信号”示意车辆将要下降，确认安全

C. 如果将车辆下降到某位置，则直接将举升机平板降到最低位置

D. 在车辆下降时，要注意两块举升机平板是否同时下降，保持两侧平衡

8. 关于举升机使用注意事项的描述错误的是哪个？（　　）

A. 举升车辆时，四个托架要锁紧

B. 举升车辆时，举升要稳，降落要慢

C. 有人作业时严禁升降举升机

D. 举升机可以随意频繁起落

9. 关于剪式举升机的日常维护保养下面描述错误的是哪个？（　　）

A. 所有支铰轴处，每周需要加注一次润滑脂

B. 保险齿条及上下滑块等行动部位，每月加一次润滑脂

C. 每天检查开关动作可靠性

D. 液压油的更换周期可以根据实际情况制定，油位不必保持上限

10. 关于四柱举升机的日常维护保养描述不正确的是哪个？（　　）

A. 要每天检查钢丝绳的固定处以及钢丝上的可见部位

B. 当工作台处于最低位置时，4 个立柱内的钢丝绳必须拉紧

C. 没必要每天都检查链条上的可见部位

D. 每月检查一次链条长度，并相应调整

操作与使用举升机流程表

操作选手：__________　日期：__________

序号内容	项目名称	技术说明	注意事项
一、举升机操作前准备	1. 检查举升机和车辆	1）检查车辆重量是否符合举升机的最大举升极限	（1）严禁举升超过举升重量极限的车辆
		2）检查悬架是否是空气悬架	（1）采用空气悬架的车辆，由于结构的关系需要特别处理，不能直接举升（具体操作方法请参考维修手册）
		3）举升机使用前安全检查，检查举升机两块平板是否水平，高度是否一致，上升下降速度是否一致，以及锁止情况	
		4）检查举升机平板上面是否有水迹或油污	

（续表）

序号内容	项目名称	技术说明	注意事项
一、举升机操作前准备	2. 检查车内是否有行李物品	1）检查车内和行李厢处是否有行李物品，如果有行李物品应将其搬出	(1) 如车内有行李物品，将引起车辆实际重心偏离原始重心，特别是行李物品的滑动，影响举升安全
	3. 将车辆停放在正确的举升位置	1）安装“三件套”	(1) 车辆两侧与举升机边缘距离相等；前后两轮距离举升机边缘距离相等；使车辆的重心能够刚好在举升机的中心，保证车辆平稳举升
		2）将车辆驶入正确的举升位置	
		3）走出车外，检查车辆停放位置是否到位，如不到位重新调整	(1) 车辆底部举升点必须在举升平板区域内，如不在范围内，应合理地调整平板长度
	4. 安装车轮挡块	1）至少使用4块三角形挡块	参考前期准备
		2）安装车辆挡块应该防止车辆前后两个方向滑动	
	5. 确认挡位和驻车制动器状态	1）拉紧驻车制动器，将换挡杆挂入空挡，打开举升机电源开关	(1) 对于使用压缩空气的举升机，此时则要打开压缩空气阀门，保证锁止机构能正常工作
二、举升机举升操作	1. 安装举升机垫块	1）在安装前要检查垫块厚度是否一致，是否有裂纹、损坏	(1) 车辆的举升点在车辆底座两个凹槽处 (2) 举升机垫块必须与支撑点各方向对称 (3) 垫块的任何部分均不允许超出平板
		2）在左右两侧四个支撑点正下方安装举升机垫块	(1) 对于车身比较长的车辆，可拉出举升平板的延长部分，再安放垫块，以保证垫块不超出平板
	2. 部分升起举升机	1）检查车辆周围是否有障碍物	(1) 车辆周围如有障碍物，将其搬到安全区域规定位置
		2）（向周围人员）发出“举升信号”，确认安全	(1) 举升信号，用于提醒周围人员撤到安全区域
		3）举升，按下“上升”按钮，将举升机平板升至垫块将要碰到车辆底部的位置	(1) 此次举升，垫块不能碰到车辆，不然将无法调整垫块位置
		4）（向周围人员）发出“停止举升信号”	(1) 在车辆举升或下降时，严禁移动车辆 (2) 在车辆举升或下降时，严禁打开车门 (3) 在车辆举升或下降时，人员不能进入车内

（续表）

序号内容	项目名称	技术说明	注意事项
二、举升机举升操作	3. 检查举升机垫块位置	1）检查左右两侧举升机垫块安装是否到位，如果不到位进行调整	（1）举升垫块须与车辆底部支撑点（凹槽）各方向对称
	4. 车辆初步举升	1）检查车辆周围是否有障碍物	（1）检查车辆周围是否有障碍物动作
		2）（向周围人员）发出“举升信号”，确认安全	（1）停止举升信号
		3）举升，按下“上升”按钮，将车辆举到车轮稍稍离地	
		4）（向周围人员）发出“停止举升信号”	
	5. 再次检查举升机垫块	1）检查两侧举升机垫块安装是否到位，如不到位下降调整	（1）举升垫块须与车辆底部支撑点（凹槽）处完全接触
	6. 车辆安全检查	1）按压车辆前后部，检查车辆支撑是否可靠，如支撑不当则再次调整垫块或车辆位置	（1）按压车辆前后部，如有晃动、不平稳都需要重新调整
	7. 拆除三角形挡块	1）拆除所有车轮挡块	（1）将车轮挡块放到规定位置，摆放整齐
	8. 举升车辆到作业高度	1）检查车辆周围是否有障碍物	（1）举升平板上禁止放置任何物件
		2）检查举升平板是否有任何物件	（1）此时车辆举升高度为项目作业高度
		3）（向周围人员）发出“举升信号”，示意车辆将要举升，确认安全	（1）在检查举升机机械锁止情况时，要确保上下两排齿要完全啮合
		4）举升，按下“上升”按扭，将车辆举到作业高度	（1）在车辆举升时，要注意两块举升平板是否同时上升，不然会影响举升安全
		5）（向周围人员）发出“停止举升信号”	
		6）松开“上升”按钮	（1）车辆举升后，在作业前先对地面进行清洁，以防油、水影响作业安全
		7）检查举升机械机锁止是否良好	

（续表）

序号内容	项目名称	技术说明	注意事项
三、举升机下降操作	1. 举升机下降	1）检查车辆正下方是否有任何物件，如有立即搬离	（1）如果将车辆下降到某位置，则下降好后要检查举升机的机械锁止是否正常；如果将车辆下降到地面，则直接将举升机平板降到最低位置
		2）检查车辆周围是否有障碍物	
		3）（向周围人员）发出"下降信号"，示意车辆将要下降，确认安全	
		4）举升，按下"下降"按钮，此时要确认举升机的机械锁止是否解开，然后将车辆下降到所需要的高度	（1）在车辆下降时，要注意两块举升平板是否同时下降，不然会影响举升安全
	2. 拆除举升机垫块	1）拆除车辆所有举升机垫块，将其放到规定位置	（1）拆除垫块的同时要检查垫块是否完好，不然影响下次作业
	3. 完成作业	1）关闭举升机电源开关	（1）若用到压缩空气的举升机，此时关闭压缩空气阀门
		2）车辆驶离举升区域	
		3）清洁地面	
备注			

操作与使用举升机评分表

操作选手：________ 日期：________ 得分：________

序号	项目名称	评分细则	分值	得分	原因
一	一、举升机操作前准备（21分）	1. 检查举升机和车辆，举升机的最大举升极限检查（1分），空气悬架检查（1分），检查举升机两块平板是否水平（1分），高度是否一致（1分），上升下降速度是否一致（1分），以及锁止情况（1分），平板上面是否有水迹或油污检查（1分）	7		
		2. 检查车内是否有行李物品（2分）	2		
		3. 安装"三件套"（3分），将车辆停放在正确的举升位置（2分），检查车辆停放位置是否到位（2分）	7		
		4. 安装车轮挡块位置方法正确（2分）	2		
		5. 确认挡位（1分）、驻车制动器状态（1分），举升机电源（1分）	3		

（续表）

序号	项目名称	评分细则	分值	得分	原因
二	二、举升机举升操作（54分）	1. 安装举升机垫块，安装前要检查垫块厚度是否一致（2分），是否有裂纹、损坏（3分），在左右两侧四个支撑点正下方安装举升机垫块（4分）	9		
		2. 部分升起举升机，检查车辆周围是否有障碍物（2分），发出“举升信号”（2分），按下“上升”按钮（1分），将举升机平板升至垫块将要碰到车辆底部的位置（2分），发出“停止举升信号”（1分）	8		
		3. 检查左右两侧举升机垫块位置（4分）	4		
		4. 车辆初步举升，检查车辆周围是否有障碍物（2分），发出“举升信号”（2分），按下“上升”按钮（1分），将车辆举到车轮稍稍离地（2分），发出“停止举升信号”（1分）	8		
		5. 再次检查举升机垫块（4分）	4		
		6. 车辆安全检查（4分）	4		
		7. 拆除三角形挡块（4分）	4		
		8. 举升车辆到作业高度，检查车辆周围是否有障碍物（2分），检查举升平板是否有任何物件（2分），发出“举升信号”（2分），按下“上升”按钮（1分），将车辆举到作业高度（2分），发出“停止举升信号”（1分），松开“上升”按钮（1分），检查举升机械机锁止是否良好（2分）	13		
三	三、举升机下降操作（25分）	1. 举升机下降，检查车辆正下方是否有任何物件（2分），检查车辆周围是否有障碍物（2分），发出“下降信号”（2分），按下“下降”按钮（1分），此时要确认举升机的机械锁止是否解开（2分），然后将车辆下降到所需要的高度（2分）	11		
		2. 拆除举升机垫块，放到规定位置（4分）	4		
		3. 完成作业，关闭举升机电源开关（2分），车辆驶离举升区域（3分），清洁地面（5分）	10		
总　分			100		

操作与使用举升机观察表

观察选手：__________ 操作选手：__________ 日期：__________

序号内容	项目名称	观察记录	意见建议
一、举升机操作前准备	1. 检查举升机和车辆		
	2. 检查车内是否有行李物品		
	3. 将车辆停放在正确的举升位置		
	4. 安装车轮挡块		
	5. 确认挡位和驻车制动器状态		
二、举升机举升操作	1. 安装举升机垫块		
	2. 部分升起举升机		
	3. 检查举升机垫块位置		
	4. 车辆初步举升		
	5. 再次检查举升机垫块		
	6. 车辆安全检查		
	7. 拆除三角形挡块		
	8. 举升车辆到作业高度		
三、举升机下降操作	1. 举升机下降		
	2. 拆除举升机垫块		
	3. 完成作业		
教师点评			

操作与使用举升机工艺单

操作选手：__________ 日期：__________

序号内容	项目名称	操作结果记录	操作数据记录
一、举升机操作前准备	1. 检查举升机和车辆		
	2. 检查车内是否有行李物品		
	3. 将车辆停放在正确的举升位置		
	4. 安装车轮挡块		
	5. 确认挡位和驻车制动器状态		
二、举升机举升操作	1. 安装举升机垫块		
	2. 部分升起举升机		
	3. 检查举升机垫块位置		
	4. 车辆初步举升		
	5. 再次检查举升机垫块		
	6. 车辆安全检查		
	7. 拆除三角形挡块		
	8. 举升车辆到作业高度		
三、举升机下降操作	1. 举升机下降		
	2. 拆除举升机垫块		
	3. 完成作业		
备注			

第二十九节　检查与更换传动皮带

检查与更换传动皮带流程表

操作选手：__________　日期：__________

序号内容	项目名称	技术说明	注意事项
一、车上检查传动皮带	1. 车上检查传动皮带	1）检查传动皮带是否有过度磨损、加强筋损坏、老化及皮带棱上有脱落、磨损	（1）传动皮带出现过度磨损、加强筋损坏、老化及皮带棱上有脱落、磨损，则更换皮带
二、拆卸传动皮带	1. 关闭点火开关	1）检查点火开关位置，确保点火开关在“OFF”位置	
	2. 拆卸发动机盖罩	1）提起发动机盖罩前端，再提起发动机盖罩后端，取下发动机盖罩	
	3. 拆卸散热器上空气导流板	1）用手按下散热器上空气导流板的固定塑料锁扣的锁芯，拆下锁扣，取下散热器上空气导流板	（1）严禁使用金属工具拆卸
	4. 拆卸蓄电池负极电缆	1）选用10mm套筒及棘轮扳手，拧松蓄电池负极电缆锁紧螺母，取下蓄电池负极电缆	（1）拆卸时，点火开关必须处于“OFF”状态 （2）取下蓄电池负极电缆后要固定好，防止其自动回位造成线路短路
	5. 举升车辆	1）按下举升按钮举升车辆至操作的合适高度停止举升并锁止	（1）在举升之前要检查车辆四周无人员、检查举升机支架与车辆支承位置放好、检查车辆中心对正无偏斜、检查车辆无负重
	6. 拆卸右前车辆轮胎	1）选用21mm轮胎专用套筒及气动工具对角拆卸轮胎固定螺母，然后取下轮胎放到轮胎架上	（1）使用气动工具时不能戴手套
	7. 拆卸发动机后部右侧底罩	1）使用卡扣专用拆卸工具拆卸发动机后部右侧底罩的固定塑料锁扣，然后取下发动机后部右侧底罩	
	8. 拆卸传动皮带	1）选用合适套筒、接杆及棘轮扳手拧松发电机固定螺栓，再松开皮带张紧调节螺栓，最后将传动皮带拆下来	

（续表）

序号内容	项目名称	技术说明	注意事项
三、安装传动皮带	1. 安装传动皮带	1）选用型号、参数与原厂一样的传动皮带，安装传动皮带	（1）安装时要将传动皮带与槽对准 （2）检查并确认传动皮带正确安装在楔形槽中 （3）四个轮盘要在同一平面上
	2. 调节传动皮带张紧度	1）使用工具调整传动皮带张紧度调节螺栓，调整时使用皮带张紧力表卡住传动皮带测量其张紧力值，直到张紧力值符合标准，标准值为 637～735N	
	3. 紧固发电机固定螺栓	1）选用扭力扳手和套筒紧固发电机固定螺栓（19N·m）（43N·m）	
	4. 检查传动皮带	1）使用皮带张紧力表卡住传动皮带测量其张紧力值，与维修手册中新皮带标准张紧值对比；着车 5 分钟停止发动机后再次检查传动皮带张紧力值，与维修手册中旧皮带标准张紧力值对比	
	5. 安装发动机后部右侧底罩	1）安装发动机后部右侧底罩，锁上固定锁扣	
	6. 安装轮胎	1）装上轮胎，对角旋紧轮胎固定螺母	（1）不可使用气动工具安装轮胎
	7. 降下车辆按扭矩锁紧轮胎固定螺母	1）降下车辆，按厂家规定扭矩对角紧固轮胎固定螺母	
	8. 安装蓄电池负极电缆	1）先装上蓄电池负极电缆，再选用扳手拧紧蓄电池负极电缆的固定螺栓	
	9. 安装散热器上空气导流板及发动机盖罩	1）对准散热器上空气导流板安装位置，安装并锁上固定锁扣	
	10. 安装发动机盖罩	1）双手握住发动机盖罩并对正位置，依次按下前后端，安装后检查发动机盖罩是否卡紧	

检查与更换传动皮带评分表

操作选手：________ 日期：________ 得分：________

序号	项目名称	评分细则	分值	得分	原因
一	车上检查传动皮带（5分）	1. 车上检查传动皮带（检查传动皮带是否有过度磨损、加强筋损坏、老化及皮带棱上有脱落、磨损）	5		
二	拆卸传动皮带（35分）	1. 关闭点火开关	2		
		2. 拆卸发动机盖罩	5		
		3. 拆卸散热器上空气导流板	3		
		4. 拆卸蓄电池负极电缆	2		
		5. 举升车辆	3		
		6. 拆卸右前车辆轮胎	10		
		7. 拆卸发动机后部右侧底罩	5		
		8. 拆卸传动皮带	5		
三	安装传动皮带（50分）	1. 安装传动皮带	3		
		2. 调节传动皮带张紧度	4		
		3. 紧固发电机固定螺栓	3		
		4. 检查传动皮带	5		
		5. 安装发动机后部右侧底罩	5		
		6. 安装轮胎	10		
		7. 降下车辆按扭矩锁紧轮胎固定螺母	10		
		8. 安装蓄电池负极电缆	2		
		9. 安装散热器上空气导流板及发动机盖罩	3		
		10. 安装发动机盖罩	5		
四	“7S”清洁整理（10分）	1. 清洁工具	3		
		2. 恢复/整理工具，扭力扳手归位	3		
		3. 操作中是否有物体落地或损坏，可倒扣	4		
		总　分	100		

检查与更换传动皮带观察表

观察选手：________ 操作选手：________ 日期：________

序号内容	项目名称	观察记录	意见建议
一、车上检查传动皮带	1. 车上检查传动皮带（检查传动皮带是否有过度磨损、加强筋损坏、老化及皮带棱上有脱落、磨损）		

（续表）

序号内容	项目名称	观察记录	意见建议
二、拆卸传动皮带	1. 关闭点火开关		
	2. 拆卸发动机盖罩		
	3. 拆卸散热器上空气导流板		
	4. 拆卸蓄电池负极电缆		
	5. 举升车辆		
	6. 拆卸右前车辆轮胎		
	7. 拆卸发动机后部右侧底罩		
	8. 拆卸传动皮带		
三、安装传动皮带	1. 安装传动皮带		
	2. 调节传动皮带张紧度		
	3. 紧固发电机固定螺栓		
	4. 检查传动皮带		
	5. 安装发动机后部右侧底罩		
	6. 安装轮胎		
	7. 降下车辆按扭矩锁紧轮胎固定螺母		
	8. 安装蓄电池负极电缆		
	9. 安装散热器上空气导流板及发动机盖罩		
	10. 安装发动机盖罩		
四、“7S”清洁整理	1. 清洁工具		
	2. 恢复/整理工具		
	3. 操作中是否有物体落地或损坏		
教师点评			

检查与更换传动皮带工艺单

操作选手：________ 日期：________

序号内容	项目名称	操作结果记录	操作数据记录
一、车上检查传动皮带	1. 车上检查传动皮带（检查传动皮带是否有过度磨损、加强筋损坏、老化及皮带棱上有脱落、磨损）		
二、拆卸传动皮带	1. 关闭点火开关		
	2. 拆卸发动机盖罩		
	3. 拆卸散热器上空气导流板		
	4. 拆卸蓄电池负极电缆		
	5. 举升车辆		
	6. 拆卸右前车辆轮胎		
	7. 拆卸发动机后部右侧底罩		
	8. 拆卸传动皮带		

（续表）

序号内容	项目名称	操作结果记录	操作数据记录
三、安装传动皮带	1. 安装传动皮带		
	2. 调节传动皮带张紧度		
	3. 紧固发电机固定螺栓		
	4. 检查传动皮带		
	5. 安装发动机后部右侧底罩		
	6. 安装轮胎		
	7. 降下车辆按扭矩锁紧轮胎固定螺母		
	8. 安装蓄电池负极电缆		
	9. 安装散热器上空气导流板及发动机盖罩		
	10. 安装发动机盖罩		
四、“7S”清洁整理	1. 清洁工具		
	2. 恢复/整理工具		
	3. 操作中是否有物体落地或损坏		
备注			

第三十节　维修作业前准备工作

一、选择题

1. 下列不属于四种套的是哪个？（　　）

A. 地板垫　B. 座椅套　C. 发动机舱盖释放杆　D. 转向盘套

2. 下列不属于防冻剂类型的是哪个？（　　）

A. 酒精型　B. 乙醚型　C. 甘油型　D. 乙二醇型

3. 下列不属于制动液类型的是哪个？（　　）

A. 蓖麻油乙醇型　B. 合成型　C. 矿油型　D. 纯水型

4. 下列不属于铅蓄电池主要结构的是什么？（　　）

A. 阳极板　B. 阴极板　C. 电解液　D. 液压装置

5. 机油的作用不包括哪个？（　　）

A. 取暖作用　B. 润滑作用　C. 清洁作用　D. 密封作用

6. 下列属于夏季润滑油牌号的是哪个？（　　）

A. 25W　B. 15W－30　C. 20W－40　D. 5W－30

7. API SL 级节能型机油的机油黏度为多少？（　　）

A. 40　　B. 30　　C. 20　　D. 10

8. 制动液是汽车液压制动系统中传递(　　)的液态介质。

A. 热量　　B. 压力　　C. 温度　　D. 液体

9. 检查蓄电池电压时，选用(　　)检查蓄电池的电压是否在标准范围内。

A. 电流表　　B. 电阻表　　C. 电压表　　D. 电度表

10. 蓄电池电压的标准范围是多少？(　　)

A. 5～6V　　B. 6～8V　　C. 11～14V　　D. 13～15V

维修作业前准备工作流程表

操作选手：＿＿＿＿＿　日期：＿＿＿＿＿

序号内容	项目名称	技术说明	注意事项
一、驾驶人座椅操作	1. 安装地板垫	1）左手拿汽车钥匙，右手拿四件套，走到左前车门处	(1) 打开车门时要注意车门打开的角度
		2）按下汽车钥匙开锁按钮，左手打开车门，同时将钥匙插入点火开关	(1) 地板放置时要注意正反面，并且脚印要朝前方
		3）将地板垫放在驾驶室的地板上面	
	2. 安装座椅套	1）双手将座椅套拿到车外展开	(1) 座椅套是由薄塑料制成的，极易破损，在安装座椅套时，用力要均匀，避免因用力过大导致座椅套损坏 (2) 座椅套安装要整齐
		2）然后拿到车内，找到座椅套的开口处，从上往下整齐地套在驾驶人的座椅上	
	3. 安装转向盘套	1）先展开转向盘套，套在转向盘上面，然后由上往下拉转向盘套直至完全套好	(1) 转向盘套是由薄塑料制成的，极易破损。安装转向盘时不要硬拉，否则会造成转向盘套的损坏 (2) 转向盘套安装好后其同圈呈圆形
	4. 安装换挡杆套	1）将换挡杆套完全打开，然后从上往下套在换挡杆上	(1) 在安装时要注意动作不要过猛，防止安装时破损
	5. 拉起发动机舱盖释放杆	1）用右手往上拉发动机舱盖释放杆，其位置在驾驶室车门边上	(1) 此时拉发动机舱盖释放杆的时候，只要听到“嗒”的一声就可以了，因为此时机舱盖已经打开
		2）关闭车门，清洁车门把手	(1) 关车门须握车门把手，不得借助车门其他部位关门

（续表）

序号内容	项目名称	技术说明	注意事项
二、车辆周围操作	1. 安装车轮挡块	1）双手拿好车轮挡块，走到左后车轮处单脚蹲下	（1）在挡块安装时要注意安装位置，此时的挡块应该贴住轮胎，并与轮胎侧面对齐
		2）双手用力顶向车轮，安装车轮挡块	（1）尾气管安装好后，再安装右后车轮挡块
	2. 安装尾气管	1）调整好尾气管的位置，然后用双手从吊钩处取下尾气管	（1）尾气管的头部这里有夹箍，在拿时要小心，以防止手划伤
		2）先将尾气管对准排气管，再用双手将尾气管插入车辆的排气管中	（1）如果是双排气管，则需要安装两根尾气管
	3. 打开发动机舱盖	1）站在车辆的正前方，双手伸向发动机盖，右手伸到发动机盖下方拉起锁片	（1）车型不同的发动机盖拉锁结构各不相同 （2）在发动机盖顶起的时候要注意安全，双手不能离开机舱盖
		2）在拉起发动机盖锁片后，抬起发动机盖 45°左右	
		3）在抬起发动机盖后，右手撑住发动机盖，左手去拿发动机盖支撑杆，然后把支撑杆插入发动机盖的定位孔上	（1）确保发动机盖支撑牢固
	4. 安装翼子板布和前格栅布	1）从工具车中取来翼子板布和前格栅布，然后将它们按“翼子板布→前格栅布→翼子板布”的顺序叠好	（1）翼子板布和前格栅布必须完全吸在车辆上，要确保安装牢固，防止掉落
		2）打开翼子板布和前格栅布，安装左侧翼子板布	（1）在拿起布时要防止两块布被磁铁吸住
		3）安装前格栅布	（1）在安装翼子板布和前格栅布时，可以采用交叉步伐，以节省操作动作
		4）安装右侧翼子板布	
三、发动机室检查	1. 检查喷洗器液面	1）打开喷洗液罐的盖，拔出液位尺	（1）由于在接下去的检查中有喷洗器的检查项目，要使用到喷洗液，则必须在检查之前先确定喷洗液的液位正常，这样才能使下面的操作正常进行 （2）在检查时要防止液体滴落
		2）用液位尺来检查喷洗液的液位是否在低位和高位之间，如液位不足则进行加注	

（续表）

序号内容	项目名称	技术说明	注意事项
三、发动机室检查	2. 检查发动机冷却液液位	1）发动机在冷机状态时，检查发动机冷却液液位应在 LOW 和 FULL 刻度线之间	(1) 发动机冷却液液位的检查是为了确保有足够的冷却液，以保证发动机正常运转 (2) 如果发动机冷却液液位低于 LOW 刻度线，检查冷却液是否泄漏，并添加冷却液，或类似的不含硅酸盐、胺、亚硝酸盐和硼酸盐，且采用长效复合有机酸技术制成的优质乙二烯乙二醇冷却液到 FULL 刻度线 (3) 参考维修手册（CO1）
	3. 检查发动机机油	1）检查发动机油位（在启动发动机之前，先检查机油油位来确保发动机能正常启动） ①左手拿一块纱布，右手拔机油尺 ②拔机油尺的时候，纱布一直包在机油尺中，当机油尺拔出后，从上往下擦机油尺 ③把机油尺擦干净后，再将机油尺插入发动机中 ④拔出机油尺，检查发动机的机油在两个刻度线之间。确认机油液位正常，如果不足则加注到正常刻度 ⑤检查完后将机油尺插回到发动机中	(1) 检查机油油位时，需要两次拔机油尺，第一次为清洁机油尺，第二次为检查机油液位 (2) 在机油尺拔出检查油位时，要注意机油尺的角度向下 45° (3) 加注不要超过满油位标记 (4) 发动机暖机，然后停机并等待 5 分钟再次检查机油油位 (5) 参考维修手册（LU1）
		2）检查发动机机油质量：检查机油是否变质、变色或变稀，以及油中是否混水。如机油质量明显不佳，则更换机油	
	4. 检查制动液液位	1）检查制动总泵的贮液箱内的制动液液位是否正常，即是否在高位和低位之间	(1) 如果制动液液位低于低位线，检查是否泄漏，并检查盘式制动器衬块。如有必要，维修或更换后重新向储液罐加注制动液 (2) 制动液：SAE J1703 或 FMVSS No. 116 DOT 3 (3) 参考维修手册（BR6）

（续表）

序号内容	项目名称	技术说明	注意事项
三、发动机室检查	5. 检查动力转向液（对于液压动力转向）	1）检查动力检查液的液位是否在低位和高位之间	（1）此操作只针对液压助力转向车辆进行 （2）检查动力检查液是为了发动机启动时转向助力系统能正常工作
	6. 检查蓄电池电压	1）检查汽车万用表，选择测量挡	（1）检查电压时正负极表笔不要接反 （2）如果电压低于 11V，在继续操作前，对蓄电池充电或更换蓄电池 （3）参考维修手册（IN58）
		2）用万用表检查蓄电池的电压是否在标准范围之内	
		3）标准：11～14V	
	7. 拆除翼子板布和前格栅布	1）拆除车辆右侧的翼子板布	（1）翼子板布放到前格栅布的中间位置，以便叠好归位 （2）注意拆除时也和刚才安装时的位置一样了，翼子板布、前格栅布、翼子板布 （3）在拆除翼子板布和前格栅布的时候，可采用交叉步来提高操作效率
		2）拆除车辆前面的前格栅布	
		3）拆除车辆左侧的翼子板布	
		4）将三块布叠好后，放到工具车上	
	8. 关闭发动机舱盖	1）发动机盖支撑杆，右手顶住发动机盖	（1）在关闭发动机舱盖时要注意安全
		2）拔出发动机盖支撑杆，将其安放到车辆的卡扣中	（1）在拔发动机盖支撑杆的时候，如果比较紧，则可以轻轻上下摇动机舱盖，再将支撑杆拔出
		3）将发动机舱盖放到距车身合适距离，然后将其放下	
		4）清洁并关闭发动机舱盖	（1）要确保发动机舱盖一次性关上
备注			

维修作业前准备工作评分表

操作选手：＿＿＿＿＿＿ 日期：＿＿＿＿＿＿ 得分：＿＿＿＿＿＿

序号	项目名称	评分细则	分值	得分	原因
一	驾驶人座椅操作（25 分）	1. 安装地板垫，开门动作正确（1 分），钥匙插到位（1 分），地板垫放置到位（3 分）	5		
		2. 安装座椅套打开到位（1 分），安装到位（1 分），无破裂（3 分）	5		
		3. 安装转向盘套安装到位（1 分），无破裂（3 分）	4		
		4. 安装换挡杆套安装到位，无破裂（4 分）	4		
		5. 拉起发动机舱盖释放杆拉时位置正确（3 分），关门动作正确（2 分），清洁车门把手（2 分）	7		

（续表）

序号	项目名称	评分细则	分值	得分	原因
二	车辆周围操作（20分）	1. 安装车轮挡块安装位置正确（2分），安装动作正确（2分）	4		
		2. 尾气管安装位置正确（2分），无碰撞车身（2分）	4		
		3. 打开发动机舱盖，手放置到位（1分），锁片打开到位（1分），发动机舱盖抬起角度到位（1分），支杆位置正确（1分），支撑牢固（2分）	6		
		4. 安装翼子板布和前格栅布方法正确（3分），安装位置到位（3分）	6		
三	发动机室检查（55分）	1. 检查喷洗器液面，打开盖动作正确（1分），检查方法正确（3分），结果正确（2分），盖子关好（2分），液体滴落（2分）	10		
		2. 检查发动机冷却液液位，检查方法正确，检查结果正确（4分）	4		
		3. 检查发动机机油，用纱布（1分）第一次擦干净机油尺（2分），再插入机油尺（1分），第二次检查机油油位（1分），检查结果正确（2分），再插入机油尺（2分），检查机油是否变质、变色或变稀（2分），以及油中是否混水（2分），液体滴落（2分）	15		
		4. 检查制动液液位检查方法正确（2分），结果正确（2分）	4		
		5. 检查动力转向液（对于液压动力转向）方法正确（2分），结果正确（2分）	4		
		6. 检查蓄电池电压，万用表使用正确（3分），测量方法正确（3分），测量结果正确（3分），蓄电池盖关上（1分）	10		
		7. 拆除翼子板布和前格栅布方法正确（3分），无掉落（2分）	5		
		8. 关闭发动机舱盖（2分），清洁（1分）	3		
总　分			100		

维修作业前准备工作观察表

观察选手：__________ 操作选手：__________ 日期：__________

序号内容	项目名称	观察记录	意见建议
一、驾驶人座椅操作	1. 安装地板垫		
	2. 安装座椅套		
	3. 安装转向盘套		
	4. 安装换挡杆套		
	5. 拉起发动机舱盖释放杆		

（续表）

序号内容	项目名称	观察记录	意见建议
二、车辆周围操作	1. 安装车轮挡块		
	2. 安装尾气管		
	3. 打开发动机舱盖		
	4. 安装翼子板布和前格栅布		
三、发动机室检查	1. 检查喷洗器液面		
	2. 检查发动机冷却液液位		
	3. 检查发动机机油		
	4. 检查制动液液位		
	5. 检查动力转向液（对于液压动力转向）		
	6. 检查蓄电池电压		
	7. 拆除翼子板布和前格栅布		
	8. 关闭发动机舱盖		
教师点评			

维修作业前准备工作工艺单

操作选手：__________ 日期：__________

序号内容	项目名称	操作结果记录	操作数据记录
一、驾驶人座椅操作	1. 安装地板垫		
	2. 安装座椅套		
	3. 安装转向盘套		
	4. 安装换挡杆套		
	5. 拉起发动机舱盖释放杆		
二、车辆周围操作	1. 安装车轮挡块		
	2. 安装尾气管		
	3. 打开发动机舱盖		
	4. 安装翼子板布和前格栅布		
三、发动机室检查	1. 检查喷洗器液面		
	2. 检查发动机冷却液液位		
	3. 检查发动机机油		
	4. 检查制动液液位		
	5. 检查动力转向液（对于液压动力转向）		
	6. 检查蓄电池电压		
	7. 拆除翼子板布和前格栅布		
	8. 关闭发动机舱盖		
备注			

第三十一节　更换汽缸垫与汽缸盖

更换汽缸垫与汽缸盖流程表

操作选手：__________　日期：__________

序号内容	项目名称	技术说明	注意事项
一、拆卸汽缸盖和汽缸垫	1. 拆卸汽缸盖螺栓及垫片	1）选用正确的工具	
		2）正确使用工具按手册规定顺序分次拧松汽缸盖螺栓	(1) 松动汽缸盖螺栓时应遵循从两边到中间对称对角均匀的原则，螺栓拆卸顺序不正确会导致汽缸盖翘曲或破裂
		3）正确使用工具按手册规定的顺序旋出汽缸盖螺栓	(1) 汽缸盖的主要故障是翘曲变形、腐蚀、螺纹孔的损伤。因此，在汽缸盖的拆卸过程中，要求在常温下按照规范要求进行
		4）正确使用工具取下汽缸盖螺栓和平垫片	(1) 取出螺栓垫片时防止掉落，并放置和汽缸盖相对应的位置
		5）拆下的零件按正确的位置摆放	
	2. 取下汽缸盖	1）选用正确的工具	
		2）确定汽缸盖与汽缸体之间的合理撬动部位	(1) 在使用头部缠有胶带的螺丝刀时，不要损坏汽缸盖与汽缸体之间的接触面 (2) 使用螺丝刀或锤子时都应作用在有定位销位置，并保证受力方向垂直于汽缸盖与汽缸体接触面向上
		3）正确使用工具松动汽缸盖	
		4）双手平行抬下汽缸盖	
		5）拆下的汽缸盖平行摆放	(1) 检查汽缸盖在枕木上放置是否平稳，以免汽缸盖掉落损伤 (2) 在枕木上需要垫上抹布
		6）遮挡汽缸体表面	(1) 检查定位销是否损坏、丢失
	3. 拆卸汽缸垫	1）用双手取下汽缸盖垫	
		2）如果汽缸盖垫粘牢在汽缸体上，可以用铲刀进行分离，并将汽缸垫放到回收箱内	(1) 用铲刀分离汽缸垫时，不要损坏汽缸体平面

（续表）

序号内容	项目名称	技术说明	注意事项
二、检查新的汽缸盖和汽缸垫	1. 检查汽缸盖平面度（汽缸盖平面度及进、排歧管平面度）	1）将汽缸盖放在枕木上，测量面朝上	
		2）选用正确的工具	
		3）清洁量具和被测表面	（1）量具未清洁会影响测量结果
		4）使用正确的量具根据规定的测量点分别测出汽缸盖平面度进、排歧管平面度	（1）汽缸盖平面度测量点为：横向、纵向及交叉共六个位置，在每个位置找出最大缝隙处，作为测量点；其中进、排歧管的平面度测量点都为交叉两个位置 （2）测量时，眼睛要与被测平面平齐 （3）测量时刀口尺不能在汽缸盖上拖动
		5）数据记录、分析	（1）发动机最大翘曲变形：汽缸盖表面为 0.05 mm；进、排气歧管表面为 0.10mm （2）若测量值超出标准范围应再次更换汽缸盖
	2. 检查汽缸盖是否破裂	1）用染色渗透法检查进气口、排气口以及汽缸体表面是否有裂纹，如有裂纹则更换汽缸盖	（1）如果有裂纹应更换汽缸
	3. 检查汽缸垫	1）检查汽缸盖垫表面是否平整，包边贴合是否牢固，是否有划痕、凹陷、褶皱以及锈污等现象	（1）如有以上现象则再次更换汽缸盖垫
		2）确认批次号	
三、安装汽缸盖和汽缸垫	1. 安装汽缸垫	1）检查安装表面是否有残留物，若有用铲刀清除	
		2）正确选用工具	
		3）用压缩空气清洁汽缸体表面，清洁汽缸体各油道、水道及螺栓孔	（1）使用压缩空气时，应用一块清洁布盖在气枪上方，以防止油水飞溅
		4）将新衬垫放在汽缸缸体表面上，并使印有批次号的一面朝上	（1）确保汽缸垫按正确的方向安装
		5）确保定位销位置，并检查所有孔的位置是否合适	

（续表）

序号内容	项目名称	技术说明	注意事项
三、安装汽缸盖和汽缸垫	2. 安装汽缸盖	1）将汽缸盖平稳地放置到汽缸体上面，安装时定位销的位置必须对准	（1）取汽缸盖时注意手不能放入汽缸盖下面 （2）在对准定位销时注意不要滑动，以免定位销损伤汽缸盖底面
		2）正确选用工具	
		3）在螺栓的螺纹和与平垫片相接触的螺栓头下的部位涂抹薄层机油	
		4）将螺栓和平垫圈放入汽缸盖的螺栓孔中	（1）不要让垫圈掉落
		5）使用正确的工具按规定的顺序逐次拧紧汽缸盖螺栓	
		6）使用正确的工具按规定的顺序分两次（25N·m，24N·m）对汽缸盖螺栓加标准力矩	（1）汽缸盖螺栓的标准力矩为 49N·m，然后再紧固（90°+45°）
		7）在汽缸盖螺栓前端作起始位置标记	
		8）将汽缸盖螺栓按规定的顺序再次紧固 90°，然后再紧固 45°	
		9）检查并确认标记与原位置呈 135°	
备注			

更换汽缸垫与汽缸盖评分表

操作选手：__________ 日期：__________ 得分：__________

序号	项目名称	评分细则	分值	得分	原因
一	拆卸汽缸盖和汽缸垫（30 分）	1. 选用正确的工具	1		
		2. 正确使用工具按手册规定顺序分次拧松汽缸盖螺栓	6		
		3. 正确使用工具按手册规定的顺序旋出汽缸盖螺栓	6		
		4. 正确使用工具取下汽缸盖螺栓和平垫片	2		
		5. 拆下的零件按正确的位置摆放	1		

（续表）

序号	项目名称	评分细则	分值	得分	原因
一	拆卸汽缸盖和汽缸垫（30分）	6. 选用正确的工具	1		
		7. 确定汽缸盖与汽缸体之间的合理撬动部位	3		
		8. 正确使用工具松动汽缸盖	3		
		9. 双手平行抬下汽缸盖	2		
		10. 拆下的汽缸盖平行摆放	1		
		11. 遮挡汽缸体表面	1		
		12. 用双手取下汽缸盖垫	1		
		13. 如果汽缸盖垫粘牢在汽缸体上，可以用铲刀进行分离，并将汽缸垫放到回收箱内	2		
二	检查新的汽缸盖和汽缸垫（30分）	1. 将汽缸盖放在枕木上，测量面朝上	2		
		2. 选用正确的工具	1		
		3. 清洁量具和被测表面	2		
		4. 使用正确的量具根据规定的测量点分别测出汽缸盖平面度及进、排歧管平面度	8		
		5. 数据记录、分析	8		
		6. 用染色渗透法检查进气口、排气口以及汽缸体表面是否有裂纹，如有裂纹则更换汽缸盖	4		
		7. 检查汽缸盖垫表面是否平整，包边贴合是否牢固，是否有划痕、凹陷、褶皱以及锈污等现象	3		
		8. 确认批次号	2		
三	安装汽缸盖和汽缸垫（40分）	1. 检查安装表面是否残有留物，若有用铲刀清除	1		
		2. 正确选用工具	1		
		3. 用压缩空气清洁汽缸体表面，清洁汽缸体各油道、水道及螺栓孔	4		
		4. 将新衬垫放在汽缸缸体表面上，并使印有批次号的一面朝上	2		
		5. 确保定位销位置，并检查所有孔的位置是否合适	1		

（续表）

序号	项目名称	评分细则	分值	得分	原因
三	安装汽缸盖和汽缸垫（40分）	6. 将汽缸盖平稳地放置到汽缸体上面，安装时定位销的位置必须对准	2		
		7. 正确选用工具	1		
		8. 在螺栓的螺纹和与平垫片相接触的螺栓头下的部位涂抹薄层机油	2		
		9. 将螺栓和平垫圈放入汽缸盖的螺栓孔中	2		
		10. 使用正确的工具按规定的顺序逐次拧紧汽缸盖螺栓	10		
		11. 使用正确的工具按规定的顺序分两次（25N·m，24N·m）对汽缸盖螺栓加标准力矩	5		
		12. 在汽缸盖螺栓前端作起始位置标记	2		
		13. 将汽缸盖螺栓按规定的顺序再次紧固90°，然后再紧固45°	5		
		14. 检查并确认标记与原位置呈135°	2		
总　分			100		

更换汽缸垫与汽缸盖观察表

观察选手：＿＿＿＿＿　操作选手：＿＿＿＿＿　日期：＿＿＿＿＿

序号内容	项目名称	观察记录	意见建议
一、拆卸汽缸盖和汽缸垫	1. 选用正确的工具		
	2. 正确使用工具按手册规定顺序分次拧松汽缸盖螺栓		
	3. 正确使用工具按手册规定的顺序旋出汽缸盖螺栓		
	4. 正确使用工具取下汽缸盖螺栓和平垫片		
	5. 拆下的零件按正确的位置摆放		
	6. 选用正确的工具		
	7. 确定汽缸盖与汽缸体之间的合理撬动部位		
	8. 正确使用工具松动汽缸盖		

（续表）

序号内容	项目名称	观察记录	意见建议
一、拆卸汽缸盖和汽缸垫	9. 双手平行抬下汽缸盖		
	10. 拆下的汽缸盖平行摆放		
	11. 遮挡汽缸体表面		
	12. 用双手取下汽缸盖垫		
	13. 如果汽缸盖垫粘牢在汽缸体上，可以用铲刀进行分离，并将汽缸垫放到回收箱内		
二、检查新的汽缸盖和汽缸垫	1. 将汽缸盖放在枕木上，测量面朝上		
	2. 选用正确的工具		
	3. 清洁量具和被测表面		
	4. 使用正确的量具根据规定的测量点分别测出汽缸盖平面度及进、排歧管平面度		
	5. 数据记录、分析		
	6. 用染色渗透法检查进气口、排气口以及汽缸体表面是否有裂纹，如有裂纹则更换汽缸盖		
	7. 检查汽缸盖垫表面是否平整，包边贴合是否牢固，是否有划痕、凹陷、褶皱以及锈污等现象		
	8. 确认批次号		
三、安装汽缸盖和汽缸垫	1. 检查安装表面是否有残留物，若有用铲刀清除		
	2. 正确选用工具		
	3. 用压缩空气清洁汽缸体表面，清洁汽缸体各油道、水道及螺栓孔		
	4. 将新衬垫放在汽缸缸体表面上，并使印有批次号的一面朝上		
	5. 确保定位销位置，并检查所有孔的位置是否合适		
	6. 将汽缸盖平稳地放置到汽缸体上面，安装时定位销的位置必须对准		

（续表）

序号内容	项目名称	观察记录	意见建议
三、安装汽缸盖和汽缸垫	7. 正确选用工具		
	8. 在螺栓的螺纹和与平垫片相接触的螺栓头下的部位涂抹薄层机油		
	9. 将螺栓和平垫圈放入汽缸盖的螺栓孔中		
	10. 使用正确的工具按规定的顺序逐次拧紧汽缸盖螺栓		
	11. 使用正确的工具按规定的顺序分两次（25N·m，24N·m）对汽缸盖螺栓加标准力矩		
	12. 在汽缸盖螺栓前端作起始位置标记		
	13. 将汽缸盖螺栓按规定的顺序再次紧固 90°，然后再紧固 45°		
	14. 检查并确认标记与原位置呈 135°		

更换汽缸垫与汽缸盖工艺单

操作选手：__________ 日期：__________

序号内容	项目名称	操作结果记录	操作数据记录
一、拆卸汽缸盖和汽缸垫	1. 选用正确的工具		
	2. 正确使用工具按手册规定顺序分次拧松汽缸盖螺栓		
	3. 正确使用工具按手册规定的顺序旋出汽缸盖螺栓		
	4. 正确使用工具取下汽缸盖螺栓和平垫片		
	5. 拆下的零件按正确的位置摆放		
	6. 选用正确的工具		
	7. 确定汽缸盖与汽缸体之间的合理撬动部位		
	8. 正确使用工具松动汽缸盖		
	9. 双手平行抬下汽缸盖		
	10. 拆下的汽缸盖平行摆放		
	11. 遮挡汽缸体表面		

（续表）

序号内容	项目名称	操作结果记录	操作数据记录
一、拆卸汽缸盖和汽缸垫	12. 用双手取下汽缸盖垫		
	13. 如果汽缸盖垫粘牢在汽缸体上，可以用铲刀进行分离，并将汽缸垫放到回收箱内		
二、检查新的汽缸盖和汽缸垫	1. 将汽缸盖放在枕木上，测量面朝上		
	2. 选用正确的工具		
	3. 清洁量具和被测表面		
	4. 使用正确的量具根据规定的测量点分别测出汽缸盖平面度及进、排歧管平面度		
	5. 数据记录、分析		
	6. 用染色渗透法检查进气口、排气口以及汽缸体表面是否有裂纹，如有裂纹则更换汽缸盖		
	7. 检查汽缸盖垫表面是否平整，包边贴合是否牢固，是否有划痕、凹陷、褶皱以及锈污等现象		
	8. 确认批次号		
三、安装汽缸盖和汽缸垫	1. 检查安装表面是否有残留物，若有用铲刀清除		
	2. 正确选用工具		
	3. 用压缩空气清洁汽缸体表面，清洁汽缸体各油道、水道及螺栓孔		
	4. 将新衬垫放在汽缸缸体表面上，并使印有批次号的一面朝上		
	5. 确保定位销位置，并检查所有孔的位置是否合适		
	6. 将汽缸盖平稳地放置到汽缸体上面，安装时定位销的位置必须对准		
	7. 正确选用工具		
	8. 在螺栓的螺纹和与平垫片相接触的螺栓头下的部位涂抹薄层机油		
	9. 将螺栓和平垫圈放入汽缸盖的螺栓孔中		

（续表）

序号内容	项目名称	操作结果记录	操作数据记录
三、安装汽缸盖和汽缸垫	10. 使用正确的工具按规定的顺序逐次拧紧汽缸盖螺栓		
	11. 使用正确的工具按规定的顺序分两次（25N·m，24N·m）对汽缸盖螺栓加标准力矩		
	12. 在汽缸盖螺栓前端作起始位置标记		
	13. 将汽缸盖螺栓按规定的顺序再次紧固 90°，然后再紧固 45°		
	14. 检查并确认标记与原位置呈 135°		
备注			

第三十二节 检测气缸压缩压力

检测气缸压缩压力流程表

操作选手：__________ 日期：__________

序号内容	项目名称	技术说明	注意事项
一、暖机并停止发动机	1. 启动发动机暖机	1）启动发动机，保持低速、中速运行使发动机暖机；暖机过程要观察仪表台水温表，等水温上升至正常温度（80℃～93℃），即可将发动机熄火	（1）检查发动机运转是否正常，以便于接下来检查 （2）若仪表台水温温度没有达到正常温度，会造成检测气缸压力不准确
	2. 点火开关置于“OFF”位置	1）将点火开关置于“OFF”位置	（1）检查点火开关是否关闭 （2）若不易转动钥匙，可轻轻晃动方向盘，然后再转动
二、拆下气缸盖罩	1. 拆下气缸盖罩	1）握住罩的后端并提起，以脱开罩后端的 2 个卡子。继续提起罩，以脱开罩前端的 2 个卡子并拆下罩	（1）同时脱开前后卡子可能会使气缸盖破裂 （2）拆卸完毕后检查是否完好
	2. 气缸盖罩摆放	1）将拆卸的气缸盖罩放置到零件车规定的位置	（1）检查是否放置正确

（续表）

序号内容	项目名称	技术说明	注意事项
三、拆下4个点火线圈	1. 断开点火线圈总成线束连接器	1）按下点火线圈总成线束连接器锁舌，将点火线圈总成线束连接器向外拔出	(1) 取出时注意用力要适当，不要损伤连接器
	2. 拆卸点火线圈总成线束固定螺栓	1）选用10mm套筒、长接杆及扭力扳手旋松点火线圈总成线束固定螺栓	(1) 拆卸时位置要对正，以免在拧出时损伤固定螺栓的螺纹
	3. 拆卸点火线圈总成固定螺栓	1）选用10mm套筒、长接杆及棘轮扳手拆卸点火线圈总成固定螺栓，最后用手取下	(1) 拧出时注意不要损伤螺栓的螺纹 (2) 取下螺栓时注意不要掉落
	4. 拔出点火线圈总成	1）先旋动点火线圈总成，再垂直拔出点火线圈总成，拔出后按顺序摆放到零件车上	(1) 点火线圈总成如拔不出，不要硬拔，要先旋动点火线圈总成，使火花塞螺塞盖松动，然后再拔出点火线圈总成 (2) 拆下点火线圈总成时，不要损坏发动机缸盖罩开口上的火花塞盖或火花塞套管顶部边缘
	5. 将拔出点火线圈依次编号	1）用红色记号笔依次在拆卸的点火线圈上做标记	(1) 做标记时不要搞错点火线圈的位置 (2) 做标记要清晰并明显
四、拆卸火花塞（4个）	1. 旋松火花塞	1）选用14mm火花塞套筒、长接杆及指针式扭力扳手进行工具组合；将火花塞套筒与火花塞对正套好，依次旋松4个火花塞	(1) 拆卸火花塞之前，要检查火花塞套筒橡胶是否损坏 (2) 必须将火花塞套筒与火花塞中心对正
	2. 清洁火花塞	1）选用高压气枪清洁火花塞孔内的灰尘或其他杂物	(1) 拆卸火花塞之前一定要清洁干净火花塞孔内的灰尘或其他杂物，防止拆卸火花塞后，灰尘或杂物掉进气缸里
	3. 拆卸火花塞	1）选用14mm火花塞专用套筒、长接杆及棘轮扳手进行工具组合；将火花塞套筒与火花塞对正套好，旋松火花塞，然后摘下棘轮，用手拧动，直到螺纹完全退出；确保工具套牢火花塞后将其取出来	(1) 拆卸火花塞之前，要检查火花塞套筒橡胶是否损坏 (2) 必须将火花塞套筒与火花塞中心对正 (3) 取出火花塞时，注意火花塞不能碰到孔壁，防止脱落

（续表）

序号内容	项目名称	技术说明	注意事项
五、断开喷油器连接器（4个）	1. 断开喷油器连接器	1）按下喷油器连接器锁舌，依次将4个喷油器连接器向外拔出	（1）拆卸时注意拆卸部位 （2）拔出时注意用力不要过大，以免损伤喷油器连接器
六、检查、安装气缸压力表	1. 检查气缸压力表密封性	1）取来气缸压力表，检查气缸压力表测量杆的火花塞孔座连接端及压力表连接端密封是否良好	（1）检查时如发现气缸压力表测量杆的密封橡胶密封不好或有破损，则更换新的表来测量，否则会影响测量的结果 （2）检查外观是否有跌落或破损 （3）注意与火花塞座孔连接不要拧得过紧
		2）检查气缸压力表的外观	
		3）检查泄压阀开关是否正常	
	2. 检查气缸压力表工作是否正常	1）观察气缸压力表是否完好，指针是否归零	（1）检查气缸压力表外观是否有损坏（外观是否有裂纹）
	3. 安装压力表	1）组装气缸压力表的附件，将气缸压力表的测量杆橡胶密封塞对正火花塞孔，将其拧紧，确保火花塞孔密封良好	（1）安装过程中注意安装位置是否正确 （2）注意拧紧螺纹情况和密封圈是否完好 （3）拧紧到密封圈密封的状态，注意不要过紧
七、测量气缸压力	1. 转动发动机	1）转动发动机，测量1缸气缸压力，起动连续时间应保持在3～5次循环脉冲	（1）在测量时，水温必须在85℃以上 （2）使用完全充电的蓄电池，以便发动机转速达到250rpm以上 （3）尽可能在短的时间内测量压缩压力 （4）依次测量其他气缸压缩压力
		2）节气门处于全开的位置（使用非接触式转速仪）	
		3）每次测量都要检测表的归零状态	
	2. 读取气缸压力表测量值	1）读取并记录每缸气缸压力值，注意观察并记录第一次和最后最大压缩压力	（1）进一步检测动态的密封效果 （2）注意气缸压力表同一的循环次数（最好取3次循环） （3）加注机油的原因分析
		2）如果气缸压缩压力偏低，通过火花塞孔往气缸中注入少量的发动机机油并再次检查（解释原因和目的）	
		3）根据测量记录比对标准与压力差	

（续表）

序号内容	项目名称	技术说明	注意事项
八、拆下气缸压力表	1. 拆下气缸压力表	1）旋出气缸压力表测试软管 2）分解气缸压力表及其附件 3）清洁并将其放置到压力表专用盒内	（1）旋出时注意不要损伤软管 （2）分解气缸压力表及其附件时注意不要掉落损坏 （3）清点附件并将其放置归位
九、连接喷油器连接器	1. 连接喷油器连接器	1）依次连接1至4缸喷油器连接器，确保连接器锁止可靠	（1）连接插入时切勿斜插，以防喷油器端子损伤
十、安装火花塞	1. 安装火花塞	1）选择火花塞套筒及加长杆，依次将4个火花塞正确插入火花塞套筒，握住工具，连同火花塞垂直放入火花塞孔，并用手正确旋入螺纹，直到拧不动为止。再使用扭力扳手以20N·m的扭矩紧固火花塞	（1）根据火花塞安装位置，选择正确的加长杆 （2）安装前检查火花塞套筒是否卡紧火花塞 （3）放入时，不能磕碰火花塞孔壁 （4）在火花塞旋入螺纹时应对正，并能顺利旋入，如遇阻力过大时应旋出检查
十一、安装点火线圈总成	1. 安装点火线圈总成	1）取来点火线圈总成，先检查点火线圈头部绝缘套是否完好，再对好点火线圈总成螺孔，垂直压入点火线圈总成	（1）安装点火线圈总成时，位置要安装到位 （2）安装时，不要损伤发动机缸盖罩开口上的火花塞至火花塞套管顶部边缘
	2. 安装点火线圈总成固定螺栓	1）徒手将点火线圈固定螺栓正确旋入螺纹处，然后选用10mm套筒、长接杆及扭力扳手以10N·m的扭矩紧固点火线圈固定螺栓	（1）应垂直将螺栓拧入螺栓孔 （2）当用手无法旋紧螺栓时，应检查螺栓或螺纹孔是否损坏 （3）必须按维修手册规定力矩拧紧
	3. 安装点火线圈总成线束固定螺栓	1）正确选用工具拧紧点火线圈总成线束固定螺栓	（1）正确选用工具 （2）使用工具正确进行安装
	4. 插接点火线圈线束连接器	1）插接点火线圈连接器，确保连接器锁止可靠	（1）正确安装点火线圈连接器 （2）检查连接器锁止是否正常
	5. 安装发动机盖罩	1）双手握住发动机盖罩，对准安装孔位置，依次按下前、后端，确保安装到位	（1）切勿强制安装罩盖，以防损坏

（续表）

序号内容	项目名称	技术说明	注意事项
十二、再次启动发动机	1. 再次启动发动机，检查发动机运转是否正常，各性能是否正常	1）再次启动发动机，检查发动机运转是否正常，各性能是否正常	
十三、清洁整理工具	1. 清洁工具	1）清洁	
	2. 恢复/整理工具	1）工具整理，放置	
备注			

检测气缸压缩压力评分表

操作选手：＿＿＿＿＿　日期：＿＿＿＿＿　得分：＿＿＿＿＿

序号	项目名称	评分细则	分值	得分	原因
一	暖机并停止发动机（5 分）	1. 启动发动机暖机	3		
		2. 点火开关置于“OFF”位置	2		
二	拆下气缸盖罩（5 分）	1. 拆下气缸盖罩	3		
		2. 气缸盖罩摆放	2		
三	拆下 4 个点火线圈（10 分）	1. 断开点火线圈总成线束连接器	2		
		2. 拆卸点火线圈总成线束固定螺栓	2		
		3. 拆卸点火线圈总成固定螺栓	2		
		4. 拔出点火线圈总成	2		
		5. 将拔出点火线圈依次编号	2		
四	拆卸火花塞（4 个）（10 分）	1. 旋松火花塞	4		
		2. 清洁火花塞	2		
		3. 拆卸火花塞	4		

（续表）

序号	项目名称	评分细则	分值	得分	原因
五	断开喷油器连接器（4个）（5分）	1. 断开喷油器连接器	5		
六	检查、安装气缸压力表（10分）	1. 检查气缸压力表密封性	4		
		2. 检查气缸压力表工作是否正常	2		
		3. 安装压力表	4		
七	测量气缸压力（10分）	1. 转动发动机	3		
		2. 读取气缸压力表测量值	7		
八	拆下气缸压力表（5分）	1. 拆下气缸压力表	5		
九	连接喷油器连接器（5分）	1. 连接喷油器连接器	5		
十	安装火花塞（5分）	1. 安装火花塞	5		
十一	安装点火线圈总成（10分）	1. 安装点火线圈总成	2		
		2. 安装点火线圈总成固定螺栓	2		
		3. 安装点火线圈总成线束固定螺栓	2		
		4. 插接点火线圈线束连接器	2		
		5. 安装发动机盖罩	2		
十二	再次启动发动机（10分）	1. 再次启动发动机，检查发动机运转是否正常，各性能是否正常	5		
十三	清洁整理工具（10分）	1. 清洁工具，每次1分	3		
		2. 恢复/整理工具，扭力扳手归位	3		
		3. 操作中是否有物体落地或损坏，可倒扣	4		
		总　分	100		

检测气缸压缩压力观察表

观察选手：________ 操作选手：________ 日期：________

序号内容	项目名称	操作结果记录	操作数据记录
一、暖机并停止发动机	1. 启动发动机暖机		
	2. 点火开关置于“OFF”位置		
二、拆下气缸盖罩	1. 拆下气缸盖罩		
	2. 气缸盖罩摆放		
三、拆下4个点火线圈	1. 断开点火线圈总成线束连接器		
	2. 拆卸点火线圈总成线束固定螺栓		
	3. 拆卸点火线圈总成固定螺栓		
	4. 拔出点火线圈总成		
	5. 将拔出点火线圈依次编号		
四、拆卸火花塞（4个）	1. 旋松火花塞		
	2. 清洁火花塞处		
	3. 拆卸火花塞		
五、断开喷油器连接器（4个）	1. 断开喷油器连接器		
六、检查、安装气缸压力表	1. 检查气缸压力表密封性		
	2. 检查气缸压力表工作是否正常		
	3. 安装压力表		
七、测量气缸压力	1. 转动发动机		
	2. 读取气缸压力表测量值		
八、拆下气缸压力表	1. 拆下气缸压力表		
九、连接喷油器连接器	1. 连接喷油器连接器		
十、安装火花塞	1. 安装火花塞		
十一、安装点火线圈总成	1. 安装点火线圈总成		
	2. 安装点火线圈总成固定螺栓		
	3. 安装点火线圈总成线束固定螺栓		
	4. 插接点火线圈线束连接器		
	5. 安装发动机盖罩		

（续表）

序号内容	项目名称	操作结果记录	操作数据记录
十二、再次启动发动机	1. 再次启动发动机，检查发动机运转是否正常，各性能是否正常		
十三、清洁整理工具	1. 清洁工具		
	2. 恢复/整理工具		
教师点评			

检测气缸压缩压力工艺单

操作选手：__________ 日期：__________

序号内容	项目名称	操作结果记录	操作数据记录
一、暖机并停止发动机	1. 启动发动机暖机		
	2. 点火开关置于“OFF”位置		
二、拆下气缸盖罩	1. 拆下气缸盖罩		
	2. 气缸盖罩摆放		
三、拆下 4 个点火线圈	1. 断开点火线圈总成线束连接器		
	2. 拆卸点火线圈总成线束固定螺栓		
	3. 拆卸点火线圈总成固定螺栓		
	4. 拔出点火线圈总成		
	5. 将拔出点火线圈依次编号		
四、拆卸火花塞（4 个）	1. 旋松火花塞		
	2. 清洁火花塞处		
	3. 拆卸火花塞		
五、断开喷油器连接器（4 个）	1. 断开喷油器连接器		
六、检查、安装气缸压力表	1. 检查气缸压力表密封性		
	2. 检查气缸压力表工作是否正常		
	3. 安装压力表		
七、测量气缸压力	1. 转动发动机		
	2. 读取气缸压力表测量值		
八、拆下气缸压力表	1. 拆下气缸压力表		

（续表）

序号内容	项目名称	操作结果记录	操作数据记录
九、连接喷油器连接器	1. 连接喷油器连接器		
十、安装火花塞	1. 安装火花塞		
十一、安装点火线圈总成	1. 安装点火线圈总成		
	2. 安装点火线圈总成固定螺栓		
	3. 安装点火线圈总成线束固定螺栓		
	4. 插接点火线圈线束连接器		
	5. 安装发动机盖罩		
十二、再次启动发动机	1. 再次启动发动机，检查发动机运转是否正常，各性能是否正常		
十三、清洁整理工具	1. 清洁工具		
	2. 恢复/整理工具		
备注			

第三十三节　检查与更换气门油封

检查与更换气门油封流程表

操作选手：__________　日期：__________

序号内容	项目名称	技术说明	注意事项
一、拆卸气门弹簧	1. 用干净的木块将汽缸盖垫起	1）木块要清洁干净	(1) 检查木块是否平整，其上是否有脏物
		2）将汽缸盖放置到汽缸盖上，检查是否平稳	(1) 放置后用双手检查是否平稳，如不平稳应重新放置
	2. 取下气门杆盖	1）选用吸棒取下气门杆盖	(1) 取下后应放置在指定的容器中
	3. 检查气门拆装钳	1）用手检查气门拆装钳伸缩是否灵活	(1) 如转动不灵活，伸缩行程不够应修理或更换
	4. 用气门拆卸钳压下气门弹簧座，使气门锁片裸露		(1) 气门拆装钳安装要可靠

（续表）

序号内容	项目名称	技术说明	注意事项
一、拆卸气门弹簧	5. 用吸棒取出两个气门锁片		
	6. 缓慢松开气门拆装钳，取下气门弹簧座圈和气门弹簧		
	7. 用吸棒取出气门弹簧座		（1）气门锁片、气门弹簧座圈、气门弹簧、气门弹簧座取下后，按顺序摆放，防止丢失
二、取下气门	1. 将气缸盖侧立放置在干净的木块上		
	2. 取下进、排气门并按顺序摆放		
三、拆卸气门油封	1. 使用尖嘴钳依次拆下气门油封		
四、检查气门油封	1. 确认新气门油封的零件号是否正确		
	2. 检查气门油封外观是否完好，弹簧是否锈蚀、脱落或丢失		
五、安装气门油封	1. 在新的气门油封上涂抹一薄层发动机机油		
	2. 将灰色油封装在进气门导管上，将黑色油封装在排气门导管上		
	3. 用气门油封安装工具（SST 09201－41020）将气门油封压入到位		

（续表）

序号内容	项目名称	技术说明	注意事项
六、安装气门	1. 将气缸盖燃烧室一侧向上放置在木块上		
	2. 用压缩空气清洁表面与气门导管		
	3. 在进、排气门的气门杆端处涂抹一薄层机油，按顺序装入气门导管		
七、安装气门弹簧部件	1. 翻转气缸盖使燃烧室侧朝下		
	2. 按顺序放置气门弹簧座、气门弹簧、气门弹簧座圈		
	3. 用气门拆装钳压缩气门弹簧，使气门杆端部环槽裸露，装入2个锁片		
	4. 缓慢松开气门拆装钳，使2个锁片可靠落座		
	5. 用橡皮锤和铝棒对准气门锁片的位置进行敲击，检查气门锁片安装是否到位		
八、清洁整理工具	1. 清洁工具	1）清洁	
	2. 恢复/整理工具	1）工具整理，放置	
备注说明			

检查与更换气门油封评分表

操作选手：__________ 日期：__________ 得分：__________

序号	项目名称	评分细则	分值	得分	原因
一	拆卸气门弹簧（14分）	1. 用干净的木块将汽缸盖垫起	1		
		2. 取下气门杆盖，选用正确工具	3		
		3. 检查气门拆装钳	1		
		4. 用气门拆卸钳压下气门弹簧座，使气门锁片裸露	2		
		5. 用吸棒取出两个气门锁片	2		
		6. 缓慢松开气门拆装钳，取下气门弹簧座圈和气门弹簧	3		
		7. 用吸棒取出气门弹簧座	2		
二	取下气门（5分）	1. 将气缸盖侧立放置在干净的木块上	2		
		2. 取下进、排气门并按顺序摆放	3		
三	拆卸气门油封（5分）	1. 使用尖嘴钳依次拆下气门油封	5		
四	检查气门油封（10分）	1. 确认新气门油封的零件号是否正确	5		
		2. 检查气门油封外观是否完好，弹簧是否锈蚀、脱落或丢失	5		
五	安装气门油封（24分）	1. 在新的气门油封上涂抹一薄层发动机机油	8		
		2. 将灰色油封装在进气门导管上，将黑色油封装在排气门导管上	8		
		3. 用气门油封安装工具（SST 09201-41020）将气门油封压入到位	8		
六	安装气门（13分）	1. 将气缸盖燃烧室一侧向上放置在木块上	2		
		2. 用压缩空气清洁表面与气门导管	3		
		3. 在进、排气门的气门杆端处涂抹一薄层机油，按顺序装入气门导管	8		
七	安装气门弹簧部件（19分）	1. 翻转气缸盖使燃烧室侧朝下	2		
		2. 按顺序放置气门弹簧座、气门弹簧、气门弹簧座圈	3		
		3. 用气门拆装钳压缩气门弹簧，使气门杆端部环槽裸露，装入2个锁片	6		

（续表）

序号	项目名称	评分细则	分值	得分	原因
七	安装气门弹簧部件（19分）	4. 缓慢松开气门拆装钳，使2个锁片可靠落座	6		
		5. 用橡皮锤和铝棒对准气门锁片的位置进行敲击，检查气门锁片安装是否到位	2		
八	清洁整理工具（10分）	1. 清洁工具，每次1分	3		
		2. 恢复/整理工具，扭力扳手归位	3		
		3. 操作中是否有物体落地或损坏，可倒扣	4		
总　分			100		

检查与更换气门油封观察表

观察选手：__________　操作选手：__________　日期：__________

序号内容	项目名称	操作结果记录	操作数据记录
一、拆卸气门弹簧	1. 用干净的木块将汽缸盖垫起		
	2. 取下气门杆盖		
	3. 检查气门拆装钳		
	4. 用气门拆卸钳压下气门弹簧座，使气门锁片裸露		
	5. 用吸棒取出两个气门锁片		
	6. 缓慢松开气门拆装钳，取下气门弹簧座圈和气门弹簧		
	7. 用吸棒取出气门弹簧座		
二、取下气门	1. 将气缸盖侧立放置在干净的木块上		
	2. 取下进、排气门并按顺序摆放		
三、拆卸气门油封	1. 使用尖嘴钳依次拆下气门油封		
四、检查气门油封	1. 确认新气门油封的零件号是否正确		
	2. 检查气门油封外观是否完好，弹簧是否锈蚀、脱落或丢失		
五、安装气门油封	1. 在新的气门油封上涂抹一薄层发动机机油		
	2. 将灰色油封装在进气门导管上，将黑色油封装在排气门导管上		
	3. 用气门油封安装工具（SST 09201－41020）将气门油封压入到位		

（续表）

序号内容	项目名称	操作结果记录	操作数据记录
六、安装气门	1. 将气缸盖燃烧室一侧向上放置在木块上		
	2. 用压缩空气清洁表面与气门导管		
	3. 在进、排气门的气门杆端处涂抹一薄层机油，按顺序装入气门导管		
七、安装气门弹簧部件	1. 翻转气缸盖使燃烧室侧朝下		
	2. 按顺序放置气门弹簧座、气门弹簧、气门弹簧座圈		
	3. 用气门拆装钳压缩气门弹簧，使气门杆端部环槽裸露，装入2个锁片		
	4. 缓慢松开气门拆装钳，使2个锁片可靠落座		
	5. 用橡皮锤和铝棒对准气门锁片的位置进行敲击，检查气门锁片安装是否到位		
八、清洁整理工具	1. 清洁工具		
	2. 恢复/整理工具		
教师点评			

检查与更换气门油封工艺单

操作选手：__________ 日期：__________

序号内容	项目名称	操作结果记录	操作数据记录
一、拆卸气门弹簧	1. 用干净的木块将汽缸盖垫起		
	2. 取下气门杆盖		
	3. 检查气门拆装钳		
	4. 用气门拆卸钳压下气门弹簧座，使气门锁片裸露		
	5. 用吸棒取出两个气门锁片		
	6. 缓慢松开气门拆装钳，取下气门弹簧座圈和气门弹簧		
	7. 用吸棒取出气门弹簧座		

（续表）

序号内容	项目名称	操作结果记录	操作数据记录
二、取下气门	1. 将气缸盖侧立放置在干净的木块上		
	2. 取下进、排气门并按顺序摆放		
三、拆卸气门油封	1. 使用尖嘴钳依次拆下气门油封		
四、检查气门油封	1. 确认新气门油封的零件号是否正确		
	2. 检查气门油封外观是否完好，弹簧是否锈蚀、脱落或丢失		
五、安装气门油封	1. 在新的气门油封上涂抹一薄层发动机机油		
	2. 将灰色油封装在进气门导管上，将黑色油封装在排气门导管上		
	3. 用气门油封安装工具（SST 09201－41020）将气门油封压入到位		
六、安装气门	1. 将气缸盖燃烧室一侧向上放置在木块上		
	2. 用压缩空气清洁表面与气门导管		
	3. 在进、排气门的气门杆端处涂抹一薄层机油，按顺序装入气门导管		
七、安装气门弹簧部件	1. 翻转气缸盖使燃烧室侧朝下		
	2. 按顺序放置气门弹簧座、气门弹簧、气门弹簧座圈		
	3. 用气门拆装钳压缩气门弹簧，使气门杆端部环槽裸露，装入 2 个锁片		
	4. 缓慢松开气门拆装钳，使 2 个锁片可靠落座		
	5. 用橡皮锤和铝棒对准气门锁片的位置进行敲击，检查气门锁片安装是否到位		
八、清洁整理工具	1. 清洁工具		
	2. 恢复/整理工具		
备注			

第三十四节　检查与调整气门间隙

一、选择题

1. 气门弹簧的作用是使气门同气门座保持怎样的状态？(　　)

A. 一定间隙　　B. 一定距离

C. 紧密配合　　D. 弹性接触

2. 配气机构由气门组、气门传动组和(　　)三部分组成。

A. 气门摇辟组　　B. 气门推杆组

C. 气门驱动组　　D. 进、排气门组

3. 如气门间隙过大，则会造成气门(　　)。

A. 过早开，过晚关　　B. 过早开，过早关

C. 过晚开，过晚关　　D. 过晚开，过早关

4. 为了让发动机多进气，所以目前一般多采用(　　)。

A. 排气门比进气门大　　B. 进、排气门一样大

C. 进气门比排气门大　　D. 以上都不对

5. 在汽车修理中，可用(　　)确定发动机配气相位。

A. 凸轮轴转角　　B. 曲轴转角

C. 凸轮项点法　　D. 气门启闭控制点

6. 配气机构中的凸轮轴检验的主要依据是凸轮的(　　)。

A. 最小升程减小值　　B. 最小升程增大值

C. 最大升程减小值　　D. 最大升程增大值

7. 检查气门间隙使用正确的量具是什么？(　　)

A. 游标卡尺　　B. 深度尺

C. 塞尺　　D. 千分尺

8. 气门又称气阀，分为进气门和(　　)两种。

A. 出气门　　B. 排气门

C. 空气门　　D. 空气阀

9. 下列不属于气门顶部形状的是哪个？(　　)

A. 平顶形　　B. 凹项形

C. 凸顶形　　D. 尖顶形

10. 气门间隙调整原则，应在气门完全关闭状态下，因此，挺柱（或摇臂）必须落在凸轮的(　　)上才能调整。

A. 基圆　　B. 曲轴

C. 张紧轮　　D. 正时标记

检查与调整气门间隙流程表

操作选手：________ 日期：________

序号内容	项目名称	技术说明	注意事项
一、前期准备	1. 安装三件套		
	2. 拉起机舱盖释放杆		
	3. 安装车轮挡块		
	4. 打开发动机盖		
	5. 安装翼子板布/安装前格栅布		
二、拆卸气门室盖分总成	1. 拆下高压线	1）断开蓄电池负极	(1) 高压线拔的时候要注意手要拿火花塞上端部，不要直接拉高压线
		2）拆下4个高压线，并将高压线移到合适位置	(1) 高压线拔时可能比较紧，边转动边拔，转动要轻
	2. 拆下通风阀软管	1）用左手捏紧夹箍，右手分离通风软管	(1) 在拔出通风软管时，不要用力过大，先轻轻转动，慢慢均匀用力拉出
		2）将通风软管移至适当位置	
	3. 拆卸气门室盖分总成	1）选择正确工具，拆下4个螺母，然后按顺序放好	(1) 拆下4个螺母的时候需分次拆
		2）取下4个密封垫，按顺序放在工具车上	(1) 取下气门室盖分总成，要慢慢将其分离取下
		3）取下气门室盖分总成，放到工具车上	(1) 注意气门室盖垫不要损坏
		4）取下气门室盖分总成垫	
三、检查气门间隙	1. 将1号气缸定位在压缩冲程上止点	1）使用正确工具（套筒）顺着发动机运转方向转动曲轴皮带轮，将它的缺口与正时皮带轮罩的正时标记“0”对正（正时记号对正）	(1) 选择正确工具转动曲轴皮带轮 (2) 在转动曲轴皮带轮时，用力要均匀 (3) 转动方向要注意，顺时针
		2）检查凸轮轴正时皮带轮的“K”标记与轴承盖的正时标记对正（必要时确认下用销对上）	(1) 如果没对准，转动曲轴一圈(360°)，不允许倒转
	2. 第一次检查气门间隙	1）使用塞尺测量气门挺杆和凸轮轴之间的间隙	(1) 塞尺的使用方法
		2）在此时1缸处于压缩上止点时，可测量1缸进气门、排气门，2缸进气门，3缸排气门	(1) 在用塞尺测量气门门隙时要注意正确选择塞尺的规格

（续表）

序号内容	项目名称	技术说明	注意事项
三、检查气门间隙	2. 第一次检查气门间隙	3）记录超出标准的间隙值，以便调整垫片时使用。标准气门间隙：进气0.15～0.25mm（0.006～0.010in.），排气0.25～0.35mm（0.010～0.014in.）	（1）在数据记录时，要注意进排气门不要搞错，要注意记录的位置和数据单位
	3. 再转动曲轴一圈（360°）	1）再转动曲轴皮带轮一圈（360°），将它的缺口与1号正时皮带轮罩的正时标记“0”对正	（1）选择正确工具转动曲轴皮带轮 （2）在转动曲轴皮带轮时，用力要均匀 （3）如果没对准，转动曲轴两圈（720°），注意一定不要逆时针转动曲轴
	4. 第二次检查气门间隙（测量上次未调气门）	1）使用塞尺测量气门挺杆和凸轮轴之间的间隙	（1）塞尺的使用方法
		2）在此时处于4缸压缩上止点时，可测量2缸排气门，3缸进气门，4缸进气门、排气门	（1）在用塞尺测量气门门隙时要注意正确选择塞尺的规格
		3）记录超出标准的间隙值，这些值在以后考虑更换调整垫片时使用。标准气门间隙：进气0.15～0.25mm（0.006～0.010in.），排气0.25～0.35mm（0.010～0.014in.）	（1）在数据记录时，要注意进排气门不要搞错，要注意记录的位置和数据单位
四、调整气门间隙	1. 拆下调整垫片	1）转动曲轴，把需要调节气门间隙所对应的凸轮桃尖朝上	（1）SST 09248－55050（09248－05510，09248－05520）
		2）使气门挺杆上部的缺口朝向排气歧管一侧	（1）使用带标记“11”SST（B）的一侧
		3）使用SST（A），压下气门挺杆，在凸轮轴和气门挺杆之间放置SST（B），拆下SST（A）	（1）在用小起子时要小心
		4）用一个小起子和磁棒拆下调整垫片	
	2. 测量调整垫片厚度	1）使用千分尺，测量拆下的垫片厚度	（1）千分尺的正确使用方法、清洁、校零、测量、校零、清洁归位等（参考）
		2）记录测量数据	（1）测量时要正确地选择调整垫片的测量部位
	3. 计算新调整垫片的厚度	1）计算新垫片的厚度。T——拆下调整垫片的厚度，A——测量的气门间隙，N——新调整垫片的厚度 进气：$N=T+(A-0.20)$ 排气：$N=T+(A-0.30)$	（1）在计算时要注意数据的精度

（续表）

序号内容	项目名称	技术说明	注意事项
四、调整气门间隙	3. 计算新调整垫片的厚度	2）计算新垫片的厚度	（2）进、排气门的数据不要搞错
	4. 选择新的调整垫片	1）根据方法1上面计算出来的新的调整垫片的厚度，选择一个厚度尽可能接近计算值的新垫片	（1）调整垫片的厚度从2.55 mm（0.1004 in.）到 3.30 mm（0.1299in.）之间有16级尺寸，每级增加0.05 mm（0.0020 in.）
		2）根据方法2拆下调整垫片的厚度和测量的气门间隙利用表格来确定新调整垫片厚度	
	5. 安装新的调整垫片	1）使用正确工具将新垫片放入凸轮轴和气门挺杆之间的液压挺柱座上	（1）注意新垫片有没有毛刺和碰伤，安装要小心 （2）注意垫片的安装方向，带字面朝下
		2）安装完成后，取下SST（B）	（1）使用正确的方法取下SST（B）
	6. 检查气门间隙（参考“三、检查气门间隙”）		
五、安装气门室盖分总成	1. 安装气门室盖分总成	1）清除所有旧密封填料（FIPG）	（1）使用正确的工具清除密封填料
		2）在气缸盖上涂新密封填料，注意涂抹方法	（2）密封填料：零件号08826-00080或类似品
		3）安装气门室盖垫	（1）使用前检查垫圈和螺母是否完好
		4）安装4个密封垫圈	
		5）交替逐次拧紧4个螺母安装气门室盖。标准扭矩：7.8N·m（80 kgf·cm,69ft·lbf）	
	2. 安装通风阀软管（参考）	1）安装通风阀软管	（1）先将通风软管连接上，然后再将夹箍夹紧
	3. 安装高压线	1）安装好4个高压线	（1）要按规定的位置的顺序安装高压线
		2）连接蓄电池负极	（1）安装时不要捏在高压线的线上安装

（续表）

序号内容	项目名称	技术说明	注意事项
六、清洁整理工具	1. 清洁工具	1）清洁	
	2. 恢复/整理工具	1）拆除三件套、翼子板布/拆除前格栅布、关闭发动机舱盖、拆除挡块、塞尺复位	
备注			

检查与调整气门间隙评分表

操作选手：＿＿＿＿ 日期：＿＿＿＿ 得分：＿＿＿＿

序号	项目名称	评分细则	分值	得分	原因
一	前期准备（5分）	1. 三件套安装到位	1		
		2. 拉起机舱盖释放杆	1		
		3. 车轮挡块安放到位	1		
		4. 打开发动机盖方法位置正确	1		
		5. 翼子板布/安装前格栅布摆放到位	1		
二	拆卸气门室盖分总成（15分）	1. 断开蓄电池负极，拆4高压线，位置正确	6		
		2. 拆下通风阀软管，位置正确	2		
		3. 拆卸气门室盖分总成，选用正确工具拆下螺母，取下4个密封垫，取下气门室盖分总成，取下气门室盖分总成，摆放正确	7		
三	检查气门间隙（25分）	1. 将1号气缸定位在压缩冲程上止点，使用正确工具，正时标记“0”对正，凸轮轴正时皮带轮的“K”标记与轴承盖的正时标记对正	7		
		2. 第一次检查气门间隙，塞尺选用使用正确，测量位置正确，数据记录	7		
		3. 再转动曲轴一圈（360°），缺口与1号正时皮带轮罩的正时标记“0”对正	4		
		4. 第二次检查气门间隙（测量上次未调气门）塞尺选用使用正确，测量位置正确，数据记录	7		

（续表）

序号	项目名称	评分细则	分值	得分	原因
四	调整气门间隙（30分）	1. 拆下调整垫片，凸轮桃尖朝上，使气门挺杆上部的缺口朝向排气歧管一侧，使用SST操作，拆下调整垫片	5		
		2. 测量调整垫片厚度，记录数据	2		
		3. 计算新调整垫片的厚度，计算方法、结果正确	6		
		4. 选择新的调整垫片，选择性方法，结果正确	6		
		5. 安装新的调整垫片，选用正确工具和SST	4		
		6. 检查气门间隙	7		
五	安装气门室盖分总成（15分）	1. 安装气门室盖分总成，清除所有旧密封填料（FIPG），涂新密封填料，安装气门室盖垫，安装4个密封垫圈，交替逐次拧紧4个螺母，安装气门室盖	8		
		2. 安装通风阀软管	2		
		3. 安装高压线，连接蓄电池负极	5		
六	清洁整理工具（10分）	1. 清洁工具，每次未清洁扣1分	5		
		2. 恢复/整理工具拆除三件套、翼子板布/拆除前格栅布、关闭发动机舱盖、拆除挡块、塞尺复位	5		
总分			100		

检查与调整气门间隙观察表

观察选手：________ 操作选手：________ 日期：________

序号内容	项目名称	观察记录	意见建议
一、前期准备	1. 安装三件套		
	2. 拉起机舱盖释放杆		
	3. 安装车轮挡块		
	4. 打开发动机盖		
	5. 安装翼子板布/安装前格栅布		
二、拆卸气门室盖分总成	1. 拆下高压线		
	2. 拆下通风阀软管		
	3. 拆卸气门室盖分总成		

（续表）

序号内容	项目名称	观察记录	意见建议
三、检查气门间隙	1. 将1号气缸定位在压缩冲程上止点		
	2. 第一次检查气门间隙		
	3. 再转动曲轴一圈（360°）		
	4. 第二次检查气门间隙（测量上次未调气门）		
四、调整气门间隙	1. 拆下调整垫片		
	2. 测量调整垫片厚度		
	3. 计算新调整垫片的厚度		
	4. 选择新的调整垫片		
	5. 安装新的调整垫片		
	6. 检查气门间隙（参考“三、检查气门间隙”）		
五、安装气门室盖分总成	1. 安装气门室盖分总成		
	2. 安装通风阀软管		
	3. 安装高压线		
六、清洁整理工具	1. 清洁工具		
	2. 恢复/整理工具拆除三件套、翼子板布/拆除前格栅布、关闭发动机舱盖、拆除挡块、塞尺复位		
教师点评			

检查与调整气门间隙工艺单

操作选手：__________ 日期：__________

序号内容	项目名称	操作结果记录	操作数据记录
一、前期准备	1. 安装三件套		
	2. 拉起机舱盖释放杆		
	3. 安装车轮挡块		
	4. 打开发动机盖		
	5. 安装翼子板布/安装前格栅布		

（续表）

序号内容	项目名称	操作结果记录	操作数据记录
二、拆卸气门室盖分总成	1. 拆下高压线		
	2. 拆下通风阀软管		
	3. 拆卸气门室盖分总成		
三、检查气门间隙	1. 将 1 号气缸定位在压缩冲程上止点		
	2. 第一次检查气门间隙		
	3. 再转动曲轴一圈（360°）		
	4. 第二次检查气门间隙（测量上次未调气门）		
四、调整气门间隙	1. 拆下调整垫片		
	2. 测量调整垫片厚度		
	3. 计算新调整垫片的厚度		
	4. 选择新的调整垫片		
	5. 安装新的调整垫片		
	6. 检查气门间隙（参考“三、检查气门间隙”）		
五、安装气门室盖分总成	1. 安装气门室盖分总成		
	2. 安装通风阀软管		
	3. 安装高压线		
六、清洁整理工具	1. 清洁工具		
	2. 恢复/整理工具拆除三件套、翼子板布/拆除前格栅布、关闭发动机舱盖、拆除挡块、塞尺复位		
备注			

第三十五节 安装凸轮轴

安装凸轮轴流程表

操作选手：__________ 日期：__________

序号	项目名称	技术说明	注意事项
一	安装凸轮轴轴承	1. 工具的选用	
		2. 使用清洁布清洁进气、排气凸轮轴轴承座	
		3. 使用柴油清洁进气、排气凸轮轴轴承的双表面	(1) 轴承座及凸轮轴的轴承上的杂质应完全清洁，否则会划伤凸轮轴轴颈
		4. 使用压缩空气吹净进气、排气凸轮轴双表面上的柴油及其他杂质	(1) 禁止将压缩空气吹向人体，特别是眼睛部位
		5. 用手分别将进气、排气凸轮轴下轴承安装到对应轴承座上	(1) 安装时确保油孔的定中位置
		6. 用手分别将进气、排气凸轮轴上轴承安装到对应的轴承盖上	
		7. 用游标卡尺测量进气凸轮轴轴承盖边缘和凸轮轴轴承边缘间的距离(A.B两个距离)	(1) 进气凸轮轴轴承盖边缘和凸轮轴轴承边缘间的距离（A.B）为0.7mm或更小，以确保轴承固定至轴承盖中心
		8. 用游标卡尺测量排气凸轮轴轴承盖边缘和凸轮轴轴承边缘间的距离(A一个距离)	(1) 排气凸轮轴轴承盖边缘和凸轮轴轴承边缘间的距离（A）为1.05～1.75mm，以确保轴承固定至轴承盖中心
二	安装凸轮轴	1. 工具的选用	
		2. 清洁进气、排气凸轮轴，并疏通、清洁凸轮轴的油道	(1) 凸轮轴轴颈和凸轮表面的杂质应完全清洁，否则会划伤凸轮轴轴颈
		3. 用压缩空气清洁进气、排气凸轮轴轴颈表面	(1) 禁止将压缩空气吹向眼睛部位
		4. 在凸轮轴轴颈、凸轮轴壳上涂抹一层薄发动机机油	(1) 在凸轮轴轴颈、凸轮轴壳上涂抹一薄层发动机机油的目的是改善发动机启动前配合副之间的润滑条件
		5. 将进气、排气凸轮轴安装到对应的位置	
三	安装凸轮轴轴承盖	1. 工具的选用	
		2. 在凸轮轴轴承盖上涂抹一层薄发动机机油	(1) 在凸轮轴轴承盖上涂抹薄层发动机机油的目的是改善发动机启动前配合副之间的润滑条件
		3. 确认各凸轮轴轴承盖上的标记和号码，并将其置于正确的位置和方向	(1) 凸轮轴轴承盖必须按正确的位置和方向安装

（续表）

序号	项目名称	技术说明	注意事项
三	安装凸轮轴轴承盖	4. 检查凸轮轴的锁销是否安装到位	
		5. 使用正确的工具按规定的顺序分两次拧紧凸轮轴轴承盖螺栓	(1) 凸轮轴轴承盖固定螺栓的拧紧力矩为 16N·m (2) 螺纹及螺栓头部结合面涂抹薄层机油
四	安装凸轮轴壳分总成	1. 工具的选用	
		2. 检查气门摇臂是否安装到位	(1) 若检查后发现气门摇臂的位置不正确应调整过来
		3. 在汽缸盖上连续涂抹密封胶	(1) 涂抹密封胶之前应清除接触面的所有机油 (2) 密封胶的密封直径为 3.5～4mm (3) 在涂抹密封胶后 3 分钟内安装凸轮轴壳分总成
		4. 安装凸轮轴壳	(1) 如果在安装过程中任何螺栓松动，则拆下凸轮轴壳、清洁安装表面并重新涂抹密封胶
		5. 使用正确的工具按规定的顺序分三次拧紧凸轮轴壳上的 17 个螺栓	(1) 凸轮轴壳上的 17 个螺栓的拧紧力矩为 27N·m
		6. 安装凸轮轴壳后，确保凸轮凸角在正确位置	(1) 安装凸轮轴壳后，擦去凸轮轴壳和气缸盖之间渗出的密封 (2) 安装后至少 2 小时内不要启动发动机
五	安装进气凸轮轴正时齿轮总成	1. 检查并确认锁销已安装在进气凸轮轴上	
		2. 将进气凸轮轴正时齿轮和凸轮轴放置在一起，并使直销和键槽不对准	
		3. 将进气凸轮轴正时齿轮轻轻推向凸轮轴的同时，按规定方向旋转凸轮轴正时齿轮，将齿轮销进一步推入键槽中	(1) 切勿用力推入凸轮轴正时齿轮总成，这样可能导致凸轮轴锁销端部损坏凸轮轴正时齿轮总成的安装表面
		4. 使用正确的量具测量齿轮和凸轮轴间的间隙	(1) 齿轮和凸轮轴间的标准间隙为 0.1～0.4mm
		5. 使用正确的工具将凸轮轴正时齿轮固定，同时用正确的工具分两次拧紧凸缘螺栓	(1) 正时齿轮凸缘螺栓标准力矩为 54 N·m
		6. 检查并确认凸轮轴正时齿轮可以朝延迟方向（顺时针）转动，并锁止在最大延迟位置	(1) 不要使凸轮轴正时齿轮朝延迟方向（顺时针）转动

（续表）

序号	项目名称	技术说明	注意事项
六	安装排气凸轮轴正时齿轮总成	1. 检查并确认锁销已安装在排气凸轮轴上	
		2. 对准键槽和直销，然后将排气凸轮轴正时齿轮和凸轮轴连接起来	
		3. 用手将齿轮轻轻地压在凸轮轴上并转动齿轮，使齿轮销进一步推入键槽中	(1) 用手将齿压在凸轮轴上并转动齿轮时不要使排气凸轮轴正时齿轮朝延迟方向（顺时针）转动
		4. 检查并确认齿轮凸缘和凸轮轴间没有间隙	
		5. 使用正确的工具将排气凸轮轴正时齿轮固定住，同时用正确的工具分两次拧紧凸缘螺栓	(1) 排气凸轮轴正时齿轮凸缘螺栓的标准力矩为 54N·m
		6. 检查排气凸轮轴正时齿轮的锁止情况	(1) 确保排气凸轮轴正时齿轮已锁止，否则应再次检查齿轮凸缘和凸轮轴间是否有间隙
备注			

安装凸轮轴评分表

操作选手：________ 日期：________ 得分：________

序号	项目名称	评分细则	分值	得分	原因
一	安装凸轮轴轴承（15）	1. 工具的选用	1		
		2. 使用清洁布清洁进气、排气凸轮轴轴承座	2		
		3. 使用柴油清洁进气、排气凸轮轴轴承的双表面	2		
		4. 使用压缩空气吹净进气、排气凸轮轴双表面上的柴油及其他杂质	2		
		5. 用手分别将进气、排气凸轮轴下轴承安装到对应轴承座上	2		
		6. 用手分别将进气、排气凸轮轴上轴承安装到对应的轴承盖上	2		
		7. 用游标卡尺测量进气凸轮轴轴承盖边缘和凸轮轴轴承边缘间的距离（A. B两个距离）	2		
		8. 用游标卡尺测量排气凸轮轴轴承盖边缘和凸轮轴轴承边缘间的距离（A 一个距离）	2		

（续表）

序号	项目名称	评分细则	分值	得分	原因
二	安装凸轮轴（10）	1. 工具的选用	1		
		2. 清洁进气、排气凸轮轴，并疏通、清洁凸轮轴的油道	2		
		3. 用压缩空气清洁进气、排气凸轮轴轴颈表面	2		
		4. 在凸轮轴轴颈、凸轮轴壳上涂抹一层薄发动机机油	3		
		5. 将进气、排气凸轮轴安装到对应的位置	2		
三	安装凸轮轴轴承盖（15）	1. 工具的选用	1		
		2. 在凸轮轴轴承盖上涂抹一层薄发动机机油	3		
		3. 确认各凸轮轴轴承盖上的标记和号码，并将其置于正确的位置和方向	5		
		4. 检查凸轮轴的锁销是否安装到位	2		
		5. 使用正确的工具按规定的顺序分两次拧紧凸轮轴轴承盖螺栓	4		
四	安装凸轮轴壳分总成（20）	1. 工具的选用	1		
		2. 检查气门摇臂是否安装到位	3		
		3. 在汽缸盖上连续涂抹密封胶	6		
		4. 安装凸轮轴壳	3		
		5. 使用正确的工具按规定的顺序分三次拧紧凸轮轴壳上的 17 个螺栓	4		
		6. 安装凸轮轴壳后，确保凸轮凸角在正确位置	3		
五	安装进气凸轮轴正时齿轮总成（20）	1. 检查并确认锁销已安装在进气凸轮轴上	3		
		2. 将进气凸轮轴正时齿轮和凸轮轴放置在一起，并使直销和键槽不对准	2		
		3. 将进气凸轮轴正时齿轮轻轻推向凸轮轴的同时，按规定方向旋转凸轮轴正时齿轮，将齿轮销进一步推入键槽中	5		
		4. 使用正确的量具测量齿轮和凸轮轴间的间隙	3		

（续表）

序号	项目名称	评分细则	分值	得分	原因
五	安装进气凸轮轴正时齿轮总成（20）	5. 使用正确的工具将凸轮轴正时齿轮固定，同时用正确的工具分两次拧紧凸缘螺栓	4		
		6. 检查并确认凸轮轴正时齿轮可以朝延迟方向（顺时针）转动，并锁止在最大延迟位置	3		
六	安装排气凸轮轴正时齿轮总成（20）	1. 检查并确认锁销已安装在排气凸轮轴上	3		
		2. 对准键槽和直销，然后将排气凸轮轴正时齿轮和凸轮轴连接起来	2		
		3. 用手将齿轮轻轻地压在凸轮轴上并转动齿轮，使齿轮销进一步推入键槽中	2		
		4. 检查并确认齿轮凸缘和凸轮轴间没有间隙	4		
		5. 使用正确的工具将排气凸轮轴正时齿轮固定住，同时用正确的工具分两次拧紧凸缘螺栓	5		
		6. 检查排气凸轮轴正时齿轮的锁止情况	4		
总　分			100		

安装凸轮轴观察表

观察选手：__________　操作选手：__________　日期：__________

序号内容	项目名称	观察记录	意见建议
一、安装凸轮轴轴承	1. 工具的选用		
	2. 使用清洁布清洁进气、排气凸轮轴轴承座		
	3. 使用柴油清洁进气、排气凸轮轴轴承的双表面		
	4. 使用压缩空气吹净进气、排气凸轮轴双表面上的柴油及其他杂质		
	5. 用手分别将进气、排气凸轮轴下轴承安装到对应轴承座上		
	6. 用手分别将进气、排气凸轮轴上轴承安装到对应的轴承盖上		

（续表）

序号内容	项目名称	观察记录	意见建议
一、安装凸轮轴轴承	7. 用游标卡尺测量进气凸轮轴轴承盖边缘和凸轮轴轴承边缘间的距离（A. B 两个距离）		
	8. 用游标卡尺测量排气凸轮轴轴承盖边缘和凸轮轴轴承边缘间的距离（A 一个距离）		
二、安装凸轮轴	1. 工具的选用		
	2. 清洁进气、排气凸轮轴，并疏通、清洁凸轮轴的油道		
	3. 用压缩空气清洁进气、排气凸轮轴轴颈表面		
	4. 在凸轮轴轴颈、凸轮轴壳上涂抹一层薄发动机机油		
	5. 将进气、排气凸轮轴安装到对应的位置		
三、安装凸轮轴轴承盖	1. 工具的选用		
	2. 在凸轮轴轴承盖上涂抹一层薄发动机机油		
	3. 确认各凸轮轴轴承盖上的标记和号码，并将其置于正确的位置和方向		
	4. 检查凸轮轴的锁销是否安装到位		
	5. 使用正确的工具按规定的顺序分两次拧紧凸轮轴轴承盖螺栓		
四、安装凸轮轴壳分总成	1. 工具的选用		
	2. 检查气门摇臂是否安装到位		
	3. 在汽缸盖上连续涂抹密封胶		
	4. 安装凸轮轴壳		
	5. 使用正确的工具按规定的顺序分三次拧紧凸轮轴壳上的 17 个螺栓		
	6. 安装凸轮轴壳后，确保凸轮凸角在正确位置		

（续表）

序号内容	项目名称	观察记录	意见建议
五、安装进气凸轮轴正时齿轮总成	1. 检查并确认锁销已安装在进气凸轮轴上		
	2. 将进气凸轮轴正时齿轮和凸轮轴放置在一起，并使直销和键槽不对准		
	3. 将进气凸轮轴正时齿轮轻轻推向凸轮轴的同时，按规定方向旋转凸轮轴正时齿轮，将齿轮销进一步推入键槽中		
	4. 使用正确的量具测量齿轮和凸轮轴间的间隙		
	5. 使用正确的工具将凸轮轴正时齿轮固定，同时用正确的工具分两次拧紧凸缘螺栓		
	6. 检查并确认凸轮轴正时齿轮可以朝延迟方向（顺时针）转动，并锁止在最大延迟位置		
六、安装排气凸轮轴正时齿轮总成	1. 检查并确认锁销已安装在排气凸轮轴上		
	2. 对准键槽和直销，然后将排气凸轮轴正时齿轮和凸轮轴连接起来		
	3. 用手将齿轮轻轻地压在凸轮轴上并转动齿轮，使齿轮销进一步推入键槽中		
	4. 检查并确认齿轮凸缘和凸轮轴间没有间隙		
	5. 使用正确的工具将排气凸轮轴正时齿轮固定住，同时用正确的工具分两次拧紧凸缘螺栓		
	6. 检查排气凸轮轴正时齿轮的锁止情况		
教师点评			

安装凸轮轴工艺单

操作选手：__________ 日期：__________

序号内容	项目名称	操作结果记录	操作数据记录
一、安装凸轮轴轴承	1. 工具的选用		
	2. 使用清洁布清洁进气、排气凸轮轴轴承座		
	3. 使用柴油清洁进气、排气凸轮轴轴承的双表面		
	4. 使用压缩空气吹净进气、排气凸轮轴双表面上的柴油及其他杂质		
	5. 用手分别将进气、排气凸轮轴下轴承安装到对应轴承座上		
	6. 用手分别将进气、排气凸轮轴上轴承安装到对应的轴承盖上		
	7. 用游标卡尺测量进气凸轮轴轴承盖边缘和凸轮轴轴承边缘间的距离（A.B 两个距离）		
	8. 用游标卡尺测量排气凸轮轴轴承盖边缘和凸轮轴轴承边缘间的距离（A 一个距离）		
二、安装凸轮轴	1. 工具的选用		
	2. 清洁进气、排气凸轮轴，并疏通、清洁凸轮轴的油道		
	3. 用压缩空气清洁进气、排气凸轮轴轴颈表面		
	4. 在凸轮轴轴颈、凸轮轴壳上涂抹一层薄发动机机油		
	5. 将进气、排气凸轮轴安装到对应的位置		
三、安装凸轮轴轴承盖	1. 工具的选用		
	2. 在凸轮轴轴承盖上涂抹一层薄发动机机油		
	3. 确认各凸轮轴轴承盖上的标记和号码，并将其置于正确的位置和方向		
	4. 检查凸轮轴的锁销是否安装到位		
	5. 使用正确的工具按规定的顺序分两次拧紧凸轮轴轴承盖螺栓		

（续表）

序号内容	项目名称	操作结果记录	操作数据记录
四、安装凸轮轴壳分总成	1. 工具的选用		
	2. 检查气门摇臂是否安装到位		
	3. 在汽缸盖上连续涂抹密封胶		
	4. 安装凸轮轴壳		
	5. 使用正确的工具按规定的顺序分三次拧紧凸轮轴壳上的 17 个螺栓		
	6. 安装凸轮轴壳后，确保凸轮凸角在正确位置		
五、安装进气凸轮轴正时齿轮总成	1. 检查并确认锁销已安装在进气凸轮轴上		
	2. 将进气凸轮轴正时齿轮和凸轮轴放置在一起，并使直销和键槽不对准		
	3. 将进气凸轮轴正时齿轮轻轻推向凸轮轴的同时，按规定方向旋转凸轮轴正时齿轮，将齿轮销进一步推入键槽中		
	4. 使用正确的量具测量齿轮和凸轮轴间的间隙		
	5. 使用正确的工具将凸轮轴正时齿轮固定，同时用正确的工具分两次拧紧凸缘螺栓		
	6. 检查并确认凸轮轴正时齿轮可以朝延迟方向（顺时针）转动，并锁止在最大延迟位置		
六、安装排气凸轮轴正时齿轮总成	1. 检查并确认锁销已安装在排气凸轮轴上		
	2. 对准键槽和直销，然后将排气凸轮轴正时齿轮和凸轮轴连接起来		
	3. 用手将齿轮轻轻地压在凸轮轴上并转动齿轮，使齿轮销进一步推入键槽中		
	4. 检查并确认齿轮凸缘和凸轮轴间没有间隙		

（续表）

序号内容	项目名称	操作结果记录	操作数据记录
六、安装排气凸轮轴正时齿轮总成	5. 使用正确的工具将排气凸轮轴正时齿轮固定住，同时用正确的工具分两次拧紧凸缘螺栓		
	6. 检查排气凸轮轴正时齿轮的锁止情况		
备注			

第三十六节　更换正时链条、调整或更换正时介轮

更换正时链条、调整或更换正时介轮流程表

操作选手：________　日期：________

序号内容	项目名称	技术说明	注意事项
一、拆卸正时链条盖前端部件	1. 将1号汽缸设置到TDC/压缩位置	1）使用17mm套筒、棘轮扳手顺时针转动曲轴皮带轮，使曲轴皮带轮上的凹槽与正时链条盖上的正时标记“0”对准	（1）如果各标记没有对准，则继续顺时针转动曲轴1圈，使上述正时标记对准
		2）检查凸轮轴正时齿轮和链轮上的各正时标记是否对准	
		3）检查凸轮轴正时齿轮和位于1号、2号轴承盖上的各正时标记是否对准	
	2. 拆卸曲轴皮带轮	1）用专用工具固定曲轴皮带轮	（1）防止因专用工具的螺栓过长顶坏正时链条盖分总成
		2）用17mm套筒拆下曲轴皮带轮固定螺栓	
		3）用专用工具拉下皮带轮	
	3. 拆卸正时链条盖油封	1）用刀子切掉油封唇口	（1）使用刀子切掉油封唇口时要注意手的防护
		2）用头部缠有胶带的螺丝刀撬出油封	（1）用头部缠有胶带的螺丝刀撬出油封时要防止损坏油封 （2）操作时不要损伤曲轴轴颈表面
	4. 拆卸1号链条张紧器总成	1）正确使用工具拆下1号链条张紧器总成2个螺母、托架、张紧器和衬垫	（1）不要在不使用链条张紧器的情况下转动曲轴

（续表）

序号内容	项目名称	技术说明	注意事项
一、拆卸正时链条盖前端部件	5. 拆卸正时链条盖分总成	1）使用（托顶、橡胶垫）支撑发动机下部油底壳前端	
		2）正确使用工具拆下发动机悬置支架螺栓，并取下发动机悬置支架	
		3）正确使用工具拆下机油滤清器支架固定螺栓，并取下机油滤清器支架	
		4）用手取下机油滤清器的2个“O”形圈	
		5）正确使用工具按手册规定顺序拆下正时链条盖分总成的固定螺栓	
		6）用螺丝刀撬动正时链条盖和汽缸盖或汽缸体之间的部位，拆下正时链条盖	（1）在撬动正时链条盖和汽缸盖或汽缸体时，注意不要损坏正时链条盖、气缸体和气缸盖的接触面 （2）在使用螺丝刀撬动之前，请在螺丝刀头部缠上胶带，或用树脂螺丝刀
		7）正确使用工具拆下3个“O”形圈	
		8）正确使用工具拆下水泵固定螺栓，并取下水泵和衬垫	
	6. 拆卸链条张紧器导板和1号、2号链条振动阻尼器	1）正确使用工具拆下链条张紧器导板	
		2）正确使用工具分别拆下1号、2号链条振动阻尼器固定螺栓，并取下链条振动阻尼器	
二、拆卸链条分总成	1. 拆卸链条分总成	1）正确使用工具固定进气凸轮轴的六角部分，并逆时针旋转凸轮轴正时齿轮总成，以松弛凸轮轴正时齿轮之间的链条	（1）确保链条从链轮上完全松开
		2）在链条松弛后，将链条从凸轮轴正时齿轮总成上取下，然后将其搭放在凸轮轴正时齿轮前端	
		3）顺时针转动进气凸轮轴，使其回到原来位置，并拆下链条	

（续表）

序号内容	项目名称	技术说明	注意事项
三、安装链条振动阻尼器	1. 安装 1 号链条振动阻尼器	1）检查确认 1 号链条振动阻尼器的零件号是否正确	
		2）正确使用工具旋入 1 号链条振动阻尼器固定螺栓	
		3）正确使用工具拧紧 1 号链条振动阻尼器固定螺栓	（1）1 号链条振动阻尼器的标准力矩是 21N·m
	2. 安装 2 号链条振动阻尼器	1）检查确认 2 号链条振动阻尼器的零件号是否正确	
		2）正确使用工具旋入 2 号链条振动阻尼器固定螺栓	
		3）正确使用工具拧紧 2 号链条振动阻尼器固定螺栓	（1）2 号链条振动阻尼器的标准力矩是 10N·m
四、安装链条分总成及附件	1. 检查 1 号气缸 TDC/压缩	1）正确使用工具暂时紧固曲轴皮带轮螺栓	（1）正时齿轮键处于顶部垂直向上位置
		2）正确使用工具逆时针转动曲轴，以使正时齿轮键处于顶部	（1）拆下曲轴皮带轮螺栓后再次确认键的位置
		3）正确使用工具拆下曲轴皮带轮螺栓	
		4）分别检查进、排气凸轮轴正时齿轮上的正时标记	
	2. 安装链条	1）将链节上的标记板（橙色）和正时齿轮上的标记对准	（1）确保链节上的标记板朝向发动机前侧 （2）凸轮轴侧的标记板为橙色，曲轴侧的标记板为黄色
		2）将链条绕在链轮上	
		3）将链条放在曲轴上，但不要使其缠绕在曲轴周围	（1）不要使链条缠绕在凸轮轴正时齿轮总成的链轮周围，只可将其放置在链轮上 （2）链条要穿过 1 号振动阻尼器
		4）正确使用工具固定住排气凸轮轴的六角部分，并逆时针旋转进气凸轮轴正时齿轮总成，使链节上的标记板（橙色）和正时齿轮上的标记对准	（1）为了张紧链条，要缓慢地顺时针旋转凸轮轴正时齿轮总成，防止链条错位
		5）正确使用工具固定住进气凸轮轴的六角部分，并顺时针旋转进气凸轮轴正时齿轮总成	
		6）将链节上的标记板（黄色）和曲轴正时齿轮上的标记对准并安装到位	（1）检查正时标记时，若发现标记错位应重新安装正时链条
		7）使用 17mm 套筒旋转曲轴 2 圈，确认每个正时标记对准	

（续表）

序号内容	项目名称	技术说明	注意事项
四、安装链条分总成及附件	3. 安装链条张紧器导板	1）检查确认链条张紧器导板的零件号是否正确	
		2）正确使用工具安装链条张紧器导板	
	4. 安装正时链条盖油封	1）检查确认正时链条盖油封的零件号是否正确	
		2）用专用工具敲入一个新油封，直到其表面与正时齿轮箱边缘齐平	（1）不要损伤油封唇口 （2）不要斜敲油封 （3）安装油封时，确保油封边缘不伸出正时链条盖内侧表面
		3）在油封唇口上涂抹一薄层润滑脂	
五、安装正时链条盖分总成	1. 安装正时链条盖分总成	1）清除所有旧的填料（FIPG）	（1）在清除旧填料时，不要将机油滴在正时链条盖、汽缸盖和汽缸体的接触面上 （2）清除接触面的所有机油 （3）如果接触面潮湿，则在涂抹密封胶前擦拭干净
		2）检查确认3个“O”形圈的零件号是否正确	
		3）安装3个新“O”形圈	
		4）按手册规定要求在汽缸体上涂抹密封胶	（1）封胶选用丰田原厂黑密封胶、Three Bond 1207B或同等产品 （2）密封直径：3.0mm
		5）按手册规定要求在正时链条盖上分段涂抹一条规定直径的连续的密封胶线	（1）涂抹密封胶后3分钟内安装链条盖，并在15分钟内紧固螺栓
		6）检查确认水泵新衬垫的零件号，是否正确安装正时链条盖	
		7）安装水泵新衬垫	
		8）正确使用工具拧紧水泵固定螺栓	（1）水泵固定螺栓标准力矩：24 N·m （2）在安装链条盖后10分钟内，安装悬置支架
		9）正确使用工具安装发动机悬置支架	（1）悬置支架固定螺栓的标准长度为80mm （2）在安装链条盖后10分钟内，安装机油滤清器支架
		10）安装机油滤清器支架新“O”形圈	

（续表）

序号内容	项目名称	技术说明	注意事项
五、安装正时链条盖分总成	1. 安装正时链条盖分总成	11）按手册规定顺序拧紧正时链条盖分总成固定螺栓，其中螺栓 E 上涂抹黏合剂	（1）正时链条盖固定螺栓标准力矩：螺栓 A，E 为 26N·m 螺栓 B 为 51 N·m 螺栓 C 为 51 N·m 螺栓 D 为 10 N·m （2）正时链条盖固定螺栓标准长度：螺栓 A，E 为 35mm 螺栓 B 为 55mm 螺栓 C 为 80mm 螺栓 D 为 40mm （3）安装正时链条盖分总成后，至少 2 小时内不要启动发动机
	2. 安装曲轴皮带轮	1）将曲轴皮带轮定位键对准皮带轮上的键槽	
		2）用专用工具固定皮带轮就位并拧紧螺栓	（1）装夹专用工具时要检查其安装位置，以防止专用工具的安装螺栓接触正时链条盖分总成 （2）曲轴皮带轮规定固定螺栓标准力矩：190 N·m
	3. 安装 1 号链条张紧器总成	1）松开棘轮爪，然后完全推入柱塞，将挂钩固定在销上以使柱塞位于正确位置	（1）确保凸轮固定在柱塞的第一个齿上，使挂钩穿过销
		2）在汽缸体上安装衬垫、支架和 1 号链条张紧器，并按规定扭矩拧紧固定螺母	（1）固定螺母的标准力矩为 10 N·m
		3）使用专用工具逆时针转动曲轴，然后用手将挂钩与柱塞锁销分离	（1）如果安装链条张紧器时挂钩脱离锁销，要重新固定挂钩
		4）顺时针转动曲轴，然后检查并确认柱塞伸出	
备注			

更换正时链条、调整或更换正时介轮观察表

观察选手：＿＿＿＿＿　操作选手：＿＿＿＿＿　日期：＿＿＿＿＿

序号内容	项目名称	观察记录	意见建议
一、将 1 号汽缸设置到 TDC/压缩位置	1. 使用 17mm 套筒、棘轮扳手顺时针转动曲轴皮带轮，使曲轴皮带轮上的凹槽与正时链条盖上的正时标记“0”对准		

（续表）

序号内容	项目名称	观察记录	意见建议
一、将1号汽缸设置到TDC/压缩位置	2. 检查凸轮轴正时齿轮和链轮上的各正时标记是否对准		
	3. 检查凸轮轴正时齿轮和位于1号、2号轴承盖上的各正时标记是否对准		
二、拆卸曲轴皮带轮	1. 用专用工具固定曲轴皮带轮		
	2. 用17mm套筒拆下曲轴皮带轮固定螺栓		
	3. 用专用工具拉下皮带轮		
三、拆卸正时链条盖油封	1. 用刀子切掉油封唇口		
	2. 用头部缠有胶带的螺丝刀撬出油封		
四、拆卸1号链条张紧器总成	1. 正确使用工具拆下1号链条张紧器总成2个螺母、托架、张紧器和衬垫		
五、拆卸正时链条盖分总成	1. 使用（托顶、橡胶垫）支撑发动机下部油底壳前端		
	2. 正确使用工具拆下发动机悬置支架螺栓，并取下发动机悬置支架		
	3. 正确使用工具拆下机油滤清器支架固定螺栓，并取下机油滤清器支架		
	4. 用手取下机油滤清器的2个“O”形圈		
	5. 正确使用工具按手册规定顺序拆下正时链条盖分总成的固定螺栓		
	6. 用螺丝刀撬动正时链条盖和汽缸盖或汽缸体之间的部位，拆下正时链条盖		
	7. 正确使用工具拆下3个“O”形圈		
	8. 正确使用工具拆下水泵固定螺栓，并取下水泵和衬垫		
六、拆卸链条张紧器导板和1号、2号链条振动阻尼器	1. 正确使用工具拆下链条张紧器导板		
	2. 正确使用工具分别拆下1号、2号链条振动阻尼器固定螺栓，并取下链条振动阻尼器		

（续表）

序号内容	项目名称	观察记录	意见建议
七、拆卸链条分总成	1. 正确使用工具固定进气凸轮轴的六角部分，并逆时针旋转凸轮轴正时齿轮总成，以松弛凸轮轴正时齿轮之间的链条		
	2. 在链条松弛后，将链条从凸轮轴正时齿轮总成上取下，然后将其搭放在凸轮轴正时齿轮前端		
	3. 顺时针转动进气凸轮轴，使其回到原来位置，并拆下链条		
	4. 确保链条从链轮上完全松开		
八、安装1号链条振动阻尼器	1. 检查确认1号链条振动阻尼器的零件号是否正确		
	2. 正确使用工具旋入1号链条振动阻尼器固定螺栓		
	3. 正确使用工具拧紧1号链条振动阻尼器固定螺栓		
九、安装2号链条振动阻尼器	1. 检查确认2号链条振动阻尼器的零件号是否正确		
	2. 正确使用工具旋入2号链条振动阻尼器固定螺栓		
	3. 正确使用工具拧紧2号链条振动阻尼器固定螺栓		
十、检查1号气缸TDC/压缩	1. 正确使用工具暂时紧固曲轴皮带轮螺栓		
	2. 正确使用工具逆时针转动曲轴，以使正时齿轮键处于顶部		
	3. 正确使用工具拆下曲轴皮带轮螺栓		
	4. 分别检查进、排气凸轮轴正时齿轮上的正时标记		
十一、安装链条	1. 将链节上的标记板（橙色）和正时齿轮上的标记对准		
	2. 将链条绕在链轮上		
	3. 将链条放在曲轴上，但不要使其缠绕在曲轴周围		
	4. 正确使用工具固定住排气凸轮轴的六角部分，并逆时针旋转进气凸轮轴正时齿轮总成，使链节上的标记板（橙色）和正时齿轮上的标记对准		

（续表）

序号内容	项目名称	观察记录	意见建议
十一、安装链条	5. 正确使用工具固定住进气凸轮轴的六角部分，并顺时针旋转进气凸轮轴正时齿轮总成		
	6. 将链节上的标记板（黄色）和曲轴正时齿轮上的标记对准并安装到位		
	7. 使用 17mm 套筒旋转曲轴 2 圈，确认每个正时标记对准		
十二、安装链条张紧器导板	1. 检查确认链条张紧器导板的零件号是否正确		
	2. 正确使用工具安装链条张紧器导板		
十三、安装正时链条盖油封	1. 检查确认正时链条盖油封的零件号是否正确		
	2. 用专用工具敲入一个新油封，直到其表面与正时齿轮箱边缘齐平		
	3. 在油封唇口上涂抹一薄层润滑脂		
十四、安装正时链条盖分总成	1. 清除所有旧的填料（FIPG）		
	2. 检查确认 3 个“O”形圈的零件号是否正确		
	3. 安装 3 个新“O”形圈		
	4. 按手册规定要求在汽缸体上涂抹密封胶		
	5. 按手册规定要求在正时链条盖上分段涂抹一条规定直径的连续的密封胶线		
	6. 检查确认水泵新衬垫的零件号，是否正确安装正时链条盖		
	7. 安装水泵新衬垫		
	8. 正确使用工具拧紧水泵固定螺栓		

（续表）

序号内容	项目名称	观察记录	意见建议
十四、安装正时链条盖分总成	9. 正确使用工具安装发动机悬置支架		
	10. 安装机油滤清器支架新“O”形圈		
	11. 按手册规定顺序拧紧正时链条盖分总成固定螺栓，其中螺栓E上涂抹黏合剂		
十五、安装曲轴皮带轮	1. 将曲轴皮带轮定位键对准皮带轮上的键槽		
	2. 用专用工具固定皮带轮就位并拧紧螺栓		
十六、安装1号链条张紧器总成	1. 松开棘轮爪，然后完全推入柱塞，将挂钩固定在销上以使柱塞位于合适位置		
	2. 在汽缸体上安装衬垫、支架和1号链条张紧器，并按规定扭矩拧紧固定螺母		
	3. 使用专用工具逆时针转动曲轴，然后用手将挂钩与柱塞锁销分离		
	4. 顺时针转动曲轴，然后检查并确认柱塞伸出		
教师点评			

更换正时链条、调整或更换正时介轮评分表

操作选手：__________ 日期：__________ 得分：__________

序号	项目名称	评分细则	分值	得分	原因
一	将1号汽缸设置到TDC/压缩位置	1. 使用17mm套筒、棘轮扳手顺时针转动曲轴皮带轮，使曲轴皮带轮上的凹槽与正时链条盖上的正时标记“0”对准	2		
		2. 检查凸轮轴正时齿轮和链轮上的各正时标记是否对准	1		
		3. 检查凸轮轴正时齿轮和位于1号、2号轴承盖上的各正时标记是否对准	2		
二	拆卸曲轴皮带轮	1. 用专用工具固定曲轴皮带轮	2		
		2. 用17mm套筒拆下曲轴皮带轮固定螺栓	2		
		3. 用专用工具拉下皮带轮	1		

（续表）

序号	项目名称	评分细则	分值	得分	原因
三	拆卸正时链条盖油封	1. 用刀子切掉油封唇口	2		
		2. 用头部缠有胶带的螺丝刀撬出油封	2		
四	拆卸1号链条张紧器总成	1. 正确使用工具拆下1号链条张紧器总成2个螺母、托架、张紧器和衬垫	2		
五	拆卸正时链条盖分总成	1. 使用（托顶、橡胶垫）支撑发动机下部油底壳前端	1		
		2. 正确使用工具拆下发动机悬置支架螺栓，并取下发动机悬置支架	2		
		3. 正确使用工具拆下机油滤清器支架固定螺栓，并取下机油滤清器支架	1		
		4. 用手取下机油滤清器的2个“O”形圈	2		
		5. 正确使用工具按手册规定顺序拆下正时链条盖分总成的固定螺栓	2		
		6. 用螺丝刀撬动正时链条盖和汽缸盖或汽缸体之间的部位，拆下正时链条盖	2		
		7. 正确使用工具拆下3个“O”形圈	2		
		8. 正确使用工具拆下水泵固定螺栓，并取下水泵和衬垫	2		
六	拆卸链条张紧器导板和1号、2号链条振动阻尼器	1. 正确使用工具拆下链条张紧器导板	1		
		2. 正确使用工具分别拆下1号、2号链条振动阻尼器固定螺栓，并取下链条振动阻尼器	1		
七	拆卸链条分总成	1. 正确使用工具固定进气凸轮轴的六角部分，并逆时针旋转凸轮轴正时齿轮总成，以松弛凸轮轴正时齿轮之间的链条	1		
		2. 在链条松弛后，将链条从凸轮轴正时齿轮总成上取下，然后将其搭放在凸轮轴正时齿轮前端	1		
		3. 顺时针转动进气凸轮轴，使其回到原来位置，并拆下链条	2		
		4. 确保链条从链轮上完全松开	2		
八	安装1号链条振动阻尼器	1. 检查确认1号链条振动阻尼器的零件号是否正确	2		
		2. 正确使用工具旋入1号链条振动阻尼器固定螺栓	2		
		3. 正确使用工具拧紧1号链条振动阻尼器固定螺栓	2		

（续表）

序号	项目名称	评分细则	分值	得分	原因
九	安装2号链条振动阻尼器	1. 检查确认2号链条振动阻尼器的零件号是否正确	1		
		2. 正确使用工具旋入2号链条振动阻尼器固定螺栓	1		
		3. 正确使用工具拧紧2号链条振动阻尼器固定螺栓	2		
十	检查1号气缸TDC/压缩	1. 正确使用工具暂时紧固曲轴皮带轮螺栓	2		
		2. 正确使用工具逆时针转动曲轴，以使正时齿轮键处于顶部	2		
		3. 正确使用工具拆下曲轴皮带轮螺栓	2		
		4. 分别检查进、排气凸轮轴正时齿轮上的正时标记	2		
十一	安装链条	1. 将链节上的标记板（橙色）和正时齿轮上的标记对准	2		
		2. 将链条绕在链轮上	2		
		3. 将链条放在曲轴上，但不要使其缠绕在曲轴周围	2		
		4. 正确使用工具固定住排气凸轮轴的六角部分，并逆时针旋转进气凸轮轴正时齿轮总成，使链节上的标记板（橙色）和正时齿轮上的标记对准	2		
		5. 正确使用工具固定住进气凸轮轴的六角部分，并顺时针旋转进气凸轮轴正时齿轮总成	2		
		6. 将链节上的标记板（黄色）和曲轴正时齿轮上的标记对准并安装到位	2		
		7. 使用17mm套筒旋转曲轴2圈，确认每个正时标记对准	2		
十二	安装链条张紧器导板	1. 检查确认链条张紧器导板的零件号是否正确	1		
		2. 正确使用工具安装链条张紧器导板	1		
十三	安装正时链条盖油封	1. 检查确认正时链条盖油封的零件号是否正确	1		
		2. 用专用工具敲入一个新油封，直到其表面与正时齿轮箱边缘齐平	2		
		3. 在油封唇口上涂抹一薄层润滑脂	2		

（续表）

序号	项目名称	评分细则	分值	得分	原因
十四	安装正时链条盖分总成	1. 清除所有旧的填料（FIPG）	1		
		2. 检查确认3个“O”形圈的零件号是否正确	1		
		3. 安装3个新“O”形圈	1		
		4. 按手册规定要求在汽缸体上涂抹密封胶	2		
		5. 按手册规定要求在正时链条盖上分段涂抹一条规定直径的连续的密封胶线	2		
		6. 检查确认水泵新衬垫的零件号，是否正确安装正时链条盖	2		
		7. 安装水泵新衬垫	2		
		8. 正确使用工具拧紧水泵固定螺栓	1		
		9. 正确使用工具安装发动机悬置支架	1		
		10. 安装机油滤清器支架新“O”形圈	2		
		11. 按手册规定顺序拧紧正时链条盖分总成固定螺栓，其中螺栓E上涂抹黏合剂	2		
十五	安装曲轴皮带轮	1. 将曲轴皮带轮定位键对准皮带轮上的键槽	1		
		2. 用专用工具固定皮带轮就位并拧紧螺栓	1		
十六	安装1号链条张紧器总成	1. 松开棘轮爪，然后完全推入柱塞，将挂钩固定在销上以使柱塞位于合适位置	2		
		2. 在汽缸体上安装衬垫、支架和1号链条张紧器，并按规定扭矩拧紧固定螺母	2		
		3. 使用专用工具逆时针转动曲轴，然后用手将挂钩与柱塞锁销分离	1		
		4. 顺时针转动曲轴，然后检查并确认柱塞伸出	1		
总分			100		

更换正时链条、调整或更换正时介轮工艺单

操作选手：__________ 日期：__________

序号内容	项目名称	操作结果记录	操作数据记录
一、将1号汽缸设置到TDC/压缩位置	1. 使用17mm套筒、棘轮扳手顺时针转动曲轴皮带轮，使曲轴皮带轮上的凹槽与正时链条盖上的正时标记“0”对准		

（续表）

序号内容	项目名称	操作结果记录	操作数据记录
一、将1号汽缸设置到TDC/压缩位置	2. 检查凸轮轴正时齿轮和链轮上的各正时标记是否对准		
	3. 检查凸轮轴正时齿轮和位于1号、2号轴承盖上的各正时标记是否对准		
二、拆卸曲轴皮带轮	1. 用专用工具固定曲轴皮带轮		
	2. 用17mm套筒拆下曲轴皮带轮固定螺栓		
	3. 用专用工具拉下皮带轮		
三、拆卸正时链条盖油封	1. 用刀子切掉油封唇口		
	2. 用头部缠有胶带的螺丝刀撬出油封		
四、拆卸1号链条张紧器总成	1. 正确使用工具拆下1号链条张紧器总成2个螺母、托架、张紧器和衬垫		
五、拆卸正时链条盖分总成	1. 使用（托顶、橡胶垫）支撑发动机下部油底壳前端		
	2. 正确使用工具拆下发动机悬置支架螺栓，并取下发动机悬置支架		
	3. 正确使用工具拆下机油滤清器支架固定螺栓，并取下机油滤清器支架		
	4. 用手取下机油滤清器的2个“O”形圈		
	5. 正确使用工具按手册规定顺序拆下正时链条盖分总成的固定螺栓		
	6. 用螺丝刀撬动正时链条盖和汽缸盖或汽缸体之间的部位，拆下正时链条盖		
	7. 正确使用工具拆下3个“O”形圈		
	8. 正确使用工具拆下水泵固定螺栓，并取下水泵和衬垫		

（续表）

序号内容	项目名称	操作结果记录	操作数据记录
六、拆卸链条张紧器导板和1号、2号链条振动阻尼器	1. 正确使用工具拆下链条张紧器导板		
	2. 正确使用工具分别拆下1号、2号链条振动阻尼器固定螺栓，并取下链条振动阻尼器		
七、拆卸链条分总成	1. 正确使用工具固定进气凸轮轴的六角部分，并逆时针旋转凸轮轴正时齿轮总成，以松弛凸轮轴正时齿轮之间的链条		
	2. 在链条松弛后，将链条从凸轮轴正时齿轮总成上取下，然后将其搭放在凸轮轴正时齿轮前端		
	3. 顺时针转动进气凸轮轴，使其回到原来位置，并拆下链条		
	4. 确保链条从链轮上完全松开		
八、安装1号链条振动阻尼器	1. 检查确认1号链条振动阻尼器的零件号是否正确		
	2. 正确使用工具旋入1号链条振动阻尼器固定螺栓		
	3. 正确使用工具拧紧1号链条振动阻尼器固定螺栓		
九、安装2号链条振动阻尼器	1. 检查确认2号链条振动阻尼器的零件号是否正确		
	2. 正确使用工具旋入2号链条振动阻尼器固定螺栓		
	3. 正确使用工具拧紧2号链条振动阻尼器固定螺栓		
十、检查1号气缸TDC/压缩	1. 正确使用工具暂时紧固曲轴皮带轮螺栓		
	2. 正确使用工具逆时针转动曲轴，以使正时齿轮键处于顶部		
	3. 正确使用工具拆下曲轴皮带轮螺栓		
	4. 分别检查进、排气凸轮轴正时齿轮上的正时标记		

（续表）

序号内容	项目名称	操作结果记录	操作数据记录
十一、安装链条	1. 将链节上的标记板（橙色）和正时齿轮上的标记对准		
	2. 将链条绕在链轮上		
	3. 将链条放在曲轴上，但不要使其缠绕在曲轴周围		
	4. 正确使用工具固定住排气凸轮轴的六角部分，并逆时针旋转进气凸轮轴正时齿轮总成，使链节上的标记板（橙色）和正时齿轮上的标记对准		
	5. 正确使用工具固定住进气凸轮轴的六角部分，并顺时针旋转进气凸轮轴正时齿轮总成		
	6. 将链节上的标记板（黄色）和曲轴正时齿轮上的标记对准并安装到位		
	7. 使用 17mm 套筒旋转曲轴 2 圈，确认每个正时标记对准		
十二、安装链条张紧器导板	1. 检查确认链条张紧器导板的零件号是否正确		
	2. 正确使用工具安装链条张紧器导板		
十三、安装正时链条盖油封	1. 检查确认正时链条盖油封的零件号是否正确		
	2. 用专用工具敲入一个新油封，直到其表面与正时齿轮箱边缘齐平		
	3. 在油封唇口上涂抹一薄层润滑脂		
十四、安装正时链条盖分总成	1. 清除所有旧的填料（FIPG）		
	2. 检查确认 3 个“O”形圈的零件号是否正确		
	3. 安装 3 个新“O”形圈		
	4. 按手册规定要求在汽缸体上涂抹密封胶		

（续表）

序号内容	项目名称	操作结果记录	操作数据记录
十四、安装正时链条盖分总成	5. 按手册规定要求在正时链条盖上分段涂抹一条规定直径的连续的密封胶线		
	6. 检查确认水泵新衬垫的零件号是否正确安装正时链条盖		
	7. 安装水泵新衬垫		
	8. 正确使用工具拧紧水泵固定螺栓		
	9. 正确使用工具安装发动机悬置支架		
	10. 安装机油滤清器支架新“O”形圈		
	11. 按手册规定顺序拧紧正时链条盖分总成固定螺栓，其中螺栓E上涂抹黏合剂		
十五、安装曲轴皮带轮	1. 将曲轴皮带轮定位键对准皮带轮上的键槽		
	2. 用专用工具固定皮带轮就位并拧紧螺栓		
十六、安装1号链条张紧器总成	1. 松开棘轮爪，然后完全推入柱塞，将挂钩固定在销上以使柱塞位于合适位置		
	2. 在汽缸体上安装衬垫、支架和1号链条张紧器，并按规定扭矩拧紧固定螺母		
	3. 使用专用工具逆时针转动曲轴，然后用手将挂钩与柱塞锁销分离		
	4. 顺时针转动曲轴，然后检查并确认柱塞伸出		
备注			

第三十七节　拆装、检测活塞连杆组

拆装、检测活塞连杆组流程表

操作选手：__________　日期：__________

序号内容	项目名称	技术说明	注意事项
一、前期准备	1. 整体拆下活塞连杆组前的准备	1）翻转缸体 90°或 180°（以拆卸 1 缸活塞连杆组为例）	
		2）使用 17mm 套筒、棘轮扳手转动曲轴固定螺栓，使 1 缸活塞连杆组处于活塞行程上止点位置。用铲刀去除汽缸平面残留物和活塞顶部的积炭	（1）用铲刀去除汽缸平面的残留物时，铲刀应从中间往两边方向铲，以防止汽缸平面上的残留物、油污掉入汽缸内
	2. 检查缸肩	1）使用 17mm 套筒、棘轮扳手转动曲轴固定螺栓，使 1 缸活塞连杆组处于活塞行程下止点位置	
		2）检查缸肩，必要时用铰刀铰削	
二、拆下并分解活塞连杆组	1. 整体拆下活塞连杆组	1）检查并确认连杆和连杆盖上的装配标记，若无标记，应在连杆轴承盖上做好标记	（1）连杆和连杆盖的装配标记是为了确保正确地重新安装
		2）使用 14mm 套筒、扭力扳手、棘轮扳手交替多次松开并拆下连杆轴承盖固定螺栓（但不取出螺栓）	
		3）用 2 个已拆下的连杆轴承盖固定螺栓，用手握紧螺栓头部，通过左右摇动连杆轴承盖方式拆下连杆轴承盖	
		4）用木槌柄轻轻敲击连杆大端，推出活塞、连杆总成和上轴承	（1）用木槌柄敲击连杆大端时用力要小，木槌柄不能敲击连杆上轴承
		5）按正确的顺序摆放活塞和连杆总成	
	2. 分解活塞连杆组	1）使用活塞环扩张器拆下 1 号、2 号压缩环	（1）使用活塞环扩张器时用力要均匀
		2）用手拆下油环刮片和油环弹簧	
		3）用手拆下连杆上下轴承	
		4）观察活塞顶部、裙部、连杆轴承表面是否有明显划痕、开裂、磨损，若零件表面磨损较严重需更换零件	（1）小心处理活塞环，磨损后的活塞环较锐利，可能导致人身伤害
		5）按正确的顺序摆放零件	
		6）清洁、整理工具	

（续表）

序号内容	项目名称	技术说明	注意事项
三、清洁活塞连杆组零件	1. 清洁活塞连杆组零件	1）用铲刀或折断的活塞环清除活塞环槽内的积炭、油污	(1) 不要用钢丝刷清洗活塞顶部
		2）用铲刀清除活塞环上的积炭、油污	
		3）用洗油、羊毛刷清洗活塞、活塞环、连杆、连杆轴承、连杆轴承盖、连杆轴承盖固定螺栓	
		4）用压缩空气吹净所有清洗的零件	
四、检测活塞连杆组	1. 测量前的准备	1）用清洁布清洁连杆轴颈、下轴承	(1) 用手拧连杆固定螺栓时，如果感觉吃力，要马上停止检查
		2）用压缩空气吹净连杆轴颈、下轴承	
		3）用手安装连杆下轴承，并润滑下轴承	
		4）将活塞连杆总成放入相对应的汽缸内，安装记号朝前，用木榔柄轻轻推活塞顶部，使连杆轴承与连杆轴颈完全接触	
		5）将连杆固定螺栓放入连杆轴承盖螺栓孔内，检查连杆盖标记并按标记对正，用手将连杆固定螺栓旋入几扣，直到感觉螺纹吻合，否则重新安装连杆轴承盖固定螺栓	
		6）用 14mm 套筒、棘轮扳手旋入连杆固定螺栓	
		7）用 14mm 套筒、扭力扳手分 2 次拧紧连杆螺栓至 20N·m，而后用记号笔在螺栓上做记号或使用转角器，旋转螺栓 45°，再旋转 45°	
		8）用清洁布清洁连杆轴承盖外表面，并用压缩空气吹净	
	2. 测量连杆轴向间隙	1）把磁性表座吸附在汽缸体上，调整百分表，使百分表表头紧贴在轴承盖的侧面上，并对百分表预压(1mm)、调零	(1) 百分表的调整螺母必须锁紧，否则会因为百分表松动影响测量结果 (2) 百分表的测量杆应与轴承盖侧面垂直，否则影响测量结果

（续表）

序号内容	项目名称	技术说明	注意事项
四、检测活塞连杆组	2. 测量连杆轴向间隙	2）用手前后移动连杆轴承盖，同时观察百分表的数值，该连杆轴向间隙为百分表左右偏摆值之和，标准轴向间隙为 0.160 至 0.342mm，最大轴向间隙：0.342mm	
		3）填表，结果分析，如果轴向间隙大于最大值，必要时更换连杆总成。如有必要，则更换曲轴	
		4）清洁、整理量具	
	3. 检查工作	1）再次确认活塞顶部的记号是否朝前。检查连杆轴颈和连杆轴承是否有点蚀和划痕	（1）如果连杆轴颈、连杆轴承磨损严重，应更换
	4. 测量油膜间隙	1）在连杆轴颈、连杆下轴承涂抹少量润滑油	（1）将连杆轴颈涂上机油并轻微润滑连杆轴承，以便在拆卸连杆轴承盖时塑料测量条不会撕裂 （2）安装轴承盖后，不要转动曲轴
		2）按轴承宽度，切割塑料测量条长度，将塑料条沿轴向放在连杆轴颈和连杆下轴承之间	（1）如果更换轴承，则新轴承的编号应与各连杆盖的号一致。通过各轴承表面的 1、2 或 3 指示其标准厚度 （2）测量后应完全清除塑料间隙规
		3）安装连杆轴承盖	
		4）拆下连杆轴承盖	
		5）测量展平后的塑料测量条的宽度（最宽处），标准油膜间隙为 0.030 至 0.062mm，最大油膜间隙：0.07mm	
		6）填表，结果分析，如果油膜间隙大于最大值，则更换连杆轴承。如有必要，检查曲轴	
		7）完全清除连杆轴颈、连杆下轴承处的塑料间隙规	
		8）拆下活塞连杆组	
		9）清洁、整理工具	
	5. 调量缸表	1）清洁汽缸壁	
		2）清洁、校对游标卡尺	

（续表）

序号内容	项目名称	技术说明	注意事项
四、检测活塞连杆组	5. 调量缸表	3）使用游标卡尺测量汽缸口处的直径，确定基本尺寸 80.5mm	(1) 用游标卡尺测量时，卡尺必须与汽缸平面垂直，当卡尺的两个内量爪贴近汽缸壁时应作轻轻晃动，以取得测量时的最大直径；然后将卡尺锁紧螺母加紧后进行读数
		4）清洁、校对千分尺，把千分尺调到 80.5mm 后锁止	
		5）清洁、组装量缸表	(1) 调表时，眼睛要平视百分表
		6）百分表预压 1mm，锁紧螺母	
		7）选择正确的测量杆，装上并锁止	
		8）将量缸表放到千分尺上预压、调零	
	6. 测量汽缸直径	1）在汽缸的径向和轴向测量该缸的汽缸直径。测量点所在的平面分别距离汽缸平面 10mm 处和 50mm 处	(1) 在测量汽缸直径时，要先将导向轮放入汽缸并贴着缸壁直到表头达到待测位置 (2) 在测量时要前后摆动量缸表，当指针出现最大偏转时的读数即为该位置汽缸的直径
		2）填表，分析结果。标准直径：80.500 至 80.513mm，最大直径：80.633mm。如果 4 个位置的平均缸径值大于最大值，则更换汽缸体	
	7. 检查活塞直径	1）用压缩空气吹净活塞裙部	(1) 与活塞销垂直的裙部位置为测量点（最大直径位置）
		2）清洁、校对游标卡尺	
		3）调整游标卡尺 12.6mm 锁止，并在活塞裙部相应位置做好记号	
		4）清洁、校对外径千分尺	
		5）在距活塞顶部 12.6mm 处测量活塞直径	(1) 测量时，外径千分尺应平端
		6）填表，结果分析，当活塞直径小于该活塞直径级别最小数值（80.461 至 80.471mm）时，更换活塞	
		7）用清洁布活塞，并用压缩空气吹净	
		8）清洁、整理量具	
	8. 测量汽缸内径	参见相关内容	

（续表）

序号内容	项目名称	技术说明	注意事项
四、检测活塞连杆组	9. 计算活塞油膜间隙	1）用汽缸缸径（最大）测量值减去活塞直径测量值即为活塞油膜间隙，活塞的标准油膜间隙为 0.029 至 0.052mm，最大油膜间隙：0.09mm，如果油膜间隙大于最大值，则更换所有活塞。如有必要，更换气缸体	
	10. 测量活塞环侧隙	1）用清洁布清洁塞尺	
		2）用记号笔在活塞顶部做好测量位置的记号	（1）活塞环侧隙测量点分为 3 点，每个测量点各错开 120°
		3）确认新的活塞环零件号，检查外观有无损伤	
		4）将 2 道新的活塞环分别放在对应的环槽内，围绕环槽旋转一周，应能自由活动，无阻滞现象	
		5）根据标准侧隙选择塞尺厚度，测量 2 道压缩环的侧隙，第一道压缩环的标准侧隙：0.02 至 0.07mm；第二道压缩环的标准侧隙：0.02 至 0.06mm；刮油环的标准侧隙：0.02 至 0.065mm	（1）如果活塞环过厚，试用另一活塞环，如果没有符合规格的活塞环，将砂纸放在玻璃上打磨活塞环至规定尺寸
		6）填表，分析结果，如果环槽间隙不符合规定，则更换活塞	
		7）用清洁布擦掉活塞顶部的记号	
		8）用清洁布清洁两道压缩环，并用压缩空气吹净	
		9）清洁、整理量具	
	11. 测量活塞环端隙	1）用清洁布清洁汽缸壁	
		2）用压缩空气吹净汽缸壁	
		3）用清洁布清洁塞尺	
		4）将第一道压缩环放入相对应的汽缸内	（1）活塞环放入汽缸内时，应用双手捏住活塞环端口相对应的部位倾斜放入汽缸内，等活塞环完全放入汽缸内后，将端口相对应的部位稍稍提起，使活塞环与汽缸平面基本平行
		5）用活塞从气缸体的顶部将活塞环推至活塞环底部，使其行程超过 50mm	（1）用活塞推活塞环时，活塞未完全进入汽缸前应保持活塞与汽缸平面垂直

（续表）

序号内容	项目名称	技术说明	注意事项
四、检测活塞连杆组	11. 测量活塞环端隙	6）用塞尺测量第一道压缩环端隙，第一道压缩环标准端隙：0.2～0.3mm；最大端隙：0.5mm	（1）测量时，用塞尺平移至端口的方式进行测量
		7）用同样方法测量第二道压缩环、上下刮油环端隙。第二道压缩环标准端隙：0.3～0.5mm，最大端隙：0.7mm；上下刮油环的标准端隙：0.1～0.4mm，最大端隙：0.7mm	
		8）填表，分析结果，如果端隙大于最大值，则更换活塞环。换上新的活塞环后，如果端隙仍大于最大值，则更换气缸体	
		9）用清洁布清洁两道压缩环、上下刮油环，并用压缩空气吹净	
		10）清洁、整理量具	
	12. 检测连杆轴承盖固定螺栓	1）观察连杆轴承盖固定螺栓是否有明显变形	
		2）观察螺纹，分别把连杆轴承盖固定螺栓拧到连杆螺栓孔内，检测是否能容易地拧到底，否则更换螺栓或检查连杆螺栓孔螺纹是否磨损、乱牙	
		3）清洁、校对游标卡尺；游标卡尺测量螺栓受力部分的直径，连杆轴承盖固定螺栓的标准直径：6.6至6.7mm，最小直径：6.4mm，如果直径小于最小值，则更换连杆螺栓	
五、安装活塞连杆组	1. 组装活塞连杆组	1）用清洁布清洁所有活塞连杆组零件，并用压缩空气吹净	
		2）用手安装油环弹簧、下刮油环、上刮油环	
		3）用活塞环扩张器安装第二道压缩环，标记A1朝上，再安装第一道压缩环，标记A2朝上；使油漆标记处于合适位置	
		4）将两道压缩环和刮油环端口处于同一位置，在所有活塞环端口位置加注润滑油，用手将活塞环旋转一周	

（续表）

序号内容	项目名称	技术说明	注意事项
五、安装活塞连杆组	1．组装活塞连杆组	5）分别将刮油环、两道压缩环的端口置于手册规定位置	
		6）润滑活塞裙部、活塞销、连杆上轴承，用手涂抹均匀	
	2．将活塞连杆组装入汽缸	1）翻转缸体 90°，使汽缸平面朝上	
		2）确认连杆轴颈是否处于下止点位置，否则应转动曲轴，使其处于正确位置	
		3）用清洁布清洁汽缸平面、汽缸壁、连杆轴颈，并用压缩空气吹净	
		4）润滑汽缸壁、连杆轴颈，并用手涂抹均匀	
		5）用清洁布清洁卡箍内表面，润滑卡箍内表面，并用手涂抹均匀	
		6）在活塞头部安装并旋紧卡箍，将活塞顶部标记朝向缸体正前方，轻轻将连杆放入汽缸中	
		7）用塑料锤轻轻敲击活塞环卡箍边沿，使卡箍的下沿与缸体上平面完全贴合	
		8）再次旋紧卡箍，确保三道活塞环被完全收紧	
		9）再次确认活塞顶头标记是否朝向缸体正前方，然后用木槌柄推活塞顶部，直到活塞连杆上轴承与连杆轴颈完全接触即可	（1）用木槌柄推活塞顶部时，用力均匀 （2）若活塞顶部标记朝向错误，应重新安装 （3）用木槌柄推活塞顶部时，发现有卡滞现象，应停止操作，再次检查活塞环和卡箍的安装状态
		10）安装连杆轴承盖	
		11）检查并确认曲轴转动顺序	
备注			

拆装、检测活塞连杆组评分表

操作选手：________ 日期：________ 得分：________

序号	项目名称	评分细则	分值	得分	原因
一	整体拆下活塞连杆组前的准备	1. 翻转缸体90°或180°（以拆卸1缸活塞连杆组为例）	1		
		2. 使用17mm套筒、棘轮扳手转动曲轴固定螺栓，使1缸活塞连杆组处于活塞行程上止点位置。用铲刀去除汽缸平面残留物和活塞顶部的积炭	1		
二	检查缸肩	1. 使用17mm套筒、棘轮扳手转动曲轴固定螺栓，使1缸活塞连杆组处于活塞行程下止点位置	1		
		2. 检查缸肩，必要时用铰刀铰削	1		
三	整体拆下活塞连杆组	1. 检查并确认连杆和连杆盖上的装配标记，若无标记，应在连杆轴承盖上做好标记	1		
		2. 使用14mm套筒、扭力扳手、棘轮扳手交替多次松开并拆下连杆轴承盖固定螺栓（但不取出螺栓）	1		
		3. 用2个已拆下的连杆轴承盖固定螺栓，用手握紧螺栓头部，通过左右摇动连杆轴承盖方式拆下连杆轴承盖	1		
		4. 用木槌柄轻轻敲击连杆大端，推出活塞、连杆总成和上轴承	1		
		5. 按正确的顺序摆放活塞和连杆总成	1		
四	分解活塞连杆组	1. 使用活塞环扩张器拆下1号、2号压缩环	1		
		2. 用手拆下油环刮片和油环弹簧	1		
		3. 用手拆下连杆上下轴承	1		
		4. 观察活塞顶部、裙部、连杆轴承表面是否有明显划痕、开裂、磨损，若零件表面磨损较严重需更换零件	1		
		5. 按正确的顺序摆放零件	1		
		6. 清洁、整理工具	1		
五	清洁活塞连杆组零件	1. 用铲刀或折断的活塞环清除活塞环槽内的积炭、油污	1		
		2. 用铲刀清除活塞环上的积炭、油污	1		
		3. 用洗油、羊毛刷清洗活塞、活塞环、连杆、连杆轴承、连杆轴承盖、连杆轴承盖固定螺栓	1		
		4. 用压缩空气吹净所有清洗的零件	1		

（续表）

序号	项目名称	评分细则	分值	得分	原因
六	测量前的准备	1. 用清洁布清洁连杆轴颈、下轴承	1		
		2. 用压缩空气吹净连杆轴颈、下轴承	1		
		3. 用手安装连杆下轴承，并润滑下轴承	1		
		4. 将活塞连杆总成放入相对应的汽缸内，安装记号朝前，用木槌柄轻轻推活塞顶部，使连杆轴承与连杆轴颈完全接触	1		
		5. 将连杆固定螺栓放入连杆轴承盖螺栓孔内，检查连杆盖标记并按标记对正，用手将连杆固定螺栓旋入几扣，直到感觉螺纹吻合，否则重新安装连杆轴承盖固定螺栓	1		
		6. 用 14mm 套筒、棘轮扳手旋入连杆固定螺栓	1		
		7. 用 14mm 套筒、扭力扳手分 2 次拧紧连杆螺栓至 20N·m，而后用记号笔在螺栓上做记号或使用转角器，旋转螺栓 45°，再旋转 45°	1		
		8. 用清洁布清洁连杆轴承盖外表面，并用压缩空气吹净	1		
七	测量连杆轴向间隙	1. 把磁性表座吸附在汽缸体上，调整百分表，使百分表表头紧贴在轴承盖的侧面上，并对百分表预压（1mm）、调零	1		
		2. 用手前后移动连杆轴承盖，同时观察百分表的数值，该连杆轴向间隙为百分表左右偏摆值之和，标准轴向间隙为 0.160 至 0.342mm，最大轴向间隙：0.342mm	1		
		3. 填表，结果分析，如果轴向间隙大于最大值，必要时更换连杆总成。如有必要，则更换曲轴	1		
		4. 清洁、整理量具	1		
八	检查工作	1. 再次确认活塞顶部的记号是否朝前。检查连杆轴颈和连杆轴承是否有点蚀和划痕	1		
九	测量油膜间隙	1. 在连杆轴颈、连杆下轴承涂抹少量润滑油	1		
		2. 按轴承宽度，切割塑料测量条长度，将塑料条沿轴向放在连杆轴颈和连杆下轴承之间	1		
		3. 安装连杆轴承盖	1		
		4. 拆下连杆轴承盖	1		
		5. 测量展平后的塑料测量条的宽度（最宽处），标准油膜间隙为 0.030 至 0.062mm，最大油膜间隙：0.07mm	1		

（续表）

序号	项目名称	评分细则	分值	得分	原因
九	测量油膜间隙	6. 填表，结果分析，如果油膜间隙大于最大值，则更换连杆轴承。如有必要，检查曲轴	1		
		7. 完全清除连杆轴颈、连杆下轴承处的塑料间隙规	1		
		8. 拆下活塞连杆组	1		
		9. 清洁、整理工具	1		
十	调量缸表	1. 清洁汽缸壁	1		
		2. 清洁、校对游标卡尺	1		
		3. 使用游标卡尺测量汽缸口处的直径，确定基本尺寸为 80.5mm	1		
		4. 清洁、校对千分尺，把千分尺调到 80.5mm 后锁止	1		
		5. 清洁、组装量缸表	1		
		6. 百分表预压 1mm，锁紧螺母	1		
		7. 选择正确的测量杆，装上并锁止	1		
		8. 将量缸表放到千分尺上预压、调零	1		
十一	测量汽缸直径	1. 在汽缸的径向和轴向测量该缸的汽缸直径。测量点所在的平面分别距离汽缸平面 10mm 处和 50mm 处	1		
		2. 填表，分析结果。标准直径：80.500 至 80.513mm，最大直径：80.633mm。如果 4 个位置的平均缸径值大于最大值，则更换汽缸体	1		
十二	检查活塞直径	1. 用压缩空气吹净活塞裙部	1		
		2. 清洁、校对游标卡尺	1		
		3. 调整游标卡尺 12.6mm 锁止，并在活塞裙部相应位置做好记号	1		
		4. 清洁、校对外径千分尺	1		
		5. 在距活塞顶部 12.6mm 处测量活塞直径	1		
		6. 填表，结果分析，当活塞直径小于该活塞直径级别最小数值（80.461 至 80.471mm）时，更换活塞	1		
		7. 用清洁布活塞，并用压缩空气吹净	1		
		8. 清洁、整理量具	1		
十三	测量汽缸内径	参见相关内容	1		

（续表）

序号	项目名称	评分细则	分值	得分	原因
十四	计算活塞油膜间隙	1. 用汽缸缸径（最大）测量值减去活塞直径测量值即为活塞油膜间隙，活塞的标准油膜间隙为 0.029 至 0.052mm，最大油膜间隙：0.09mm，如果油膜间隙大于最大值，则更换所有活塞。如有必要，更换气缸体	1		
十五	测量活塞环侧隙	1. 用清洁布清洁塞尺	1		
		2. 用记号笔在活塞顶部做好测量位置的记号	1		
		3. 确认新的活塞环零件号，检查外观有无损伤	1		
		4. 将 2 道新的活塞环分别放在对应的环槽内，围绕环槽旋转一周，应能自由活动，无阻滞现象	1		
		5. 根据标准侧隙选择塞尺厚度，测量 2 道压缩环的侧隙，第一道压缩环的标准侧隙：0.02 至 0.07mm；第二道压缩环的标准侧隙：0.02 至 0.06mm；刮油环的标准侧隙 0.02 至 0.065mm	1		
		6. 填表，分析结果，如果环槽间隙不符合规定，则更换活塞	1		
		7. 用清洁布擦掉活塞顶部的记号	1		
		8. 用清洁布清洁两道压缩环，并用压缩空气吹净	1		
		9. 清洁、整理量具	1		
十六	测量活塞环端隙	1. 用清洁布清洁汽缸壁	1		
		2. 用压缩空气吹净汽缸壁	1		
		3. 用清洁布清洁塞尺	1		
		4. 将第一道压缩环放入相对应的汽缸内	1		
		5. 用活塞从气缸体的顶部将活塞环推至活塞环底部，使其行程超过 50mm	1		
		6. 用塞尺测量第一道压缩环端隙，第一道压缩环标准端隙：0.2～0.3mm；最大端隙：0.5mm	1		
		7. 用同样方法测量第二道压缩环、上下刮油环端隙，第二道压缩环标准端隙：0.3～0.5mm，最大端隙：0.7mm；上下刮油环的标准端隙：0.1～0.4mm，最大端隙：0.7mm	1		
		8. 填表，分析结果，如果端隙大于最大值，则更换活塞环。换上新的活塞环后，如果端隙仍大于最大值，则更换气缸体	1		
		9. 用清洁布清洁两道压缩环、上下刮油环，并用压缩空气吹净	1		
		10. 清洁、整理量具	1		

（续表）

序号	项目名称	评分细则	分值	得分	原因
十七	检测连杆轴承盖固定螺栓	1. 观察连杆轴承盖固定螺栓是否有明显变形	1		
		2. 观察螺纹，分别把连杆轴承盖固定螺栓拧到连杆螺栓孔内，是否能容易地拧到底，否则更换螺栓或检查连杆螺栓孔螺纹是否磨损、乱牙	1		
		3. 清洁、校对游标卡尺；游标卡尺测量螺栓受力部分的直径，连杆轴承盖固定螺栓的标准直径：6.6至6.7mm，最小直径：6.4mm，如果直径小于最小值，则更换连杆螺栓	1		
十八	组装活塞连杆组	1. 用清洁布清洁所有活塞连杆组零件，并用压缩空气吹净	1		
		2. 用手安装油环弹簧、下刮油环、上刮油环	1		
		3. 用活塞环扩张器安装第二道压缩环，标记A1朝上，再安装第一道压缩环，标记A2朝上，使油漆标记处于合适位置	1		
		4. 将两道压缩环和刮油环端口处于同一位置，在所有活塞环端口位置加注润滑油，用手将活塞环旋转一周	1		
		5. 分别将刮油环、两道压缩环的端口置于手册规定位置	1		
		6. 润滑活塞裙部、活塞销、连杆上轴承，用手涂抹均匀	1		
十九	将活塞连杆组装入汽缸	1. 翻转缸体90°，使汽缸平面朝上	1		
		2. 确认连杆轴颈是否处于下止点位置，否则应转动曲轴，使其处于正确位置	1		
		3. 用清洁布清洁汽缸平面、汽缸壁、连杆轴颈，并用压缩空气吹净	1		
		4. 润滑汽缸壁、连杆轴颈，并用手涂抹均匀	1		
		5. 用清洁布清洁卡箍内表面，润滑卡箍内表面，并用手涂抹均匀	1		
		6. 在活塞头部安装并旋紧卡箍，将活塞顶部标记朝向缸体正前方，轻轻将连杆放入汽缸中	1		
		7. 用塑料锤轻轻敲击活塞环卡箍边沿，使卡箍的下沿与缸体上平面完全贴合	1		
		8. 再次旋紧卡箍，确保三道活塞环被完全收紧	1		
		9. 再次确认活塞顶头标记是否朝向缸体正前方，然后用木槌柄推活塞顶部，直到活塞连杆上轴承与连杆轴颈完全接触即可	1		

（续表）

序号	项目名称	评分细则	分值	得分	原因
十九	将活塞连杆组装入汽缸	10. 安装连杆轴承盖	1		
		11. 检查并确认曲轴转动顺序	1		
总　分			100		

拆装、检测活塞连杆组观察表

观察选手：__________　操作选手：__________　日期：__________

序号内容	项目名称	观察记录	意见建议
一、整体拆下活塞连杆组前的准备	1. 翻转缸体 90°或 180°（以拆卸 1 缸活塞连杆组为例）		
	2. 使用 17mm 套筒、棘轮扳手转动曲轴固定螺栓，使 1 缸活塞连杆组处于活塞行程上止点位置。用铲刀去除汽缸平面残留物和活塞顶部的积炭		
二、检查缸肩	1. 使用 17mm 套筒、棘轮扳手转动曲轴固定螺栓，使 1 缸活塞连杆组处于活塞行程下止点位置		
	2. 检查缸肩，必要时用铰刀铰削		
三、整体拆下活塞连杆组	1. 检查并确认连杆和连杆盖上的装配标记，若无标记，应在连杆轴承盖上做好标记		
	2. 使用 14mm 套筒、扭力扳手、棘轮扳手交替多次松开并拆下连杆轴承盖固定螺栓（但不取出螺栓）		
	3. 用 2 个已拆下的连杆轴承盖固定螺栓，用手握紧螺栓头部，通过左右摇动连杆轴承盖方式拆下连杆轴承盖		
	4. 用木槌柄轻轻敲击连杆大端，推出活塞、连杆总成和上轴承		
	5. 按正确的顺序摆放活塞和连杆总成		
四、分解活塞连杆组	1. 使用活塞环扩张器拆下 1 号、2 号压缩环		
	2. 用手拆下油环刮片和油环弹簧		
	3. 用手拆下连杆上下轴承		
	4. 观察活塞顶部、裙部、连杆轴承表面是否有明显划痕、开裂、磨损，若零件表面磨损较严重需更换零件		
	5. 按正确的顺序摆放零件		
	6. 清洁、整理工具		

（续表）

序号内容	项目名称	观察记录	意见建议
五、清洁活塞连杆组零件	1. 用铲刀或折断的活塞环清除活塞环槽内的积炭、油污		
	2. 用铲刀清除活塞环上的积炭、油污		
	3. 用洗油、羊毛刷清洗活塞、活塞环、连杆、连杆轴承、连杆轴承盖、连杆轴承盖固定螺栓		
	4. 用压缩空气吹净所有清洗的零件		
六、测量前的准备	1. 用清洁布清洁连杆轴颈、下轴承		
	2. 用压缩空气吹净连杆轴颈、下轴承		
	3. 用手安装连杆下轴承，并润滑下轴承		
	4. 将活塞连杆总成放入相对应的汽缸内，安装记号朝前，用木槌柄轻轻推活塞顶部，使连杆轴承与连杆轴颈完全接触		
	5. 将连杆固定螺栓放入连杆轴承盖螺栓孔内，检查连杆盖标记并按标记对正，用手将连杆固定螺栓旋入几扣，直到感觉螺纹吻合，否则重新安装连杆轴承盖固定螺栓		
	6. 用 14mm 套筒、棘轮扳手旋入连杆固定螺栓		
	7. 用 14mm 套筒、扭力扳手分 2 次拧紧连杆螺栓至 20N·m，而后用记号笔在螺栓上做记号或使用转角器，旋转螺栓 45°，再旋转 45°		
	8. 用清洁布清洁连杆轴承盖外表面，并用压缩空气吹净		
七、测量连杆轴向间隙	1. 把磁性表座吸附在汽缸体上，调整百分表，使百分表表头紧贴在轴承盖的侧面上，并对百分表预压（1mm）、调零		
	2. 用手前后移动连杆轴承盖，同时观察百分表的数值，该连杆轴向间隙为百分表左右偏摆值之和，标准轴向间隙为 0.160 至 0.342mm，最大轴向间隙：0.342mm		
	3. 填表，结果分析，如果轴向间隙大于最大值，必要时更换连杆总成。如有必要，则更换曲轴		
	4. 清洁、整理量具		

（续表）

序号内容	项目名称	观察记录	意见建议
八、检查工作	1. 再次确认活塞顶部的记号是否朝前。检查连杆轴颈和连杆轴承是否有点蚀和划痕		
九、测量油膜间隙	1. 在连杆轴颈、连杆下轴承涂抹少量润滑油		
	2. 按轴承宽度，切割塑料测量条长度，将塑料条沿轴向放在连杆轴颈和连杆下轴承之间		
	3. 安装连杆轴承盖		
	4. 拆下连杆轴承盖		
	5. 测量展平后的塑料测量条的宽度（最宽处），标准油膜间隙为 0.030 至 0.062mm，最大油膜间隙：0.07mm		
	6. 填表，结果分析，如果油膜间隙大于最大值，则更换连杆轴承。如有必要，检查曲轴		
	7. 完全清除连杆轴颈、连杆下轴承处的塑料间隙规		
	8. 拆下活塞连杆组		
	9. 清洁、整理工具		
十、调量缸表	1. 清洁汽缸壁		
	2. 清洁、校对游标卡尺		
	3. 使用游标卡尺测量汽缸口处的直径，确定基本尺寸为 80.5mm		
	4. 清洁、校对千分尺，把千分尺调到 80.5mm 后锁止		
	5. 清洁、组装量缸表		
	6. 百分表预压 1mm，锁紧螺母		
	7. 选择正确的测量杆，装上并锁止		
	8. 将量缸表放到千分尺上预压、调零		
十一、测量汽缸直径	1. 在汽缸的径向和轴向测量该缸的汽缸直径。测量点所在的平面分别距离汽缸平面 10mm 处和 50mm 处		
	2. 填表，分析结果。标准直径：80.500 至 80.513mm，最大直径：80.633mm。如果 4 个位置的平均缸径值大于最大值，则更换汽缸体		

（续表）

序号内容	项目名称	观察记录	意见建议
十二、检查活塞直径	1. 用压缩空气吹净活塞裙部		
	2. 清洁、校对游标卡尺		
	3. 调整游标卡尺 12.6mm 锁止，并在活塞裙部相应位置做好记号		
	4. 清洁、校对外径千分尺		
	5. 在距活塞顶部 12.6mm 处测量活塞直径		
	6. 填表，结果分析，当活塞直径小于该活塞直径级别最小数值（80.461 至 80.471mm）时，更换活塞		
	7. 用清洁布活塞，并用压缩空气吹净		
	8. 清洁、整理量具		
十三、测量汽缸内径	参见相关内容		
十四、计算活塞油膜间隙	1. 用汽缸缸径（最大）测量值减去活塞直径测量值即为活塞油膜间隙，活塞的标准油膜间隙为 0.029 至 0.052mm，最大油膜间隙：0.09mm，如果油膜间隙大于最大值，则更换所有活塞。如有必要，更换气缸体		
十五、测量活塞环侧隙	1. 用清洁布清洁塞尺		
	2. 用记号笔在活塞顶部做好测量位置的记号		
	3. 确认新的活塞环零件号，检查外观有无损伤		
	4. 将 2 道新的活塞环分别放在对应的环槽内，围绕环槽旋转一周，应能自由活动，无阻滞现象		
	5. 根据标准侧隙选择塞尺厚度，测量 2 道压缩环的侧隙，第一道压缩环的标准侧隙：0.02 至 0.07mm；第二道压缩环的标准侧隙：0.02 至 0.06mm；刮油环的标准侧隙 0.02 至 0.065mm		
	6. 填表，分析结果，如果环槽间隙不符合规定，则更换活塞		
	7. 用清洁布擦掉活塞顶部的记号		
	8. 用清洁布清洁两道压缩环，并用压缩空气吹净		
	9. 清洁、整理量具		

（续表）

序号内容	项目名称	观察记录	意见建议
十六、测量活塞环端隙	1. 用清洁布清洁汽缸壁		
	2. 用压缩空气吹净汽缸壁		
	3. 用清洁布清洁塞尺		
	4. 将第一道压缩环放入相对应的汽缸内		
	5. 用活塞从气缸体的顶部将活塞环推至活塞环底部使其行程超过 50mm		
	6. 用塞尺测量第一道压缩环端隙，第一道压缩环标准端隙：0.2～0.3mm；最大端隙：0.5mm		
	7. 用同样方法测量第二道压缩环、上下刮油环端隙，第二道压缩环标准端隙：0.3～0.5mm，最大端隙：0.7mm；上下刮油环的标准端隙：0.1～0.4mm，最大端隙：0.7mm		
	8. 填表，分析结果，如果端隙大于最大值，则更换活塞环。换上新的活塞环后，如果端隙仍大于最大值，则更换气缸体		
	9. 用清洁布清洁两道压缩环、上下刮油环，并用压缩空气吹净		
	10. 清洁、整理量具		
十七、检测连杆轴承盖固定螺栓	1. 观察连杆轴承盖固定螺栓是否有明显变形		
	2. 观察螺纹，分别把连杆轴承盖固定螺栓拧到连杆螺栓孔内，是否能容易地拧到底，否则更换螺栓或检查连杆螺栓孔螺纹是否磨损、乱牙		
	3. 清洁、校对游标卡尺；游标卡尺测量螺栓受力部分的直径，连杆轴承盖固定螺栓的标准直径：6.6 至 6.7mm，最小直径：6.4mm，如果直径小于最小值，则更换连杆螺栓		
十八、组装活塞连杆组	1. 用清洁布清洁所有活塞连杆组零件，并用压缩空气吹净		
	2. 用手安装油环弹簧、下刮油环、上刮油环		
	3. 用活塞环扩张器安装第二道压缩环，标记 A1 朝上，再安装第一道压缩环，标记 A2 朝上，使油漆标记处于合适位置		

（续表）

序号内容	项目名称	观察记录	意见建议
十八、组装活塞连杆组	4. 将两道压缩环和刮油环端口处于同一位置，在所有活塞环端口位置加注润滑油，用手将活塞环旋转一周		
	5. 分别将刮油环、两道压缩环的端口置于手册规定位置		
	6. 润滑活塞裙部、活塞销、连杆上轴承，用手涂抹均匀		
十九、将活塞连杆组装入汽缸	1. 翻转缸体 90°，使汽缸平面朝上		
	2. 确认连杆轴颈是否处于下止点位置，否则应转动曲轴，使其处于正确位置		
	3. 用清洁布清洁汽缸平面、汽缸壁、连杆轴颈，并用压缩空气吹净		
	4. 润滑汽缸壁、连杆轴颈，并用手涂抹均匀		
	5. 用清洁布清洁卡箍内表面，润滑卡箍内表面，并用手涂抹均匀		
	6. 在活塞头部安装并旋紧卡箍，将活塞顶部标记朝向缸体正前方，轻轻将连杆放入汽缸中		
	7. 用塑料锤轻轻敲击活塞环卡箍边沿，使卡箍的下沿与缸体上平面完全贴合		
	8. 再次旋紧卡箍，确保三道活塞环被完全收紧		
	9. 再次确认活塞顶头标记是否朝向缸体正前方，然后用木槌柄推活塞顶部，直到活塞连杆上轴承与连杆轴颈完全接触即可		
	10. 安装连杆轴承盖		
	11. 检查并确认曲轴转动顺序		
教师点评			

拆装、检测活塞连杆组操作工艺单

操作选手：__________ 日期：__________

序号内容	项目名称	操作结果记录	操作数据记录
一、整体拆下活塞连杆组前的准备	1. 翻转缸体 90°或 180°（以拆卸 1 缸活塞连杆组为例）		
	2. 使用 17mm 套筒、棘轮扳手转动曲轴固定螺栓，使 1 缸活塞连杆组处于活塞行程上止点位置。用铲刀去除汽缸平面残留物和活塞顶部的积炭		

（续表）

序号内容	项目名称	操作结果记录	操作数据记录
二、检查缸肩	1. 使用17mm套筒、棘轮扳手转动曲轴固定螺栓，使1缸活塞连杆组处于活塞行程下止点位置		
	2. 检查缸肩，必要时用铰刀铰削		
三、整体拆下活塞连杆组	1. 检查并确认连杆和连杆盖上的装配标记，若无标记，应在连杆轴承盖上做好标记		
	2. 使用14mm套筒、扭力扳手、棘轮扳手交替多次松开并拆下连杆轴承盖固定螺栓（但不取出螺栓）		
	3. 用2个已拆下的连杆轴承盖固定螺栓，用手握紧螺栓头部，通过左右摇动连杆轴承盖方式拆下连杆轴承盖		
	4. 用木槌柄轻轻敲击连杆大端，推出活塞、连杆总成和上轴承		
	5. 按正确的顺序摆放活塞和连杆总成		
四、分解活塞连杆组	1. 使用活塞环扩张器拆下1号、2号压缩环		
	2. 用手拆下油环刮片和油环弹簧		
	3. 用手拆下连杆上下轴承		
	4. 观察活塞顶部、裙部、连杆轴承表面是否有明显划痕、开裂、磨损，若零件表面磨损较严重需更换零件		
	5. 按正确的顺序摆放零件		
	6. 清洁、整理工具		
五、清洁活塞连杆组零件	1. 用铲刀或折断的活塞环清除活塞环槽内的积炭、油污		
	2. 用铲刀清除活塞环上的积炭、油污		
	3. 用洗油、羊毛刷清洗活塞、活塞环、连杆、连杆轴承、连杆轴承盖、连杆轴承盖固定螺栓		
	4. 用压缩空气吹净所有清洗的零件		
六、测量前的准备	1. 用清洁布清洁连杆轴颈、下轴承		
	2. 用压缩空气吹净连杆轴颈、下轴承		
	3. 用手安装连杆下轴承，并润滑下轴承		

（续表）

序号内容	项目名称	操作结果记录	操作数据记录
六、测量前的准备	4. 将活塞连杆总成放入相对应的汽缸内，安装记号朝前，用木槌柄轻轻推活塞顶部，使连杆轴承与连杆轴颈完全接触		
	5. 将连杆固定螺栓放入连杆轴承盖螺栓孔内，检查连杆盖标记并按标记对正，用手将连杆固定螺栓旋入几扣，直到感觉螺纹吻合，否则重新安装连杆轴承盖固定螺栓		
	6. 用 14mm 套筒、棘轮扳手旋入连杆固定螺栓		
	7. 用 14mm 套筒、扭力扳手分 2 次拧紧连杆螺栓至 20N·m，而后用记号笔在螺栓上做记号或使用转角器，旋转螺栓 45°，再旋转 45°		
	8. 用清洁布清洁连杆轴承盖外表面，并用压缩空气吹净		
七、测量连杆轴向间隙	1. 把磁性表座吸附在汽缸体上，调整百分表，使百分表表头紧贴在轴承盖的侧面上，并对百分表预压（1mm）、调零		
	2. 用手前后移动连杆轴承盖，同时观察百分表的数值，该连杆轴向间隙为百分表左右偏摆值之和，标准轴向间隙为 0.160 至 0.342mm，最大轴向间隙：0.342mm		
	3. 填表，结果分析，如果轴向间隙大于最大值，必要时更换连杆总成。如有必要，则更换曲轴		
	4. 清洁、整理量具		
八、检查工作	1. 再次确认活塞顶部的记号是否朝前。检查连杆轴颈和连杆轴承是否有点蚀和划痕		
九、测量油膜间隙	1. 在连杆轴颈、连杆下轴承涂抹少量润滑油		
	2. 按轴承宽度，切割塑料测量条长度，将塑料条沿轴向放在连杆轴颈和连杆下轴承之间		
	3. 安装连杆轴承盖		

（续表）

序号内容	项目名称	操作结果记录	操作数据记录
九、测量油膜间隙	4. 拆下连杆轴承盖		
	5. 测量展平后的塑料测量条的宽度（最宽处），标准油膜间隙为 0.030 至 0.062mm，最大油膜间隙：0.07mm		
	6. 填表，结果分析，如果油膜间隙大于最大值，则更换连杆轴承。如有必要，检查曲轴		
	7. 完全清除连杆轴颈、连杆下轴承处的塑料间隙规		
	8. 拆下活塞连杆组		
	9. 清洁、整理工具		
十、调量缸表	1. 清洁汽缸壁		
	2. 清洁、校对游标卡尺		
	3. 使用游标卡尺测量汽缸口处的直径，确定基本尺寸为 80.5mm		
	4. 清洁、校对千分尺，把千分尺调到 80.5mm 后锁止		
	5. 清洁、组装量缸表		
	6. 百分表预压 1mm，锁紧螺母		
	7. 选择正确的测量杆，装上并锁止		
	8. 将量缸表放到千分尺上预压、调零		
十一、测量汽缸直径	在汽缸的径向和轴向测量该缸的汽缸直径。测量点所在的平面分别距离汽缸平面 10mm 处和 50mm 处		
	2. 填表，分析结果。标准直径：80.500 至 80.513mm，最大直径：80.633mm。如果 4 个位置的平均缸径值大于最大值，则更换汽缸体		
十二、检查活塞直径	1. 用压缩空气吹净活塞裙部		
	2. 清洁、校对游标卡尺		
	3. 调整游标卡尺 12.6mm 锁止，并在活塞裙部相应位置做好记号		
	4. 清洁、校对外径千分尺		
	5. 在距活塞顶部 12.6mm 处测量活塞直径		

（续表）

序号内容	项目名称	操作结果记录	操作数据记录
十二、检查活塞直径	6. 填表，结果分析，当活塞直径小于该活塞直径级别最小数值（80.461 至 80.471mm）时，更换活塞		
	7. 用清洁布活塞，并用压缩空气吹净		
	8. 清洁、整理量具		
十三、测量汽缸内径	参见相关内容		
十四、计算活塞油膜间隙	1. 用汽缸缸径（最大）测量值减去活塞直径测量值即为活塞油膜间隙，活塞的标准油膜间隙为 0.029 至 0.052mm，最大油膜间隙：0.09mm，如果油膜间隙大于最大值，则更换所有活塞。如有必要，更换气缸体		
十五、测量活塞环侧隙	1. 用清洁布清洁塞尺		
	2. 用记号笔在活塞顶部做好测量位置的记号		
	3. 确认新的活塞环零件号，检查外观有无损伤		
	4. 将 2 道新的活塞环分别放在对应的环槽内，围绕环槽旋转一周，应能自由活动，无阻滞现象		
	5. 根据标准侧隙选择塞尺厚度，测量 2 道压缩环的侧隙，第一道压缩环的标准侧隙：0.02 至 0.07mm；第二道压缩环的标准侧隙：0.02 至 0.06mm；刮油环的标准侧隙 0.02 至 0.065mm		
	6. 填表，分析结果，如果环槽间隙不符合规定，则更换活塞		
	7. 用清洁布擦掉活塞顶部的记号		
	8. 用清洁布清洁两道压缩环，并用压缩空气吹净		
	9. 清洁、整理量具		
十六、测量活塞环端隙	1. 用清洁布清洁汽缸壁		
	2. 用压缩空气吹净汽缸壁		
	3. 用清洁布清洁塞尺		
	4. 将第一道压缩环放入相对应的汽缸内		

（续表）

序号内容	项目名称	操作结果记录	操作数据记录
十六、测量活塞环端隙	5. 用活塞从气缸体的顶部将活塞环推至活塞环底部使其行程超过 50mm		
	6. 用塞尺测量第一道压缩环端隙，第一道压缩环标准端隙：0.2～0.3mm；最大端隙：0.5mm		
	7. 用同样方法测量第二道压缩环、上下刮油环端隙，第二道压缩环标准端隙：0.3～0.5mm，最大端隙：0.7mm；上下刮油环的标准端隙：0.1～0.4mm，最大端隙：0.7mm		
	8. 填表，分析结果，如果端隙大于最大值，则更换活塞环。换上新的活塞环后，如果端隙仍大于最大值，则更换气缸体		
	9. 用清洁布清洁两道压缩环、上下刮油环，并用压缩空气吹净		
	10. 清洁、整理量具		
十七、检测连杆轴承盖固定螺栓	1. 观察连杆轴承盖固定螺栓是否有明显变形		
	2. 观察螺纹，分别把连杆轴承盖固定螺栓拧到连杆螺栓孔内，是否能容易地拧到底，否则更换螺栓或检查连杆螺栓孔螺纹是否磨损、乱牙		
	3. 清洁、校对游标卡尺；游标卡尺测量螺栓受力部分的直径，连杆轴承盖固定螺栓的标准直径：6.6 至 6.7mm，最小直径：6.4mm，如果直径小于最小值，则更换连杆螺栓		
十八、组装活塞连杆组	1. 用清洁布清洁所有活塞连杆组零件，并用压缩空气吹净		
	2. 用手安装油环弹簧、下刮油环、上刮油环		
	3. 用活塞环扩张器安装第二道压缩环，标记 A1 朝上，再安装第一道压缩环，标记 A2 朝上，使油漆标记处于合适位置		
	4. 将两道压缩环和刮油环端口处于同一位置，在所有活塞环端口位置加注润滑油，用手将活塞环旋转一周		

（续表）

序号内容	项目名称	操作结果记录	操作数据记录
十八、组装活塞连杆组	5. 分别将刮油环、两道压缩环的端口置于手册规定位置		
	6. 润滑活塞裙部、活塞销、连杆上轴承，用手涂抹均匀		
十九、将活塞连杆组装入汽缸	1. 翻转缸体 90°，使汽缸平面朝上		
	2. 确认连杆轴颈是否处于下止点位置，否则应转动曲轴，使其处于正确位置		
	3. 用清洁布清洁汽缸平面、汽缸壁、连杆轴颈，并用压缩空气吹净		
	4. 润滑汽缸壁、连杆轴颈，并用手涂抹均匀		
	5. 用清洁布清洁卡箍内表面，润滑卡箍内表面，并用手涂抹均匀		
	6. 在活塞头部安装并旋紧卡箍，将活塞顶部标记朝向缸体正前方，轻轻将连杆放入汽缸中		
	7. 用塑料锤轻轻敲击活塞环卡箍边沿，使卡箍的下沿与缸体上平面完全贴合		
	8. 再次旋紧卡箍，确保三道活塞环被完全收紧		
	9. 再次确认活塞顶头标记是否朝向缸体正前方，然后用木槌柄推活塞顶部，直到活塞连杆上轴承与连杆轴颈完全接触即可		
	10. 安装连杆轴承盖		
	11. 检查并确认曲轴转动顺序		
备注			

参考答案

第一章

第三节

1. A 2. C 3. A 4. D 5. B 6. A 7. C 8. A 9. D 10. A

第二章

第一节

1. C 2. C 3. A 4. A 5. C 6. B 7. D 8. A 9. C 10. C

第四节

1. B 2. D 3. C 4. D 5. B 6. A 7. D 8. C 9. B 10. D

第五节

一、填空题

1. 使用年限 2. 非接触式转速表 3. 发动机冷却液温度传感器

二、判断题

1. √ 2. × 3. √ 4. × 5. √

三、简答题

1. ①先简后繁、先易后难的原则 ②先思后行、先熟后生的原则 ③先上后下、先外后里的原则 ④先备后用、代码优先的原则

2. ①用望问法诊断故障 ②用经验法诊断故障 ③用观察法诊断故障 ④用听觉法诊断故障 ⑤用试验法诊断故障 ⑥用触摸法诊断故障 ⑦用嗅觉法诊断故障 ⑧用仪表法诊断故障 ⑨用度量法诊断故障 ⑩用分段检查法诊断故障 ⑪用局部拆装法诊断故障

第九节

一、填空题

1. 燃油泵、燃油滤清器、冷起动喷油器

2. 将燃油从燃油箱中吸出，加压后输送到供油泵中，和燃油压力调节器配合建立一定的燃油压力。

3. 外置泵、内置泵

4. 滚柱式、涡轮式

5. 小型交流电动机、电磁式驱动结构、供油

6. 止回阀

7. 限压阀

8. 燃油泵滤清器

9. 2～3Ω

10. 10s

二、简答题

1. 燃油由燃油泵从油箱中泵出，经过燃油滤清器，除去杂质及水分后，再送至燃油脉阻尼器，以减少其脉动。这样具有一定压力的燃油流至供油总管，再经过各供油歧管送至各缸喷油器。喷油器根据ECU的喷油指令，开启喷油阀，将适量燃油喷于进气门前。

2. 滚柱式：驱动电动机、滚柱泵、安全阀、单向阀、阻尼减振器等。

涡轮式：燃油泵电动机、涡轮泵、出油阀、卸压阀等。

叶轮式：叶轮泵、驱动电动机、减压阀、止回阀等。

齿轮式：主动齿轮、从动齿轮、齿轮泵滤网、齿轮泵等。

3. ①释放燃油管路的剩余压力后断开蓄电池负极电流。②用一字螺钉旋具从边缘轻轻拔开燃油泵堵盖。③分离燃油泵电气插接件，按住卡扣按钮，脱开供油和回油管快插。④使用油箱锁环扳手拆卸锁环。⑤松开固定卡扣，取出燃油液面传感器单元、燃油滤清器和燃油泵总成。

4. ①检查油泵工作与否。通过耳听或手试判断燃油泵是否正常工作。②检查燃油泵的运转情况。连接燃油压力表，检查燃油泵的最大压力以及保持油压的情况是否正常。③检查燃油泵线圈的电阻。④检查控制电路。

5. ①油箱油位不能加太满，易溢出。②最好把油箱盖子打开，减少负压。③装完水泵后检测是否渗漏。

第十节

一、填空题

1. ①车辆进入工位，清理工位卫生，排除障碍物，准备好相关工具、物品。②车辆驶入工位，拉紧驻车制动器或变速器置于空挡位。③打开机舱盖并支撑好。

2. 空挡、点火开关

3. 棉纱

4. 发动机

二、选择题

1. B　2. C　3. D　4. C　5. B

三、判断题

1. √　2. ×　3. √　4. √　5. √　6. √　7. ×　8. √　9. ×　10. ×

四、简答题

1. ①将车辆举升到目标高度，可靠停驻。②降低燃油系统的气压。③开启引擎直到管道中的汽油用完，发动机停止。④找到燃油滤清器位置，并从燃油滤清器打开输油管。⑤移除燃油滤清器的安装螺栓，然后更换燃油滤清器。

第十一节　更换碳罐

一、填空题

1. OFF　手刹　2. 专用铲刀　3. 2号燃油箱蒸发管　1号碳罐出口软管　1号燃油蒸发管分总成　燃油箱主管分总成　4. 挡圈肋片

二、选择题

1. A　2. C　3. A　4. C　5. B　6. D

三、判断题

1. √　2. √　3. ×　4. √　5. ×　6. √　7. ×　8. √　9. √　10. ×

四、简答题

1. ①确认新的碳罐总成零件号是否正确。②目视碳罐总成的表面，是否有损伤。③关闭端口B（燃油箱2号蒸发管接口），向端口A（1号燃油管分总成接口）施加压缩空气，检查并确认空气从端口C（1号碳管出口软管）流出。④关闭端口C，向端口A施加压缩空气，检查并确认空气从端口B流出。关闭端口C。用手持式真空泵向端口A施加真空。首先保持真空，逐渐增加真空，当真空达到规定值后空气开始流动且真空度下降，这样为正常。

2. ①检查燃油吸油管总成挡圈是否有损坏。②取下燃油箱安装孔上的遮挡，检查并确认燃油箱上的螺纹没有损坏、凹痕、异物或其他缺陷。③如果能用手转动燃油吸油管总成挡圈180°或更多，可以重复使用挡圈。如果不能用手转动燃油吸油管总成挡圈180°或更多，使用提供的新燃油吸油管总成挡圈零件。

第十二节　燃油系统泄漏检查

一、填空题

1. 汽油供给装置；空气供给装置；可燃混合气形成装置；可燃混合气供给和废气

排出装置

2. 汽油箱；汽油滤清器；汽油泵；油管；油面指示表；贮存；滤清；输送

3. 起动；怠速；中小负荷；大负荷和全负荷；加速

4. 汽油泵；杂质；水分；汽油泵；化油器

5. 进油阀；出油阀；进油阀；出油阀；化油器浮子室

6. 惯性式；过滤式；综合式

7. 可燃混合气；可燃混合气；油膜

二、选择题

1. A　2. C　3. B　4. D　5. B　6. A　7. B　8. C　9. A　10. A　11. C　12. B

三、判断题

1. ×　2. ×　3. ×　4. √

四、简答题

1. 汽油机燃料供给系统的作用是：根据发动机各种不同工作情况的要求，配制出一定数量和浓度的可燃混合气供入气缸，并在燃烧做功后，将废气排入大气中。

2. 当发动机工作时，汽油在汽油泵的作用下，经进油管接头流入沉淀中，由于此时容积变大，流速变慢，相对密度大的杂质颗粒和水分便沉淀于杯的底部，较轻的杂质随汽油流向滤芯，被黏附在滤芯上或隔离在滤芯外。清洁的汽油渗入滤芯内腔，从出油管接头流出。

第十三节　检查与更换喷油器

一、选择题

1. D　2. B　3. A　4. C　5. B　6. A　7. A　8. B　9. D　10. C

第十六节　更换空气流量计

一、填空题

1. 热敏电阻式、机械传动式

2. 故障征兆模拟试验法

二、判断题

1. ×　2. √　3. √　4. ×

三、选择题

1. A

四、简答题

1. ①接插件老化失效；②接头松动；③接头接触不良。

2. ①弹性元器件失效；②真空膜片破损；③接触部位磨损或烧蚀；④外围线路故障等。

第二十节　检查点火正时

一、判断题

1. √　2. ×　3. √　4. ×　5. √

二、填空题

1. 参数检测　2. 性能试验　3. 火花塞　4. ECM　5. 功率晶体管

第二十二节　更换火花塞

一、选择题

1. A　2. C　3. A　4. D　5. B　6. A　7. C　8. A　9. D　10. A

第二十四节　检查与更换进气凸轮轴位置传感器

一、填空题

1. MRE 元件　2. 3　3. 齿轮旋转数据　4. G 信号　5. NE 信号

二、判断题

1. ×　2. ×

三、简答题

1. ① 询问用户：故障产生的时间、现象、当时的情况，发生故障时的原因以及是否经过检修、拆卸等。

② 初步确定出故障范围及部位。

③ 调出故障码，并查出故障的内容。

④ 按故障码显示的故障范围进行检修，尤其注意接头是否松动、脱落，导线连接是否正确。

⑤ 检修完毕，应验证故障是否确已排除。

⑥ 如调不出故障码，或者调出后查不出故障内容，则根据故障现象大致判断出故障范围，采用逐个检查元件工作性能的方法加以排除。

第二十五节　检查与更换氧传感器

一、填空题

1. 一氧化碳　氮氧化合物　2. 空燃比

二、判断题

1. √　2. ×　3. √　4. √　5. √　6. ×　7. ×

三、简答题

1. 与传统类型相比，此传感器和加热器部分较窄。加热器产生的热量通过氧化铝传导至固体电解质，从而加速了传感器的激活。

第二十七节　检查与更换 ECM

一、判断题

1. ×　2. √

二、填空题

1. 零件　2. 汽车构造

三、简答题

1. ①焊点松脱；②电容元件失效；③集成块损坏；④电控单元固定脚螺栓松动；⑤电子元件损坏

2. ①发动机不能启动或难以启动；②无高速；③耗油量大

第二十八节　举升机操作规程

一、选择题

1. B　2. C　3. D　4. A　5. C　6. B　7. C　8. D　9. D　10. C

第三十节　维修作业前准备工作

一、选择题

1. C　2. B　3. D　4. D　5. A　6. A　7. D　8. B　9. C　10. C

第三十四节　检查与调整气门间隙

一、选择题

1. C　2. C　3. D　4. C　5. B　6. C　7. C　8. B　9. D　10. A